W0058892

BASTEI
LÜBBE
TASCHENBUCH

Über die Autoren:

Ulf C. Goettges verfügt als ehemaliges Mitglied der Chefredaktionen von *Welt am Sonntag*, *BILD* und der *Berliner Zeitung* über 20 Jahre Erfahrung im politischen und investigativen Journalismus. Heute ist er Inhaber einer Kommunikationsagentur in Hamburg.

Martin Häusler arbeitete viele Jahre für Gruner+Jahr sowie Axel Springer als Redakteur, Reporter, Kolumnist und Ressortleiter. Er ist Autor mehrerer Bücher zu gesellschaftspolitischen Themen und lebt heute als freier Journalist in Hamburg.

Ulf C. Goettges | Martin Häusler

DU SOLLST
DEN WÄHLER
FÜR DUMM
VERKAUFEN

Die 10 ungeschriebenen
Gebote der Politik

BASTEI
LÜBBE
TASCHENBUCH

BASTEI LÜBBE TASCHENBUCH
Band 60753

1. Auflage: Juni 2013

Dieser Titel ist auch als E-Book erschienen

Originalausgabe

Copyright © 2013 by Bastei Lübbe GmbH & Co. KG, Köln
Titelbild: © missbehavior.de
Umschlaggestaltung: © Pauline Schimmelpenninck Büro für Gestaltung, Berlin
Satz: hanseatenSatz-bremen, Bremen
Gesetzt aus der Bodoni Std
Druck und Verarbeitung: CPI books Ebner & Spiegel, Ulm
Printed in Germany
ISBN 978-3-404-60753-2

Sie finden uns im Internet unter
www.luebbe.de
Bitte beachten Sie auch: www.lesejury.de

Der Preis dieses Bandes versteht sich einschließlich
der gesetzlichen Mehrwertsteuer.

Für M.C., C.H., A.W. und John Henry

Inhalt

»In der Politik geschieht nichts zufällig. Wenn etwas geschieht, kann man sicher sein, dass es auf diese Weise geplant war.«

FRANKLIN D. ROOSEVELT

»In der Politik ist es wie im täglichen Leben: Man kann eine Krankheit nicht dadurch heilen, indem man das Fieberthermometer versteckt.«

YVES MONTAND

Vorwort

Was muss man können, um Politiker zu sein? Nichts Besonderes, sagen 40 Prozent der Bundesbürger. Und, wer versteht mehr von Politik als die Abgeordneten in Berlin? Wir, sagen 50 Prozent der Bundesbürger. Mit anderen Worten: Politiker kann jeder.

Verwundert dieses Ergebnis einer aktuellen Umfrage des Instituts für Demoskopie Allensbach im Auftrag der *Frankfurter Allgemeinen Zeitung*?[1] Nein. Denn die Politiker selbst tun alles, um diesen Eindruck nach Kräften zu verstärken. Bei ihren Reden und Interviews riecht es längst nicht mehr nach Schwefel, sondern nach Schwafel. Sie beschimpfen sich unflätig (»Eierkrauler«) und würdigen sich damit selbst herab. Sie werden offenkundig von Lobbys, Beratern oder Verbänden vor den Karren gespannt – und nennen es »Sachpolitik«. Während das Volk über vereiste Straßen schlittert, lassen sie, wie in Hamburg geschehen, den Bürgersteig vor ihrem Häuschen auf Steuerkosten enteisen.[2] Derweil die Bürger sparen und sich um ihre Geldanlagen sorgen, investieren sie, zum Beispiel in einer Baden-Württembergischen Großstadt, Steuergelder in Zinswetten (»Swaps«) – den Schaden, in diesem Fall laut Anklage der Staatsanwaltschaft 14,2 Millionen Euro, zahlen dann wie immer nicht sie, sondern die Bürger.[3]

Weil dies und anderes erstens so häufig und zweitens immer wieder passiert, drängt sich eine unangenehme Schlussfolgerung auf: Die Wähler werden aus Prinzip für blöd verkauft.

Werden wir mal polemisch: Wenn er die Macht dazu bekommt, kann wirklich jeder Politiker werden. Ist es geschafft, beginnen die Drogen Macht, Privilegien und Selbstüberschätzung langsam den Blick auf das wahre Leben und damit auf die Sorgen und Bedürfnisse der Menschen zu verschleiern. Irgendwann kommt dann der Zeitpunkt, an dem sie keine Hemmungen mehr haben, dem Wähler gegenüber jeden Respekt zu verlieren.

Wie viel Wahrheit steckt in dieser Feststellung? Oder ist es nur eine böswillige Unterstellung? Egal wie die Antwort lautet – was muss geschehen, damit dieser Eindruck weicht, über den es keine zwei Meinungen geben kann? Unser Buch soll analysieren, empören und letztlich Antworten auf diese Fragen geben.

Bei der bereits zitierten Studie kam auch heraus: 65 Prozent der Befragten halten Politik für »undurchsichtig«. Auch das ist nicht verwunderlich, denn die Politik und ihre Macher folgen oft komplexen und unlogisch konstruierten eigenen Gesetzen, die mit den Regeln des wahren Lebens und den Werten eines anständigen Steuerzahlers nichts gemein haben. Diese unausgesprochenen Gebote wollen wir erklären, ihre Mechanismen und ihre Entstehung transparent machen.

Der große Soziologe Max Weber destillierte schon vor fast hundert Jahren die wichtigsten Qualitäten eines Politikers heraus und goss sie in seinen viel beachteten Klassiker *Politik als Beruf*. Die drei Haupteigenschaften seien: sachliche Leidenschaft, Verantwortungsgefühl, distanziertes Augenmaß.[4] Vor allem die Punkte zwei und drei scheinen unseren Politikern völlig entglitten zu sein – sofern sie jemals von Max Webers Dreiklang gehört haben.

Auch wenn uns das vielleicht nicht passt: Demokratie braucht Berufspolitiker, die sie gestalten, bewahren und fortentwickeln. Doch sie braucht zweifelsohne einen neuen Typus Politiker. Was soll er können? Welche Werte soll er leben, was darf er und was darf er nicht? Wir haben mit Insidern, Aussteigern, Beobachtern und Akteuren darüber gesprochen. Und darüber, ob der etablierte Politikbetrieb mit seinen zahlreichen Abgründen überhaupt reformfähig ist.

Wir begnügen uns also nicht mit der bloßen Beschreibung der politischen Erosion, sondern verknüpfen die zehn ungeschriebenen Gebote der Politik, die im Berliner Regierungsviertel, in den Landeshauptstädten und in den Rathäusern täglich gelebt werden, mit Vorschlägen zur Erneuerung.

Die ist längst überfällig. Denn die Wähler spüren, dass die Kluft zwischen der Realität ihres Lebens und der des politischen Lebens immer größer wird. Der Ärger darüber wächst und die Verdrossenheit auch – die erwähnte Allensbach-Studie und die überraschenden Erfolge der Piratenpartei in den Jahren 2011 und 2012 sind dafür die besten Beweise. Die Piraten wurden nicht *trotz* mangelnder Konzepte und utopischer Ziele gewählt, sondern eben *genau deshalb*, weil sie keine wohlgefälligen Antworten oder hochtrabenden Projekte präsentierten. Dass sie ihre Stimmen nur bei Internet-Freaks oder idealistischen Jungwählern gesammelt haben, ist eine Legende der etablierten Parteien. In Wahrheit hatten viele ihrer bürgerlichen Stammwähler die Nase so voll und jede Illusion auf Besserung verloren, dass sie die Option Chaos im Gegensatz zum »Laberalismus« durchaus sexy fanden.

Die Indizien mehren sich: Wähler lassen sich nicht mehr für blöd verkaufen. Immer häufiger erkennen sie, was sich hinter der Fassade der *Tagesschau*-Politik und Talkshow-Zirkel wirklich abspielt, womit sie gelockt und gefoppt werden.

Die Kulisse bröckelt. Es ist höchste Zeit für grundlegende Veränderungen.

Darum schreiben wir dieses Buch.

1
Du sollst deine Macht verteidigen – der Parteifreund ist dein bester Feind

Wir waren gewarnt worden – wohlwollend. Ob wir im Ernst glaubten, dass uns jemand aus dem Politikbetrieb, zumal wenn er dort einen Namen hat, Einblicke in die Ränkespiele seiner Partei oder Fraktion geben würde? Nie im Leben, die sind doch nicht politisch lebensmüde!

Das kann man von Herbert Rusche absolut nicht behaupten. Nein, vielmehr ist er mutig und hat das in seiner politischen Karriere mehrfach eindrucksvoll bewiesen. Er gehörte zu den Gründungsmitgliedern der Grünen und saß ab 1985 für zwei Jahre als Abgeordneter der Partei im Deutschen Bundestag. Als erster Parlamentarier überhaupt bekannte er sich öffentlich zu seiner Homosexualität, thematisierte als Erster das Thema »Aids« im Bundestag und weckte mit einer Anfrage zur Menschenrechtssituation in Tibet (Rusche ist Buddhist) zum ersten Mal das Interesse an der chinesischen Suppressionspolitik in dieser Region.[1] Rusche genoss zu seiner Zeit eine ähnlich hohe Popularität wie sein Parteifreund Joschka Fischer und war demnach ähnlich exponiert. Kaum hatte er seinen Platz im Bundestag eingenommen, geriet Rusche bereits in den innerparteilichen Intrigenstrudel und traf dabei auf einen einflussreichen Gegner – eben jenen Joschka Fischer.

Wir verabreden uns mit Herbert Rusche vor dem Osteingang des Berliner Reichstagsgebäudes. Als ehemaliger Abgeordneter hat der Frankfurter immer noch Anspruch auf einen Hausausweis, obwohl zu seiner Zeit das Parlament im Bonner Wasserwerk tagte. Er nimmt uns mit in eine relativ kleine Kantine im ersten Stock, wo die Bundestagsangestellten zum Mittagessen einkehren. Es riecht nach Brühwurst. Über der Theke laufen stumm Nachrichten auf zwei Flachbildschirmen entlang. Rusche erinnert sich gut, er spricht heiser, und er nimmt kein Blatt vor den Mund:

»Die größten Probleme hatte ich immer innerhalb der eigenen Reihen. Im großen Politikbetrieb ist man mal angefeindet worden von ein paar Leuten, von denen man es erwartet hat. Der Kampf und die Ausgrenzung in der eigenen Partei indes waren zwar subtiler, aber spürbarer. Im Innern herrscht Sozialdarwinismus – ein Wort, von dem ich erst in der Politik erfahren habe. Einerseits waren es die Linken, die große Ansprüche hatten. Man träumte von Basisdemokratie und war gegen Ausgrenzung. Andererseits: Wenn es zur Sache ging, fanden sich immer genug Leute, die genau das praktizierten.«

Dann wird Rusche konkreter:

»Ich musste schnell feststellen, dass in der Bundestagsfraktion der Grünen ganz viele Leute saßen, die zwar gut waren, die man aber aus den Landes- und Kreisverbänden weggelobt hatte, damit sie sich woanders bekämpfen konnten. Das waren genau diese machtbewussten Sozialdarwinisten, die nicht auf Gespräche oder Austausch aus waren, sondern nur ihre Meinung durchsetzen wollten. Auf diese festgelegten Leute bin ich massiv getroffen.

Joschka Fischer war damals Parlamentarischer Geschäftsführer. Als sich die Fraktion nach einem halben Jahr zurechtgefunden hatte, fragte er mich, ob ich nicht im Auftrag der Fraktion nach Amerika gehen wollte, um mit der dortigen Schwulenbewegung Kontakt aufzunehmen. Ich war ja als Vertreter der deutschen Schwulenbewegung auf die Bundestagsliste gekommen. Amerika, Gay Power, das hat mich natürlich fasziniert. Ich war einen Monat dort, habe wunderbare Kontakte aufgebaut, habe Interviews gegeben, habe in San Francisco vor 10 000 Schwulen gesprochen. Dann kam ich zurück und merkte nach ein paar Wochen, was der wahre Sinn meiner Reise gewesen war. Fischer hatte mich als unbequeme Stimme, die ihm bei der Konstituierung der Fraktion hätte im Weg sein können, außer Wirkweite gebracht. Diese wichtige Zeit, in der Leute eingestellt wurden, in der Arbeitskreise gebildet wurden, in der das zukünftige Führungspersonal der Grünen in Stellung ging, bekam ich nicht mit.«

Wir wollen von Rusche wissen, in welcher Hinsicht er Joschka Fischer denn gestört habe. »Ich war nicht kontrollierbar, ich war unbequem. Ich war noch nicht mal ein politischer Gegner, ich passte einfach nicht in sein Raster. Fischer hat entweder irgendwelche Getreuen gehabt, die nach seiner Vorstellung funktionierten, dann gab es die Leute, die er auf seiner Ebene sah, mit denen er sich streiten konnte und wollte, und da waren diejenigen, die störten und die man besser kaltzustellen hatte. Zu den Störern gehörte ich. Die Ansprüche von Basisdemokratie hielt man so lange aufrecht, wie es irgendwelche Idealisten brauchte, die ehrenamtlich arbeiteten. Und als es um die Sache ging, um Macht und Geld, hat man es lieber selber gemacht.«

Rusche war damals ein sogenannter Nachrücker, hatte also noch kein Mandat, aber doch schon Stimmrecht in der Fraktion. Die Vorrücker Fischer, Petra Kelly, Gert Bastian, Otto Schily kümmerten sich aber kaum um jene innerparteiliche Gleichberechtigung, die durch das im Zwei-Jahres-Rhythmus greifende Rotationsprinzip gewährleistet werden sollte. »Für Joschka Fischer war ›Nachrücker‹ immer ein Schimpfwort. Er sagte nicht: ›Du Arschloch!‹ Er sagte: ›Du Nachrücker!‹«, erinnert sich Rusche. »Ich war der direkte Nachrücker von Joschka Fischer. Er hatte Platz drei, ich hatte Platz sechs. Das hat ihm anscheinend nicht geschmeckt. Und deshalb verhinderte er, dass ich mich auf eine künftige parlamentarische Arbeit vorbereiten konnte. Ich war zwar innerhalb der Fraktion stimmberechtigt, war aber im Bundestag nicht mal einem Abgeordneten gleichgestellt und kam so viel schlechter an Informationen.« Die ersten zwei Jahre als Nachrücker lief das so. Gleichberechtigung durch Rotation? Alibi! Rusches Basis in Offenbach war entsetzt.

Viele Grüne schätzten den herablassenden Herrenreiterton des Joschka Fischer, sofern er damit seinen politischen Gegner traf. Innerhalb der Fraktion, das musste Herbert Rusche spüren, war Fischers Art alles andere als spaßig. Eine Konfrontation mit dem streitbaren Parteikollegen blieb ihm in besonderer Erinnerung: »Ich beschwerte mich bei ihm, dass ich keinen Zugang zu Informationen haben und nicht in die Fraktionsarbeit einbezogen würde. Er saß da in seinem Büro, Füße auf dem Schreibtisch, eine Selbstgedrehte im Mundwinkel, und hörte sich an, was ich vorzutragen hatte. Grinsend sagte er: ›Herbert, politisch habe ich ja nichts gegen dich. Aber die weinerliche Art, in der du dich beschwerst, ist unerträglich.‹ Mit anderen Worten: ›Alte Schwuchtel, halt die Klappe!‹ Man kann einen Schwulen natürlich am besten treffen, wenn man ihm zwischen den Zeilen mitteilt, dass er kein richtiger Mann ist. Nun hatte ich die Wahl, ihm entweder eine reinzuhauen, wozu ich große Lust gehabt hätte, oder eben rauszugehen und zu denken: ›Okay, das wird nix.‹«

Rusche ging raus. Seitdem mied er Fischer. Ihm wurde bewusst, dass er in ihm niemals einen Freund haben würde. »Im günstigsten Fall wäre ich für ihn bedeutungslos gewesen«, sagt Rusche, der eigentlich aus demselben politischen Umfeld kam wie Fischer, dem der Spontis. Nur war Rusche schwul und Fischer ein Macho. Nur war Rusche Offenbacher und Fischer Frankfurter. »Und man darf nicht vergessen«, ergänzt der Ex-Grüne Rusche, »dass Fischer, der ja erst 1982 zu den Grünen stieß, alle suspekt waren, die vorher schon bei den Grünen waren. Als die Liste für den Bundestag feststand, habe ich Verbindung zu ihm aufgenommen, weil wir Spontis wahrscheinlich ähnliche Vorstellungen hatten. Doch er hat mich von vornherein abgeblockt, ohne mir je einen Grund zu nennen.«

Böse sei er ihm heute nicht mehr. Aber er habe viel durch die Episoden mit dem späteren Außenminister gelernt. Nämlich? »Dass nicht alles so ist, wie es scheint. Dass viel unter Camouflage gearbeitet wird. Dass hehre Ideale vor sich hergeschoben werden, die nur dazu da sind, die Leute zu blenden – sowohl Wahlvolk als auch Parteibasis.«

Aus Verbitterung über die von den Grünen mitgetragene Kosovo-Politik kappte Rusche 2001 seine Wurzeln und wechselte in die Piratenpartei. Inzwischen stellt er alarmiert fest: »Machtbewusster Sozialdarwinismus – diese Tendenzen findet man heute leider auch schon bei den Piraten.«

***

Wir sind beeindruckt von der Offenheit, mit der Rusche seine Erlebnisse schildert. Zwar hat er keine Ambitionen mehr bei den Grünen – aber auch im Politikbetrieb trifft man sich mindestens zwei Mal. Dass er trotzdem spricht, hat seinen Grund fühlbar in der Betroffenheit, die das Erlebte bis heute bei ihm auslöst. Ein anderes Motiv ist Empörung. Wie bei unserem nächsten Gesprächspartner, Werner Marnette.

***

In Hamburg-Harburg steht im Hafen ein ehemaliges Silo, das zu einem schicken Bürogebäude für Firmen, Kanzleien oder Firmenberater umgebaut wurde. Als solcher, im Wirtschaftsdeutsch »Consultant« genannt, firmiert Marnette heute. Ganz ungewohnt ohne Stab oder Sekretariat, denn so kannten wir ihn früher. 13 Jahre lang war er Vorstandsvorsitzender des Hamburger Kupferkonzerns Norddeutsche Affinierie (heute Aurubis). Im Streit mit einem Großaktionär unterlag Marnette im Jahr 2007 und schied aus dem Unternehmen aus.[2]

In der Zeit danach seien ihm alle möglichen Angebote gemacht worden, erinnert er sich. Eines kam überraschend von Peter Harry Carstensen, dem damaligen Ministerpräsidenten Schleswig-Holsteins. CDU-Mitglied Marnette – »ich war immer ein politischer Mensch« – nahm an und wurde am 9. Juni 2008 Wirtschaftsminister in Carstensens Kabinett.

Marnette war bekannt, beliebt und zugleich gefürchtet als selbstbewusster, unbequemer, verbissener Kämpfer für jede Sache, die er für richtig hielt. Das Schicksal der HSH-Nordbank war solch eine Sache. Das in Hamburg beheimatete Finanzinstitut entstand 2003 aus einer Fusion der Landesbanken Hamburg und Schleswig-Holstein und geriet im Verlauf der weltweiten Finanzkrise in eine bedrohliche Schieflage. Als Mitglied des Beirates der HSH-Nordbank reklamierte Marnette einen umfassenden Einblick in die Bilanzabgründe der Bank für sich und behielt sich vor, auch als Minister ein scharfes Auge auf die Entwicklung zu haben.

Sehr zum Unwillen von Marnettes Kabinettskollegen Rainer Wiegard, der sich als Finanzminister allein für den Fall zuständig sah. Marnettes permanente Warnungen wertete er als unangemessene Einmischung in sein Ressort, hinter vorgehaltener Hand wurden Marnettes Aktivitäten als »Profilneurose« und »Egotrip« abgekanzelt. Doch der ließ nicht locker und warf Wiegard vor, die seit Jahren schlaffe Kontrolle des permanent wechselnden Vorstandes vertuschen zu wollen. Dieser Konflikt führte zu einem politischen Ränkespiel, bei dem mit allen Mitteln getäuscht, getrickst und taktiert wurde. Jeder der Beteiligten wird dem anderen die Schuld geben – doch die Schuldfrage interessiert uns nicht, sondern der direkte Blick hinter die Kulissen. Marnette schildert einen Vorfall, den er für exemplarisch hält:

»Wir waren bei einer Veranstaltung der Marineschule, als mich ein Anrufer aus der Staatskanzlei zu einem überraschenden Treffen mit dem Ministerpräsidenten abkommandierte. Es sollte eine Sitzung mit den führenden Repräsentanten der Sparkassen geben, denn die bangten um ihre Anteile an der schwankenden HSH-Nordbank. Würde das angeschlagene Geldinstitut kippen, befürchteten sie einen Verlust von 600 Millionen Euro. Das hätte die Sparkassen mit in den Abgrund gerissen ...«

Wenn er heute über die Vorgänge von damals spricht, ist ihm die Rage immer noch anzumerken: »Ich erreichte den Tagungsort, das Schloss Bargteheide, zu früh. Das gab mir Zeit für eine kurze Schlossführung. Dabei kamen wir in einen Raum, das Jagdzimmer, in dem für acht Leute gedeckt war, auch ein Buffet stand bereits dort. ›Hier werden Sie nachher essen‹, sagte der Schlossverwalter. Ich ging nach nebenan und arbeitete. Das Treffen war für 15 Uhr anberaumt, um 15:30 Uhr trafen dann Peter Harry Carstensen und Rainer Wiegard ein. Ich fragte: ›Warum ist denn noch keiner von den Sparkassen hier?‹ Wiegard bekam einen hochroten Kopf, und auch Peter Harry wechselte die Farbe. ›Wer hat denn was von Sparkassen gesagt, das hier soll ein Treffen unter sechs Augen sein, um die Lage zu sondieren‹, polterte er. Wer denn diesen Unsinn verbreitet habe. ›Ihre Staatskanzlei‹, antwortete ich. Das sei alles völliger Quatsch, beharrte Peter Harry. Da platzte mir beinahe der Kragen. ›Nebenan ist für acht Personen gedeckt, wollen Sie mich für dumm verkaufen?‹«

Im Nachhinein, so Marnette, stellte sich heraus, dass der Finanzminister seinen Ministerpräsidenten und Parteifreund offenbar massiv unter Druck gesetzt hatte, um zu verhindern, dass sein Intimfeind beim Bankentreffen mit von der Partie war. Marnette: »Mir ist dann später kolportiert worden, dass Peter Harry Carstensen Rainer Wiegart anrief. Der muss ihn angebrüllt haben, als er hörte, dass ich dabei bin: ›Peter Harry, wenn du das machst, dann ist hier Krieg!‹.«

Um Marnette nicht zu verärgern, versuchte der Ministerpräsident nach Marnettes Schilderung ein Possenspiel, das aufflog, weil der Wirtschaftsminister das Schloss besichtigt hatte. »Kindergarten!«, sagt Marnette heute. Aber sein Blick verrät, was er empfindet: Verachtung. Später wird er noch einmal zu Wort kommen, nämlich bei der Suche nach Antworten auf die Frage, warum sich Politiker so verhalten.

***

Darüber, wie viele Menschen im Politikbetrieb Mobbing, Demütigungen und Drangsal erdulden, weil sie sonst ihren Status oder sogar ihre Existenz verlieren, kann nur spekuliert werden. Marnette, materiell unabhängig, gehörte nicht dazu. Er trat am 29. März 2009 wutentbrannt zurück. Das war ein Sonntag. Die Rücktrittserklärung ließ er ganz bewusst am Nachmittag verbreiten, denn er wusste, dass Peter Harry Carstensen zu diesem Zeitpunkt seinen Mittagsschlaf hielt und dementsprechend nicht sofort reagieren konnte. Marnette gibt es selber offen zu: Es war seine Retourkutsche.

***

Auch der Berliner Unternehmer Harald Christ konnte es sich leisten, unabhängig zu entscheiden, ob er sich den Politikbetrieb antun will oder nicht. Nach dem, was er als Kandidat für das Amt des Wirtschaftsministers im Schattenkabinett von Frank-Walter Steinmeier (SPD) im Wahlkampf 2009 erlebt hatte,[3] lautete seine Antwort: »Nein, will ich nicht!« Christ war kein klassischer Seiteneinsteiger, denn als SPD-Mitglied tummelt er sich seit 25 Jahren aktiv in der Politik, er kennt das Geschäft ganz genau. Christ ist Finanzunternehmer, Investmentspezialist. Als solcher sollte seine Kandidatur der Wirtschaft das Signal senden, die Sozialdemokraten hätten kein gestörtes Verhältnis zur großen Finanzwelt. Und nicht nur das. Mit Christ sollte einer im Team sein, der beim Mittelstand, der aufgrund einer Kreditklemme bei den krisengeschüttelten Banken in Bredouille geraten war, mit am Tisch sitzt. Das schienen aber einige der eigenen Genossen ganz anders zu sehen, das wurde Christ schnell klargemacht:

»Man erlebt oft, dass Kontrahenten aus seiner eigenen Partei alte Rechnungen begleichen wollen und dafür Details an die Medien durchstechen. Mir ist das ja auch passiert im Bundestagswahlkampf, als plötzlich ein Wochenmagazin versucht hat, Dinge über mich zu konstruieren, die an den Haaren herbeigezogen waren, nur weil jemand dachte, dass es nun die richtige Zeit sei, mit dem Christ mal richtig abzurechnen. Das waren Dinge, die mit meinem Ferienhaus in Südafrika zusammenhingen. Das Häuschen habe ich seit ein paar Jahren, mein Freund machte dort einige Male im Jahr Koch-Veranstaltungen, u. a. um Geld für Aids-Waisen zu sammeln. Da ist natürlich Service dabei. Und wo Service ist, sind auch Bedienstete. Daraus wurde die Story gemacht, dass der Schattenminister Christ, der aus einer Arbeiterfamilie kommt und hier die Sozialkeule schwingt, in Südafrika in Saus und Braus lebt und dort Schwarze mit weißen Handschuhen hat, die ihn bedienen.

Das stand im *Spiegel* und im *Focus*. Eine völlige Verkehrung der Sachlage. Heute weiß ich, dass die Sache mit Südafrika aus meiner eigenen Partei kam, ich weiß auch, von wem, einem SPD-Mann aus Hamburg. Als Sozialdemokrat hat man ja in Bastsandalen auf Föhr rumzulaufen. Da hat mir jemand aus der eigenen Partei die Aufgabe nicht gegönnt, und der politische Gegner hat auf jede Vorlage gewartet. Das scheint zum Geschäft zu gehören. Wer in die Öffentlichkeit geht, muss sich der öffentlichen Diskussion stellen. Das war mir auch schon im Vorfeld klar.«

Christ zog sich 2012 aus der Politik zurück. Warum? »Eine ganz nüchterne Entscheidung war das. Die Konzentration der Medien auf das Private hat sicher auch dazu beigetragen. Ich stellte mir die Frage: Will ich das? Ich habe für mich geantwortet: Nein, ich will das zurzeit nicht. Außerdem kann ich für die Wirtschaft viel mehr entscheiden, wenn ich auch in der Wirtschaft bin. Ich kann Dinge bewegen und sehe Ergebnisse. Das war mir am wichtigsten. Das Gefühl, nur zu moderieren und Dinge zu kommunizieren, obwohl ich vielleicht anderer Meinung bin, nur um Mehrheiten zu schmieden, das widerspricht meinem Charakter. Wenn ich etwas sagen muss, nur um etwas zu werden, dann werde ich lieber nichts. Wobei Politik für mich immer ein Thema sein wird.«

***

Rusche, Marnette, Christ – drei eindrucksvolle Augenzeugenberichte, die alle eines gemeinsam haben: die Botschaft, dass eigene Parteifreunde die besten Feinde sind. Sie mobben wesentlich brutaler und hemmungsloser als die politischen Gegner. Dabei werden traditionelle Beißhemmungen offenbar außer Kraft gesetzt.

Gesprächstermin bei Katja Suding. Sie ist Fraktionsvorsitzende der Freien Demokraten in der Hamburger Bürgerschaft. Bei den Bürgerschaftswahlen 2011 holte sie als Spitzenkandidatin der Liberalen mit 6,7 Prozent das beste Ergebnis seit 37 Jahren für die Freien Demokraten in der Hansestadt und schaffte es als einzige FDP-Kandidatin, ein Direktmandat zu erobern.[4] Eine zierliche, eher zurückhaltende Frau, die von sich selber sagt, sie stehe noch am Beginn der politischen Laufbahn. Harte Bandagen traut man ihr kaum zu. Ob die Auseinandersetzung mit den politischen Gegnern nicht manchmal auch unsachliche Attacken erfordere, lautet unsere Frage. Sie zögert, dann sagt sie: »Nicht der politische Gegner ist schlimm – viel schlimmer ist die eigene Partei. Da habe ich Dinge erlebt, die ich vorher nicht für möglich gehalten hätte. Das ist nichts für schwache Nerven.« Ihre freundlich-frauliche Art scheint also kein Schutz gegen Attacken gewesen zu sein, sondern vielleicht geradezu eine Einladung, die vermeintlich leichte Beute wegzubeißen. Eine Fehleinschätzung, wie sich zeigte. In ihrer jetzigen Funktion, sagt sie, sei sie weitgehend vor Querelen geschützt. Die Erleichterung darüber ist ihr anzumerken.

Ihr Parteifreund Wolfgang Kubicki, Fraktionsvorsitzender der FDP im Kieler Landtag und Mitglied des FDP-Präsidiums, beschreibt das innerparteiliche Klima so: »In der Politik ist jeder Parteifreund immer auch ein Konkurrent.«[5] Also eine potenzielle Bedrohung der eigenen Stellung, der eigenen Macht. Nach unseren Gesprächen wird uns klar: Kubickis Feststellung gilt quer durch das gesamte Parteienspektrum.

***

Anders als im Fußball, wo der Ehrenkodex »Was in der Kabine passiert, bleibt in der Kabine« gilt, darf in der Politik niemand auf Vertraulichkeit zählen. Jeder, der meint, er könne einen Nutzen daraus ziehen, sticht Interna aus Sitzungen oder Gesprächen an die Medien durch. So wurde die Attacke auf einen prominenten Christdemokraten bekannt, der sein Büro im Berliner Paul-Löbe-Haus hat.

***

Schwarze Dienstlimousinen reihen sich auf der breiten Vorfahrt. Geschäftig eilen Menschen mit Aktentaschen hin und her. Drinnen Wachpersonal hinter Panzerglas, Sicherheitsschleusen. Immer das gleiche Ritual: Personalausweis bitte, Besucherausweis sichtbar tragen, Taschen und Kleidung wie am Flughafen durchleuchten lassen. Bitte nehmen Sie Platz, Sie werden abgeholt. Warten.

Das graue lang gestrecke Gebäude links neben dem Reichstag wurde nach Paul Löbe (SPD), dem Alterspräsidenten des ersten Deutschen Bundestages, benannt. Ein politischer Mikrokosmos, dessen inneres Erscheinungsbild sogar erfahrene Politiktouristen beeindruckt. Acht Stockwerke, 1700 Räume, 61 000 Quadratmeter Nutzfläche. Riesige Glasfronten. Auf den Gängen wimmelt es von Besuchern, Abgeordneten, Kamerateams. Vor allem, weil hier die Ausschüsse des Deutschen Bundestages sitzen. Wolfgang Bosbach (CDU) ist Vorsitzender des Innenausschusses. Wir hören seine Stimme geschäftig durch den Gang hallen, während wir in seinem Büro Platz nehmen. Bosbach, so unsere Hypothese, dürfte dem Thema Mobbing und Machterhalt gegenüber besonders aufgeschlossen sein, denn immerhin war er Opfer einer inzwischen legendären innerparteilichen Attacke. Weil der Vorfall so unglaublich war, rekapitulieren wir ihn noch einmal.

Berlin-Tiergarten, Hiroshimastraße, Nordrhein-Westfälische Landesvertretung, ein gläserner Prachtbau, der Transparenz suggerieren soll. Es ist der 26. September 2011, kurz nach 21 Uhr. Die Tür des Sitzungssaales fliegt auf. Drinnen hatten die CDU-Abgeordneten aus NRW hitzig über den EU-Rettungsschirm debattiert. Drei Tage später soll im Parlament abgestimmt werden. Wolfgang Bosbach, seit 1994 für die CDU im Bundestag, macht aus seinen Bedenken keinen Hehl, öffentlich hatte er bereits mehrfach auf die enormen finanziellen Risiken hingewiesen. Konsequenterweise verweigerte er in der Probeabstimmung seine Zustimmung und verkündete, er werde auch im Bundestag aus Überzeugung dagegen votieren. Eine Todsünde. Wenn die Partei-Elite bei einem Thema Einigkeit verordnet, sind individuelle Standpunkte unerwünscht.

»Ich kann deine Fresse nicht mehr sehen. Du redest ja doch nur Scheiße«, faucht ihn Kanzleramtsminister Ronald Pofalla beim Verlassen des Saales an. Draußen auf dem Gang legt er nach: »Du machst mit deiner Scheiße alle Leute verrückt.« Bosbach: »Ronald, Moment mal, jetzt warte …« Doch der wartet nicht, macht eine Geste, die ohne Worte seine ganze Verachtung und seine Wut ausdrückt, eilt davon. Bosbach holt ihn ein: »Ronald, guck bitte mal ins Grundgesetz, das ist für mich eine Gewissensfrage.« Pofalla: »Lass mich mit so einer Scheiße in Ruhe!«[6]

Politikwissenschaftler Arnulf Baring kommentiert diesen Vorgang uns gegenüber so: »Wenn ich Bosbach gewesen wäre, hätte ich Pofalla rechts und links geohrfeigt. Das war unerhört und völlig indiskutabel.« Für den erfahrenen Parlamentarier Bosbach selbst war solch eine Konfrontation bis zu diesem Zeitpunkt unvorstellbar: »Man denkt: Eigentlich hast du alle Höhen und Tiefen mitgemacht«, erinnert er sich. »Aber jetzt habe ich Dinge erlebt, die ich nie erleben wollte.«

Die wüsten Beschimpfungen in Richtung des verdienten Parteifreundes waren offenkundig kalkuliert, Pofalla wusste, dass es Zuhörer gab. Seine klare Botschaft lautete: »Komm mir ja nicht in die Quere. Ich habe den Auftrag der Kanzlerin, euch auf Linie zu bringen. Wenn du dich weigerst, stellst du dich gegen mich, du stellst meine Macht infrage und gefährdest meinen Erfolg. Also demütige ich dich öffentlich als Warnung für jeden, der auf die Idee kommen könnte, es dir gleich zu tun.«

Angesprochen auf die Pofalla-Attacke erläutert uns Gregor Gysi, Fraktionsvorsitzender der Linken, die Machtmechanik: »In allen Gremien, in denen Sie tätig sind, geht es immer auch ums Funktionieren. Nichts ist frustrierender als Gremien, die nicht funktionieren. Und je höher deine Verantwortung ist, je näher du dem französischen Präsidenten, dem Präsidenten der EU-Kommission und anderen bist, umso mehr fangen dich eigene abweichende Abgeordnete an zu nerven, weil sie deine ganze Arbeit durcheinanderbringen.«

Nach Pofallas Attacke sei Bosbach »schwer getroffen und persönlich beleidigt« gewesen, versichert Gregor Gysi. Frage: »Woher wissen Sie das?« Gysi: »Das verrate ich Ihnen nicht.« Frage: »Haben Sie mit ihm gesprochen?« Gysi lächelnd: »Welche Schlüsse Sie daraus auch immer ziehen möchten. Er war viel getroffener, als man das leider sein darf in der Politik«. Frage: »Darf man in der Politik nicht getroffen sein?« Gysi, ernst: »Nein. Denn wenn der politische Gegner mitkriegt, wo er dich treffen kann, nutzt er das gnadenlos aus. In den eigenen Reihen darf man das noch eher, doch überlegen die sich dann womöglich auch, ob man für die eine oder andere Position noch geeignet ist, weil man ja nicht so ein richtiges Durchstehvermögen habe.«

Weder ohrfeigte Bosbach den ausgerasteten Parteikollegen, noch zog er vor Gericht. Stattdessen zog er durch Talkshows, gab Interviews vom Kölner Domradio bis zum *Stern*. Ob geplant oder instinktiv – Bosbach, der alte Fuchs, nutzte eine raffinierte Kommunikationstaktik, um es Pofalla heimzuzahlen: Er inszenierte sich als Opfer und zugleich als integren Parteifunktionär. Ja, er, der aufrechte Kämpfer für eine vernünftige Sache, wurde brutal zum Schweigen gebracht. Aber dennoch wolle er »nicht der Problembär der Fraktion sein«, sondern ein »guter Kollege«. Perfekt! So stand der Kanzleramtsminister als ungehobelter, unfairer und primitiver Pöbler da. Eine Antwort mit dem Florett statt mit der Streitaxt.

Doch im Gegensatz zu unserer Annahme treffen wir keinen von der Härte des politischen Alltags zermürbten Politiker Bosbach. Unmittelbar nach der Attacke hatte er noch über seinen Abschied orakelt. Daran denkt er nicht mehr, auch nicht angesichts einer kürzlich diagnostizierten Krebserkrankung. Zu unserer Überraschung relativiert Bosbach im Gespräch sogar die rauen Sitten und Unverschämtheiten auf der politischen Bühne. Auf unsere Frage, ob der Ton in den vergangenen Jahrzehnten, die er im Bundestag erlebt hat, rauer geworden sei, antwortet er ohne zu zögern:

»Es ist im Bundestag nicht anders als an anderen Arbeitsplätzen. Da fällt auch mal ein böses Wort. Aber dass es hier rauer zuginge als außerhalb des Parlamentes, an Baustellen oder Werkbänken, nein, das glaube ich nicht. Hier wird nur alles direkt öffentlich. Es gibt nichts, was noch geheim bleibt. Wenn man wirklich etwas geheim halten will, muss man ›Pressemitteilung‹ drüber schreiben. Da ist die Wahrscheinlichkeit am höchsten, dass der Inhalt nirgendwo registriert wird. Ansonsten gilt: Wird der Satz gesprochen, wird er unterm Tisch schon per SMS weitergegeben. Man mag es noch so sehr bedauern: Das ist der Lauf der Dinge. Das drehen wir nicht mehr zurück. Ich kann nicht feststellen, dass es heute wilder zugeht als in den 60er- oder 70er-Jahren. Man achtet heute allerdings mehr darauf, dass eine Beleidigung nicht personenbezogen ist.«

***

Was würde passieren, wenn sich die bis hierher geschilderten Vorfälle in Ihrer Nachbarschaft oder an Ihrem Arbeitsplatz ereigneten? Es braucht nicht viel Fantasie, um sich die Reaktion auszumalen: Empörung, Abscheu, Wut, vielleicht eine Klage wegen Beleidigung oder übler Nachrede. Auf jeden Fall ist klar: Im bürgerlichen Verhaltenskodex gilt derlei Vorgehen als charakterlos, bösartig und abstoßend.

In der Politik hingegen gehört all das zum Alltag, wie unsere

Beispiele belegen. Unter Druck setzen, erpressen, beschimpfen, einlullen, umarmen und gleichzeitig hintergehen, öffentlich bloßstellen – jedes Mittel ist recht, um unliebsame Parteifreunde oder politische Gegner auszuschalten. Denn egal wie laut, wie oft und wie leidenschaftlich das Lied vom Wohl der Wählerinnen und Wähler gesungen wird – in Wahrheit geht es nur um eins: Macht. Nur wer im politischen Apparat über Macht verfügt, kann seine Ideen durchsetzen. Diese Ideen mögen gut und sinnvoll sein, tatsächlich dem Wohl der Wählerinnen und Wähler dienen – aber ohne Macht läuft nichts. Macht bekommt man nicht geschenkt, man muss sie sich erkämpfen. Wenn es sein muss, ohne Rücksicht auf menschliche Befindlichkeiten. Jeder in der Politik weiß das, denn sie oder er haben es am eigenen Leib, der eigenen Seele erfahren oder selbst kräftig ausgeteilt.

***

Selten kommt es vor den Augen der Öffentlichkeit, also vor laufenden Kameras, zu Entgleisungen. Zumeist sind es dann kalkulierte Attacken mit klaren strategischen Zielen, vor allem die eigene Profilierung in der Öffentlichkeit. Christoph Steegmans, Sprecher des Bundesministeriums für Familie, Senioren, Frauen und Jugend und zuvor knapp zwei Jahre lang stellvertretender Regierungssprecher, nennt uns einen der Gründe für gern genutzte Anlässe zum öffentlichen Streit: »Politiker leben oft mehr von ihrem Image als von ihrem Tun. Und das Image wird am meisten von der Projektionsfläche bestimmt – also dem optischen oder inhaltlichen Hintergrund. Projektionsflächen können sein: Machtsymbole wie Ämter und Titel, Kulissen wie Staatsempfänge oder Regierungsflugzeuge, vor allem aber Gegnerschaft und Auseinandersetzungen, innerparteilich genauso wie mit Politikern anderer Parteien. Je größer und bedeutender die Umgebung oder der Gegner, desto wichtiger erscheint ein Politiker im öffentlichen Ansehen.«

Legendär ist Joschka Fischers Ausraster in der Debatte um die Flick-Spenden-Affäre am 18. Oktober 1985. Der damalige Bundestagsvizepräsident Richard Stücklen (CSU) hatte just den Grünen Jürgen Reents rausgeworfen, weil der behauptet hatte, der amtierende Bundeskanzler Helmut Kohl sei von Flick »gekauft« worden. Fischer, damals rank und schlank im schlotternden Jackett, stürmte nach vorne und brüllte: »Mit Verlaub, Herr Präsident, Sie sind ein Arschloch!«[7] Prompt flog auch er aus dem Saal. Aber dieser Auftritt prägte sein Image als Widersacher des politischen Establishments. Der Rausschmiss hatte sich also gelohnt.

Den ersten Ordnungsruf in der Geschichte des Deutschen Bundestages fing sich übrigens Heinz Renner, Fraktionschef der Kommunistischen Partei Deutschlands (KPD), ein. Er nannte den damaligen Bundeskanzler Konrad Adenauer am 30. September 1949 einen »Hetzer«, daraufhin wurde ihm das Wort entzogen.[8] Dem legendären SPD-Chef Kurt Schumacher reichte schon der Zwischenruf Richtung Adenauer »Sie sind der Bundeskanzler der Alliierten!«[9] für eine 20-tägige Sitzungssperre. Wie sich noch zeigen wird, ist das Niveau seitdem kräftig gesunken ...

Spektakulär war auch das Aufeinandertreffen von Bundeskanzler Helmut Kohl und dem SPD-Vorsitzenden Willy Brandt am 12. Mai 1985 abends nach der Landtagswahl in Nordrhein-Westfalen. Johannes Rau und die SPD hatten in Deutschlands einwohnerstärkstem Bundesland mit 52,1 Prozent die absolute Mehrheit geholt. In der ZDF-Runde sollte das Ergebnis debattiert werden, doch Kohl und Brandt gerieten über andere Themen, unter anderem das deutsch-amerikanische Verhältnis, lautstark aneinander. »Sie schaden dem Deutschen Volk mit diesen Lügen!«, rief Brandt und haute auf den Tisch. »Ich lass' das nicht durchgehen!« Kohl, dicht neben ihm sitzend, blieb cool: »Sie können in Ihrem Parteibüro brüllen mit Ihren Mitarbeitern, aber hier nicht mit uns vor dem deutschen Publikum.« Dann kam die Sprache auf den damaligen Minister und CDU-Generalsekretär Heiner Geißler. »Ein Hetzer ist er! Seit Goebbels der schlimmste Hetzer in diesem Land!«, tobte Brandt. Der SPD-Vorsitzende war unter anderem deshalb wütend, weil Geißler die SPD als »fünfte Kolonne Moskaus« bezeichnet hatte.[10] Kohl: »Lassen Sie bitte den Vergleich zwischen Goebbels und Geißler weg, Sie sollten sich schämen, eine solche Aufführung zu machen!«

Ein kurzer Mitschnitt dieses als »Kanzlerduell« in die Geschichte eingegangenen Disputs ist immer noch auf YouTube zu sehen.[11] Interessant sind die darunter stehenden User-Kommentare dazu: »Damals hatte Politik noch Niveau«, oder: »Brandt, Wehner, Strauß, Schmidt, Erhard ... Ob man sie mochte oder nicht, ob man sie wählte oder nicht. Eine leider ausgestorbene Spezies, die man heutzutage schwer vermisst.«

Streit mit Niveau, geschliffener Disput, intellektuelle Auseinandersetzung – offenbar wünschen sich das viele, sehr viele Wähler in der aktuellen Politik. Stattdessen bietet ihnen die Berliner Bühne Bauernpossen wie diese:

Der Plenarsaal des Deutschen Bundestags unter der Glaskuppel ist beinahe leer, als um 15:59 Uhr Jan van Aken, Abgeordneter der Links-Fraktion, das Rednerpult betritt. Bundestagsvizepräsidentin Katrin Göring-Eckardt (Grüne) leitet diese 181. Sitzung des Deutschen Bundestages am 24. Mai 2012. Debattiert wird über Rüstungsexporte. Zuerst teilt van Aken in Richtung CDU aus, dann plötzlich nimmt er den FDP-Abgeordneten und Fraktions-Vize Martin Lindner aufs Korn: »Zu Herrn Lindner muss ich sagen, dass ich das unerträglich finde: Jedes Mal, wenn hier eine Frau redet, dann macht dieser Macho arrogante Zwischenrufe und krault sich seine Eier. Das ist wenig zu ertragen. Das geht überhaupt nicht.« Noch in das Gelächter und den Beifall hinein entschuldigt sich van Aken. Göring-Eckardt hakt nach: »Für den Macho oder für was jetzt?« Van Aken: »Für die Eier.« Heiterkeit im Saal.[12]

183. Sitzung des Deutschen Bundestages, 13. Juni 2012. Debattiert wird die Frage, warum Entwicklungshilfeminister Dirk Niebel (FDP) einen aus Afghanistan mitgebrachten Teppich nicht verzollt hat. Die Abgeordnete Barbara Hendricks (SPD) ergreift das Wort und wird aus den Reihen der CDU und FDP sofort mit Zwischenrufen attackiert. FDP-Vize Martin Lindner höhnt: »Das Rechtsseminar einer Sozialwissenschaftlerin!« Da platzt Hendricks der Kragen: »Wissen Sie, ich erinnere noch einmal an die Worte des Kollegen van Aken. Für alle Zuhörer: Er ist der berühmteste Eierkrauler dieses Parlaments.«[13]

Zweifellos eine bewusste persönliche Beleidigung, die Bundestagsvizepräsident Eduard Oswald (CSU) sofort rügen müsste. Doch das Protokoll verzeichnet – nichts. Keine Rüge, ja, überhaupt keine Reaktion Oswalds. Stattdessen ruft er in das anschließende Stimmengewirr: »Liebe Kolleginnen und Kollegen, das Wort hat die Frau Kollegin Dr. Hendricks.« Dokumentiert auf Seite 21832 des Sitzungsprotokolls.[14]

Sind die Politikerinnen und Politiker inzwischen so abgebrüht, dass Beleidigungen als solche gar nicht mehr wahrgenommen werden, weil sie zum Alltag gehören? Attacken unter der Gürtellinie als legitimes Mittel der Auseinandersetzung mit dem politischen Gegner? Wer Kollegen oder Nachbarn im Zivilleben als »Eierkrauler« bezeichnet, riskiert einen Fausthieb als Antwort. Zudem ist die Wortwahl niveaulos, primitiv. Hat der Umgang miteinander in der Politik längst jeden Anstand hinter sich gelassen?

Hier wird Mobbing-Opfer Wolfgang Bosbach (CDU) energisch: »Würde heute jemand zu Herrn Lammert sagen, dass er ein Arschloch sei, würde das sicherlich genauso sanktioniert werden wie damals bei Herrn Fischer. Als Christian Lindner vom Rednerpult aus zweimal als Eierkrauler beschimpft wurde, gab es jedoch nicht mal einen Ordnungsruf. Das wundert mich schon. Wir sind hier nicht im Mädchenpensionat, aber da ist die Grenze des Zulässigen überschritten. Ich kann mir nicht vorstellen, dass der Präsident das gehört und nicht sanktioniert hat.« Hat er aber nicht.

Unter die Gürtellinie wurde im Bundestag allerdings auch früher schon geboxt. Herbert Wehner (SPD), die »größte parlamentarische Haubitze aller Zeiten« (Heiner Geißler über Wehner), verspottete den CDU-Abgeordneten Jürgen Todenhöfer als »Hodentöter«.[15] Auch seine Parteigenossen waren nicht vor seinem ätzenden Spott sicher. Wehner zu Franz Josef Zebisch als Replik auf dessen Klage über die alphabetische Sitzverteilung im Parlament, die ihn in der allerletzten Reihe sitzen ließ: »Benennen Sie sich doch in Genosse Arschloch um!«[16] Der Unterschied zur Lindner-Attacke: Die Sprüche mögen zwar unflätig gewesen sein, sie waren zugleich aber auch auf ihre Art geistreich. Viele der Verbalattacken sprühten vor Wortwitz, getrieben von der Lust am rhetorischen Kräftemessen, sie waren authentisch und gründeten spürbar in der aufrichtigen Überzeugung des Sprechers. Die Strauss'sche Wortgewalt oder die Wehner'sche Scharfzüngigkeit hatten einen intellektuellen Funken, der beim Publikum zündete. Was man von der primitiven zweifachen Eierkrauler-Attacke auf Martin Lindner nicht behaupten kann.

Knorrige Typen, widerborstige Charaktere – die Wähler scheinen sie zu vermissen. Sind Parlamentarier heute stromlinienförmiger, gesichtsloser? Der Hamburger SPD-Politiker Johannes Kahrs, Spross einer Politikerfamilie, meint: »Ja. Der Umgang in der Politik ist sehr viel netter, sensibler, weichgespülter, damit aber nicht unbedingt besser geworden. Wenn ich mir Geschichten von meinem Vater anhöre, wenn ich höre, wie Herbert Wehner seine Parteikollegen angemacht haben soll, wenn man in alten Reden hört, wie Kurt Schumacher die Leute angegangen ist, da muss man sich als Abgeordneter im Jahr 2012 doch sehr wundern. Heute würden solche Kerle nach einer halben Stunde abgewählt werden. Das würde sich keiner mehr gefallen lassen. Es ist nicht rauer geworden, sondern vielleicht verdeckter und mit Orwell'schem Neusprech garniert. Es wird ja nicht mehr ›abgeschoben‹, sondern ›zurückgeführt‹. Es wird nicht mehr ›entlassen‹, sondern ›rationalisiert‹. Aber genau das geht den Leuten auf den Keks. Die wollen eine klare Ansage. Helmut Schmidt macht das, Peer Steinbrück macht das. Klare Frage, klare Antwort, und kein verständnisvolles Gebimsel. Bei einer klaren Ansage weiß man, woran man ist, und man kann dafür sein oder dagegen.«

Martin Lindner fing sich übrigens selbst eine Rüge, als er Gregor Gysi beleidigte. Der hatte im Bundestag beklagt, dass es viel zu wenig Fachärzte für Neurologie und Psychiatrie zur Betreuung heimkehrender Afghanistan-Soldaten gäbe. Darauf rief Lindner: »Sie brauchen auch einen!«[17] Eine Frechheit. Gysi lacht dennoch, als er uns diese Episode erzählt. Wir fragen: »Sie haben also inzwischen so ein dickes Fell, dass Sie darüber lachen können?« Gysi: »Nein, ich habe kein dickes Fell, in Wirklichkeit bin ich empfindlicher, als viele glauben.«

***

Politik, ein besonders dreckiges Geschäft? Auch Ex-Minister und Ex-Vorstand Marnette schüttelt den Kopf. Nein, sagt er, genau so ginge es in der Wirtschaft zu, in den Führungsetagen der Konzerne. Der Unterschied zwischen Politik und Wirtschaft sei jedoch, »dass Politik transparent ist, da kommen solche Ausrutscher schnell raus. In der Wirtschaft bleibt es hingegen weitgehend unbemerkt.«

Also sind Politiker und ihr Verhalten nur der Spiegel der Gesellschaft? Das liegt nahe. Aber die Volksvertreter haben offenbar einen wichtigen Aspekt aus den Augen verloren – oder er ist ihnen inzwischen egal: Politiker haben aus Sicht der Wählerinnen und Wähler eine Leitfunktion. Ihr Auftreten repräsentiert für sie den Staat und dessen Geisteshaltung. Ob Politiker das wollen oder nicht – wer sich zur Wahl stellt, muss sich darüber klar sein, dass mit der Wählerstimme auch ein Vertrauensvorschuss verbunden ist. Das Vertrauen in die Kompetenz, die Redlichkeit, den Fleiß und die Vorbildfunktion des Abgeordneten. Unflätige Auftritte, unfaire Attacken oder Täuschungsmanöver zehren diesen Vertrauensvorschuss auf. Bis zu dem Punkt, an dem die Politik und ihre Repräsentanten jedes Ansehen und jeden Respekt verloren haben. Dieser Punkt, das signalisieren Umfragen wie die der *FAZ*, ist nicht mehr weit entfernt.

Der derzeitige Zustand habe seine Ursache vor allem in menschlichen Unzulänglichkeiten, meint Werner Marnette. »In der politischen Kultur, im Umgang miteinander ist inzwischen ein Stil eingetreten, der durch einen eklatanten Mangel an Ethik geprägt ist. Das ist eine Frage der individuellen menschlichen Qualität derjenigen, die uns vertreten.«

Wo ist der Ausweg, was muss sich ändern? Der Ex-Grüne und Neu-Pirat Herbert Rusche berichtet von einem Versuch, das Problem innerparteilicher Querelen ego-getriebener Machtmenschen in den Griff zu bekommen:

»Otto Schily kommt ja aus einer anthroposophischen Familie. Man sollte also meinen, dass er offen sei für Alternativen, um Probleme zu lösen«, beginnt er seine Anekdote über den Grünen, der später SPD-Innenminister wurde. »Andere Fraktionsmitglieder und ich hatten damals den Eindruck, dass viele Diskussionen in der Fraktion auf einer Meta-Ebene geführt werden, auf der sich die Großkopferten Schlachten lieferten.

Wenn Petra Kelly oder Joschka Fischer etwas sagten, konnte man sicher sein, dass bestimmte Leute dagegen waren. Das war sehr lähmend. Ein Großteil der Fraktion kam gar nicht zu Wort, weil man sich nicht in diese Streitereien einmischen wollte. Also machten wir den Vorschlag, einen neutralen Supervisor für die Fraktion einzustellen, um die Kampfhähne auf die Realebene runterzuholen und Dinge zu versachlichen und zu erklären. Das hätte uns als Grüne gut zu Gesicht gestanden. Als wir diesen Vorschlag vortrugen, stand Otto Schily so heftig auf, dass der Stuhl hinter ihm umfiel, und schrie: ›Das geht über meine Schmerzgrenze!‹ Dann verließ er den Raum. Die Abstimmung fand ohne ihn statt. Ergebnis dennoch: Es wurde kein Psychologe eingestellt. So etwas hatten die Grünen ja nicht nötig.«

Buddhist Rusche selbst blieb seiner Linie treu, sich im politischen Betrieb auch der geistigen Hygiene zu widmen. Bevor er sein Mandat im Bundestag wahrnahm, konsultierte er seinen Mentor, einen Soziologieprofessor. Denn der Grüne ahnte, dass ihn die Zusammenarbeit mit den »ganzen harten Leuten« überfordern würde. Unter anderem riet ihm der Profi, einmal pro Woche zu einem psychologischen Coaching zu gehen, um Dinge sichtbar werden zu lassen, die ein Politiker im Betrieb gar nicht mehr wahrnimmt. »Das war sehr hilfreich«, sagt Rusche im Rückblick. »Ich fände es auch heute noch gut, wenn jeder Abgeordnete einen Mentalcoach an der Seite hätte, einen neutralen Menschen, der für den Versuch bezahlt wird, eine Außensicht auf das politische Geschehen zu geben.«

Politik mit psychiatrischer Begleitung – ein interessanter Ansatz. Doch er wird schwer umzusetzen sein. Warum? Gregor Gysi hat es bereits angesprochen: Es mangelt eklatant an Fachärzten …

2
Du sollst dir einen Clan suchen – ohne Seilschaft stürzt du ab!

Der 5. Mai 2005, Rottach-Egern, leicht bewölkter Himmel. Das Sofitel-Dorint-Hotel ist hermetisch abgeriegelt. Schwarze Luxuslimousinen bahnen sich den Weg durch die beschauliche Kleinstadt am Tegernsee. Überall Sicherheitspersonal und Polizei. Spaziergänger stehen staunend am Straßenrand. Sie erkennen ihre Heimatgemeinde kaum wieder, selbst der Bürgermeister ist überrascht. Ein seltener Anblick auch auf dem Tegernsee selbst, an dessen Ufer das Hotel liegt: Ein Polizeiboot zieht hier seine Kreise.[1]

Wer als Hotelpersonal Zutritt zu dem abgeriegelten Terrain hat, erfährt zumindest, wer den Luxuskarossen entsteigt: ausschließlich hochrangige Politiker, Staatsoberhäupter, Finanzchefs und Manager. Paul Wolfowitz, Chef der Weltbank, Jean-Claude Trichet, Chef der Europäischen Zentralbank, Timothy Geithner, Chef der Federal Reserve Bank, Peter Sutherland und Peter Weinberg, Bosse bei Goldman Sachs, Bank-Ikone David Rockefeller, dazu die Chefs von Shell und BP, sogar ein David Byrne, Sondergesandter der Weltgesundheitsorganisation für globale übertragbare Krankheiten, dazu die holländische Königin Beatrix. Unter den mehr als einhundert Honoratioren findet sich auch eine lange Phalanx deutscher Gäste: Josef Ackermann, Matthias Döpfner, Jürgen Schrempp, Hilmar Kopper, Klaus Kleinfeld, Klaus Zumwinkel, Otto Schily, Friedbert Pflüger, Matthias Wissmann und – Angela Merkel.

Die CDU-Vorsitzende, damals noch nicht Kanzlerin, ist zum ersten Mal zu dieser hochgeheimen Veranstaltung eingeladen. Eine Ehre? Möglicherweise. Wurde die deutsche Oppositionsführerin bei dem Treffen laut Ohrenzeugenberichten doch schon als neue deutsche Regierungschefin angesprochen. Wie bitte?

Zur Erinnerung: Wir haben Mai 2005. Bundeskanzler ist zu diesem Zeitpunkt noch Gerhard Schröder. Erst im Juli wird er aufgrund der negativ beantworteten Vertrauensfrage zurücktreten. Er soll im Kongresshotel zwar gesehen worden sein – Spötter meinen, als Grüßaugust. Auf der Gästeliste des internationalen Events steht er nicht …

Was war das für ein merkwürdiger Gipfel dort am Ufer des Tegernsees, über den man in Rottach-Egern noch lange gesprochen hat, in der Publikumspresse aber so gut wie gar nichts lesen konnte? Heute ist die Antwort einfach: Vier Tage lang hat dort eine der sagenumwobenen Bilderberg-Konferenzen stattgefunden. Was dort exakt besprochen wurde, blieb wie stets im Dunkeln. Die Vermutungen allerdings wären Stoff für Politthriller mit Bestsellerpotenzial.

***

Aber Halt! Bilderberg? Was soll das sein? Die Bilderberg-Konferenz fand das erste Mal 1954 auf Einladung des niederländischen Prinzgemahls Bernhard im Bilderberg-Hotel in Oosterbeek bei Arnheim statt. Daher der Name. Damals trafen sich die 80 mächtigsten Männer der Welt. Sie spielten nicht Golf, und sie zechten nicht, sie besprachen Entscheidungen über die Zukunft der Welt. Seitdem trifft sich eine Seilschaft aus inzwischen 120 zum Teil wechselnden Mitgliedern und Gästen jedes Jahr an einem anderen möglichst geheimen und streng bewachten Ort. Vertreter von Königshäusern, Bankiers aus den Häusern Rothschild oder Rockefeller, politische und militärische

Strategen aus den NATO-Staaten, journalistische Führungskräfte westlicher Leitmedien.

Offiziell werden die Bilderberg-Konferenzen als »informelle private Treffen von Funktionseliten«[2] bezeichnet, um die USA und Europa stärker aneinanderzubinden. Hans-Jürgen Krysmanski, emeritierter Soziologieprofessor, der seit Jahrzehnten die globalen Machtstrukturen erforscht, hält jedoch dagegen und sagt: »Alles, was mit politisch relevanten Inhalten und Diskussionen und Entscheidungen zu tun hat, ob das in vertraulichen Beratungen erfolgt oder im Parlament selber, kann niemals privat sein und ist immer irgendwie öffentlich.«[3] Der Münchner Mediensoziologe und Publizist Rudolf Stumberger teilt diese Einschätzung: »Wir sehen ja gerade ganz konkret, was auf den Finanzmärkten passiert. Daher ist das schon ein merkwürdiges Gefühl, wenn diese Treffen fernab jeder demokratischen Öffentlichkeit stattfinden.«[3]

Der »Zufall Merkel«, die bekanntlich tatsächlich wenige Monate später Kanzlerin wurde, kann um andere »Zufälle« ergänzt werden. Am 14. Mai 1982 taucht CDU-Chef Helmut Kohl bei der Bilderberg-Konferenz im norwegischen Sandefjord auf, die in diesem Jahr unter dem Vorsitz des einstigen Bundespräsidenten Walter Scheel (FDP) steht. Wir erinnern uns: Am 17. September 1982 treten die vier FDP-Minister zurück, woraufhin die sozialliberale Koalition zerbricht. In eiligen Koalitionsgesprächen vereinbaren Union und FDP, Bundeskanzler Helmut Schmidt am 1. Oktober 1982 durch ein konstruktives Misstrauensvotum zu stürzen. Der Regierungswechsel gelingt. Am 1. Oktober 1982 wählt der Deutsche Bundestag Helmut Kohl mit 256 zu 235 Stimmen zum neuen Kanzler.

Neun Jahre später. 1991 begrüßen die Bilderberger bei ihrem Treffen in Baden-Baden einen Debütanten, von dem man sich noch viel verspricht. Ein gewisser William Jefferson Clinton stellt sich vor, Gouverneur von Arkansas. Im Folgejahr wird er

Präsident der Vereinigten Staaten von Amerika. Der Luxemburger Politiker und damalige Chef des Internationalen Währungsfonds Jacques Santer wird vier Jahre nach seinem Besuch bei den Bilderbergern Präsident der Europäischen Kommission. Lord George Robertson wird 1998 zum ersten Mal eingeladen, 1999 kann sich der Brite NATO-Generalsekretär nennen. Die Liste solcher möglichen Zusammenhänge kann fortgeschrieben werden.

Aber nicht nur Personalentscheidungen, auch einige politische Ereignisse könnten, so vermuten kritische Chronisten, mit den Elite-Treffen zu tun haben. So sollen dabei bereits die Römischen Verträge, auf denen die Europäische Union fußt, ausgehandelt worden sein. Sogar die Ölkrise von 1973 soll auf das Konto der Bilderberger gehen. Interessant ist die Konferenz, die 1988 in Tirol stattfand. Wieder war Helmut Kohl zu Gast. Bekannt und bestätigt ist, dass 1988 die Neubesprechung der »deutschen Frage« Hauptthema gewesen ist. Kanzler Kohl soll in die Pläne für die Wiedervereinigung eingeweiht, das Ende der D-Mark bzw. die Geburt des Euro bereits bei dieser Gelegenheit besprochen worden sein.[1] Helmut Kohl also nur scheinbar der große Europäer, ferngesteuert und mit falschem Lorbeer?

Und Schröder? Warum hätte man ihn aus dem transatlantischen Bündnis werfen und gegen Angela Merkel auswechseln sollen? Vielleicht deshalb: Schröder weigerte sich 2003, die Bundeswehr an der Seite der Amerikaner in den Irak zu schicken. Danach wurde er ausrangiert von einer der womöglich wichtigsten Seilschaften des Planeten. Am 1. Juli 2005 stellte er die Vertrauensfrage – offiziell wegen der überbordenden Kritik an seiner Reformagenda 2010 – und verlor sie. Bundespräsident Horst Köhler löste am 21. Juli das Parlament auf. Die Neuwahlen am 18. September brachten Angela Merkel den Einzug ins Kanzleramt.

***

Sind politische Karrieren etwa nur »über Bande« möglich? Ganz klar: Ja. Über keines der zehn ungeschriebenen Polit-Gebote ist man sich parteiübergreifend so unwidersprochen einig wie über dieses: Ein Einzelgänger hat in der Politik keine Chance. Eine wie auch immer geartete Seilschaft ist Voraussetzung für die Karriere und trägt maßgeblich zum Erhalt und zur Verlängerung des politischen Lebens bei. »Politik ist ein Mannschaftssport«, sagt der CDU-Abgeordnete Wolfgang Bosbach. »Man braucht ein Netzwerk. Man braucht Kontakte. Und man braucht nicht nur Kontakte, man braucht Beziehungen. Die basieren auf Vertrauen. Dazu braucht man Freunde, die einem helfen, wenn es mal schwierig wird. Alleine kann man in diesem riesigen Betrieb Deutscher Bundestag kaum etwas bewegen.« Und wohl nicht nur im Bundestag.

Allerdings wirken innerhalb politischer Seilschaften meist Bindungskräfte, die mit demokratisch wie parlamentarisch herbeigeführten – also vom Wähler gewollten – Mehrheiten rein gar nichts zu tun haben. Hier geht es entweder um zwischenmenschliche Vorlieben, die zusammenschweißen, um ideologische Bande oder – und das ist inzwischen wohl in den meisten Fällen so – um finanziellen und herrschaftlichen Profit, um lupenreine Zweckgemeinschaften politischen und ökonomischen Handelns also.

Die außer- oder überparlamentarischen Bündnisse reichen hinsichtlich ihrer Größe von einer Handvoll wichtiger Entscheider, die sich in Berliner Hinterzimmern treffen, bis hin zu einer Hundertschaft, die sich für ihre Absprachen ein ganzes Tagungshotel anmietet. Bekannt und vom Wahlvolk akzeptiert sind die Gruppen, die die Flügel der Parteien bilden. Bei den Sozialdemokraten hat der konservative Seeheimer Kreis genauso Platz wie die Gruppe der Parlamentarischen Linken und das reformistisch eingestellte Netzwerk Berlin. Die Linkspartei verfügt neben Kommunistischer Plattform und Antikapitalistischer Linke über vier weitere Splittergruppen. Bei den Grünen erinnert man sich an die Spontis, die Realos und die Fundis, die sich gegenseitig das Leben schwer machten, sich innerhalb ihrer Gruppen aber nach oben halfen. Alles gut dokumentiert. Alles öffentlich. Alles recht harmlos.

»Wie wichtig sind denn Ihre Netzwerke für den politischen Aufstieg?«, fragen wir den SPD-Politiker Johannes Kahrs, gefürchteter Sprecher des Seeheimer Kreises, der 2013 den Kanzlerkandidaten Peer Steinbrück stellt. »Man darf in der Politik nicht einsam sein. Man muss immer schauen, dass man die wichtigen Dinge gemeinsam bewältigt, dass man sich entsprechend mit Leuten umgibt. Viele nennen das dann Seilschaft«, sagt er. »Ich glaube aber, dass ein Aspekt immer unterschätzt wird: dass Menschen einsam sind. Wenn Sie 24 Wochen pro Jahr in Berlin sind, Ihre Familie aber im Wahlkreis hockt, wenn Sie nur von Leuten umgeben sind, die alle etwas von Ihnen wollen, Sie selber aber dabei zu kurz kommen, dann freuen Sie sich, wenn Sie Gleichgesinnte um sich versammeln können. Wenn Sie als neuer Abgeordneter nach Berlin kommen und niemanden kennen, dann brauchen Sie eine politische Heimat.«

Stattgegeben, Herr Kahrs! Weniger kuschelig und für den Wähler weit diffuser wird es jedoch, sobald sich die Bündnisse im Verborgenen bilden: Der Wähler erhält schwer bis gar nicht Einblick in die dort getroffenen Entscheidungen. Und der Politiker unterwirft sich als Exklusivmitglied engen Regeln und eigenartigen Ritualen, die für ihn mitunter unschöne Konsequenzen haben, sobald er sich nicht mehr an sie hält.

***

Blicken wir auf einen fast schon legendären Geheimbund der CDU, um beispielhaft die Macht eines solchen inoffiziellen Zirkels offenzulegen. 24 Jahre lang konnte ein Verein mit dem in unseren Breiten merkwürdig klingenden Namen »Pacto Andino« – eingedeutscht auch »Andenpakt« – im Dunkel der Unions- und damit auch Bundespolitik wirken. Eine bemerkenswert lange Strecke, in Zeiten der totalen Medienrepublik Deutschland. Erst als der *Spiegel* im Juni 2003 – wohl unter Mithilfe einer ambitionierten Politikerin – eine kurze Meldung mit der Überschrift »Das konspirative Netzwerk in der CDU«[4] veröffentlichte, erfuhr die Wählerschaft von jenem hocheffizienten Geheimbund hinter den Kulissen der Christdemokraten. Neben den offiziellen Parteigremien gebe es eine verschworene Clique »mächtiger Parteifürsten«, hieß es da. Vor Parteitagen kämen sie zusammen, um schon einmal vorab »Personalfragen und andere Entscheidungen« zu besprechen. Namen wie Roland Koch, Christian Wulff und Peter Müller fielen. »Das öffentlich bislang unbekannte Netzwerk zeichnet sich durch einen großen Korpsgeist und strenge Geheimhaltung aus. Intern haben sich seine Mitglieder auf eine Art Nichtangriffspakt verständigt«, schrieb der *Spiegel*, der schnell ein längeres, detailreiches Stück zu dem kraftvollen Männerbund folgen ließ.[5]

Wie viel davon ist Legende? Wie viel entspricht der Wahrheit? Wir treffen eines der Gründungsmitglieder des Andenpaktes. Aber nicht irgendeines. Bernd Huck, ein Mann um die 70, aparte Erscheinung, Ähnlichkeit mit Alfred Biolek, hält immer noch die Position des Generalsekretärs des geheimen Dutzends. Längst hat er sich aus der aktiven Politik zurückgezogen und sich der Kultur verschrieben. In Braunschweig ist er Vorstandsvorsitzender des Kunstvereins. Als wir ihn treffen, präsentiert der Berliner Künstler Björn Dahlem in der klassizistischen Villa »Salve Hospes«, Sitz des Kunstvereins, seine Installationen. Huck posiert noch für einen Fotografen inmitten der Ausstellung, dann führt er uns ins Nebenhaus. Niemand würde hier die Schnittstelle des rätselhaften Andenpaktes vermuten.

»Wir sind wohl der einzige Zirkel, aus dem inhaltlich nichts nach außen dringt«, beginnt Huck. »Wenn die CDU Präsidiumssitzung hat, lesen Sie am nächsten Morgen alles in der *FAZ*. Wortgetreu sogar. Es ist erstaunlich, was da alles rauskommt. Und man kann je nachdem, was zitiert wird, oft genau auf denjenigen schließen, der Interesse an dieser Veröffentlichung haben könnte. Wir hingegen sind ein Freundeskreis, in dessen Mittelpunkt eine gemeinsame Vergangenheit steht. Das schafft eine Vertrauensbasis. Da wir unabhängig von Funktionen politisch denkende Bürger und Parteimitglieder sind, unterhalten wir uns zuvorderst nicht nur über Privates, sondern eben auch über politische Fragen grundsätzlicher oder aktueller Art. Aber das kann nur funktionieren, wenn über diese Gesprächsinhalte überhaupt nichts Konkretes nach außen dringt.«

Wie haben Sie es geschafft, in der kleinen, überschaubaren Dorfgemeinschaft der einstigen Bundeshauptstadt Bonn Ihre Vereinigung geheim zu halten? »Wir haben einfach kein Gewese drum gemacht.« Gab es ein Ehrenwort? »Nein, wir wollten einfach nicht, dass drüber geredet wird.« Was ist denn der Sinn des Geheimen? »In der Politik ist es von großer Bedeutung, dass man sich offen austauschen kann, über Inhalte und Personen, über Ziele und Divergenzen. In dem Moment aber, in dem die Angst besteht, dass aus diesen vertraulichen Gesprächen berichtet wird, ist die Offenheit nicht mehr gewährleistet. Wenn aus allen Gremiensitzungen am nächsten Tag in·allen Medien berichtet wird, dann ist doch völlig klar, dass in den Gremien ganz bewusst nur noch das gesagt wird, was am nächsten Tag in der Zeitung stehen kann oder soll. Was man eigentlich gerne sagen würde, wird dann lieber woanders gesagt.« Wenn Sie so viel Wert auf die Geheimhaltung legen, musste doch das, was Sie im Andenpakt besprachen, eine gewisse Relevanz haben? »Aus unserer subjektiven Wahrnehmung: Ja.«

Der Andenpakt wurde am 25. Juli 1979 von Mitgliedern der Jungen Union (JU) bei einem Flug über die südamerikanischen

Anden nach Santiago de Chile geschlossen. Eine zwölfköpfige Delegation unter der Leitung von Matthias Wissmann, damals JU-Bundesvorsitzender, war nach Venezuela gereist, um in einer politisch hochbrisanten Zeit Farbe zu bekennen. »In Caracas waren unsere Parteifreunde der Christdemokraten erstmals an der Regierung«, erklärt Huck. »In Chile waren die Christdemokraten durch das Pinochet-Regime in starker Bedrängnis und halb im Untergrund. Ähnlich war die Situation in Buenos Aires. Wir entschlossen uns daher, eine Fact-Finding-Mission zu unternehmen, wollten uns anschauen, was da eigentlich los ist und unsere Solidarität zeigen.« Doch die Reiseroute war so dicht geplant, die Arbeitstage von morgens früh bis abends spät mit Gesprächen zugetaktet, dass es über den Wolken zur Rebellion kam. Zwischen den Sitzen der engen Economy Class wurde in Whiskeylaune auf einem Briefbogen der Fluglinie ein Pakt geschlossen: »In Sorge um die hochkarätig besetzte Delegation und zum Schutze der Gesundheit schließen wir uns hiermit zum Pacto Andino Segundo zusammen«, kritzelte Huck die »Declaracion«. Eine der Kernforderungen: »Mehr Ambiente in der Politik«.

Dazu wurden Fantasieposten verteilt. Huck wurde zum Generalsekretär gekürt, Volker Bouffier durfte sich plötzlich Senator nennen. Was auf den ersten Blick humorvoll anmutet und anfangs wohl auch nicht anders gemeint war, entwickelte sich zu einem weithin unterschätzten Bündnis, das unbeobachtet seine Fäden spinnen und ziehen konnte. Ob so ein Hintergrundmechanismus wirklich würde funktionieren können, testeten die Andenpaktler beim bevorstehenden Deutschlandtag der Jungen Union am 24. November 1979 in Hannover. Dort sollte bei unklaren Mehrheiten über Personal- und Sachfragen abgestimmt werden, wobei der Ausgang vieler Abstimmungen unklar war. Huck, im Bundesvorstand der JU für Außen- und Sicherheitspolitik zuständig, kontaktierte seine Andenbrüder:

»Kinder, es macht wohl Sinn, wenn wir mit ein paar Landesvorsitzenden in Klausur gingen und uns mal ohne Tagesordnung mit den bevorstehenden Entscheidungen befassen.« Und so traf man sich erstmals unbeobachtet im niedersächsischen Moor in einem Privathaus unter dem Vorwand der »Reiseauswertung«, unternahm einen Spaziergang, aß abends zusammen und führte intensive Diskussionen.

Dann kam der Deutschlandtag, und es stellte sich heraus, dass die jungen Wilden vom Andenpakt in allen Punkten, um die es ihnen ging, eine Mehrheit hatten. »Ja, dann treffen wir uns doch einfach wieder, wenn es geboten ist«, war man sich einig. Das war die eigentliche Geburtsstunde des Andenpaktes. Strebten sie alle politische Karrieren an? »Das war weder ausgesprochen noch ausgedacht«, sagt Bernd Huck. »Wir waren Studenten, wir waren Referendare, wir waren Berufsanfänger. Es gab keinen Plan.« Noch nicht. Man entwuchs der Jungen Union und steckte sich höhere Ziele: die Macht in der CDU unter sich aufzuteilen, den Vorsitzenden zu stellen und letztlich auch den Kanzler. Doch mit einer anderen mächtigen und gut vernetzten Person aus dem Osten hatten die West-Männer damals nicht rechnen können: mit Angela Merkel.

»Uns eint die Tatsache, dass wir gegen den Zeitgeist der 68er in die CDU eingetreten sind«,[6] beschrieb Peter Müller einmal das Lebensgefühl der Gründerzeit. »*Wir* waren Kerle, die Linken waren die Angepassten«,[7] ergänzte Parteikollege Friedbert Pflüger. Der Pakt wuchs mit den Jahren um wenige Brüder im Geiste wie Friedrich Merz oder Christian Wulff an. Durch das gewachsene Vertrauensverhältnis war man mehr als die Summe der beteiligten Köpfe. »Das ist genau wie mit einer Ehe, wo eins und eins nicht zwei, sondern drei ergeben muss«, ist sich Bernd Huck sicher. »Für den Andenpakt heißt das, dass seine Gesamtkraft nicht 15 ist, weil es 15 Mitglieder sind, sondern idealerweise 25. Das wiederum führt dazu, dass gewisse Strömungen in einer Partei gefördert werden. Wir werden sowohl unterschätzt als auch überschätzt. Ich halte beides für möglich.« Man traf sich ein Mal im Jahr meist an entlegenen Orten, besprach die Lage, schmiedete Pläne, hielt den Partnern dann die Steigbügel beim politischen Aufstieg, zuweilen sollen sich Mitglieder auch füreinander geopfert haben – was ihnen anschließend jedoch mit neuen Pöstchen gedankt wurde.

Spätestens Anfang 2008 fing der Pakt an, bedrohliche Risse zu bekommen. Es tobte der heiße Wahlkampf für die Landtagswahlen in Niedersachsen und Hessen. Roland Koch, der sein Amt in Wiesbaden behaupten wollte, griff im Wettbewerb um Wählerstimmen zu gewagten Mitteln und knöpfte sich in harten Slogans kriminelle Migranten und kriminelle Kinder vor. Wohl zu viel für die Partei. In einem offenen Brief von Unionspolitikern zur Integrationspolitik hieß es, dass diese »nicht zum Wahlkampfthema degradiert«[8] werden dürfe. Unterschrieben wurde der Brief auch von einem Mitglied der Andenpaktler, dem damaligen Berliner CDU-Chef Pflüger. Auf Nachfrage dementierte dieser selbstverständlich, dass der Brief eine Reaktion auf Kochs Wahlkampfgetrommel gewesen sei. Seine Freundschaft zu Koch stehe weiterhin. Die Wahrheit: Geht es ums eigene Fortkommen, wird auch stille Abkommen schnell wertlos.

Auch Niedersachsens Ministerpräsident Christian Wulff kündigte kurz darauf die Nibelungentreue, eines der ungeschriebenen Gebote des Andenpaktes auf. Auf Kochs Vorstoß, kriminelle Kinder in Ausnahmefällen nach dem Jugendstrafrecht abzuurteilen, reagierte Wulff – wohl in der Angst, diese Parolen könnten seinem eigenen Wahlkampf schaden – mit einem simplen, aber doch klaren Statement: »Kinder sind Kinder.«[9] Damit war der Andenpakt, der ihren Mitgliedern über Jahrzehnte in hohe Ämter geholfen hatte, schwer beschädigt.

2009 stellte ein weiterer Konflikt das Bündnis auf die Probe. Dieses Mal zwischen Christian Wulff und Baden-Württembergs

Ministerpräsident Günter Oettinger. Der hatte seinen Andenbruder Wulff nicht davor gewarnt, dass Porsche-Boss Wendelin Wiedeking offenbar seit Längerem eine feindliche Übernahme von Volkswagen einfädelte. Als der Niedersachse selbst davon erfuhr, begann er einen Kleinkrieg gegen den Stuttgarter Landeschef: in der CDU-Steuerpolitik, bei der Bankenrettung und als Porsche in Finanzprobleme rutschte. Der Schlussakkord: Sieger Wulff stellte Verlierer Oettinger in einem Interview mit dem *Handelsblatt* bloß und disqualifizierte ihn als Wirtschaftsexperten, indem er befand: »Wir an der Küste wissen: Erst wenn Ebbe ist, sieht man, wer nackt im Wasser steht.«[10] Wulff gewann im Kampf der Egos. Eine alte Männerfreundschaft schien zerstört.

Aber es war wohl noch jemand anderes, der die Aktivitäten des Paktes zumindest eine Zeit lang zum Stillstand brachte: Angela Merkel. Wenige Monate vor dem entlarvenden *Spiegel*-Artikel hatte sie durch Matthias Wissmann von der Existenz des Geheimzirkels erfahren. Zur Verwunderung aller hatte der die CDU-Vorsitzende zum Jahrestreffen der Andenjünger geladen. Verheerend für den Pakt, der wohl nicht zufällig wenig später öffentlich wurde. Merkel wurde plötzlich klar, warum nicht sie 2002 zur Kanzlerkandidatin gekürt worden war, sondern Edmund Stoiber zum Herausforderer Gerhard Schröders gemacht wurde. Der bayerische Ministerpräsident war vom Andenpakt als CDU-Kandidat ausgeklüngelt und Merkel durch ein telefonisches Zermürbungskommando von Andenpakt-Mitgliedern zum Verzicht auf ihre Kanzlerkandidatur verleitet worden. Sie habe den Pakt unterschätzt, soll sie einmal eingestanden haben. Seit der feindlichen Initiative innerhalb der eigenen Partei, so vermuten Insider, habe Merkel daran gearbeitet, den Andenpakt gezielt zu entmachten. Das Ergebnis: Stoiber, Merz, Wulff, Pflüger, Koch, Müller – jeder wurde auf seine Weise aus dem Weg geräumt, teilweise sah man sich genötigt, die Politik besser erst einmal zu verlassen, oder man ging freiwillig.

Doch Mitleid muss man mit ihnen nicht haben. Die Kräfte des Andenpaktes scheinen doch eine längere Halbwertszeit zu haben als angenommen. Alle Herren sind weiterhin in angesehenen und gut bezahlten Positionen vertreten, wo sie möglicherweise nur auf den entscheidenden Impuls warten, um wieder einzugreifen. Christian Wulff verlebt derzeit ein finanziell fabelhaft abgesichertes Leben als Bundespräsident a.D., Roland Koch ist Vorstand des Baukonzerns Bilfinger Berger, Matthias Wissmann ist Verbandschef der Deutschen Automobilindustrie, Friedrich Merz arbeitet als Anwalt und Lobbyist, Günter Oettinger wurde als Energiekommissar nach Brüssel weggelobt, Ex-Verteidigungsminister Franz Josef Jung begnügt sich derzeit mit dem Stuhl eines Abgeordneten, Peter Müller wurde nach seinem Aus als saarländischer Ministerpräsident Verfassungsrichter in Karlsruhe. Nur Volker Bouffier schaffte es zuletzt noch politisch nach oben und darf heute als hessischer Ministerpräsident wirken. So scheint es fast konsequent, dass einige der Andenbrüder 2011 in Sankt Petersburg wieder zusammenkamen. Um sich für eine Post-Merkel-Ära zu präparieren?

»Ach, wissen Sie«, befindet Bernd Huck mit ironischem Unterton. »Es gibt in der CDU ein ungeschriebenes Gesetz: Wer Kanzler ist, ist automatisch Kanzlerkandidat. Es ist undenkbar, dass in der Union jemand anderes seine Kandidatur ankündigt. Frühestens 2013 plus vier würde die Frage anstehen. Dann würde in vier Jahren neu gemischt. Und wenn Angela Merkel 2013 wiedergewählt wird, könnte man erst 2021 eingreifen.« Spaß beiseite: Prinzipiell würde sich der Andenpakt schon daran beteiligen, wenn die Karten neu gemischt würden? »Es liegt auf der Hand, dass wir uns darüber unterhalten.« Was halten Sie von Ursula von der Leyen? »Ich persönlich empfinde sie als so raumgreifend dominierend, dass mir kein Platz für eine eigene Meinung über sie verbleibt.« Huck hat offensichtlich Freude an der Ironie gefunden.

Trotz des fortgeschrittenen Alters der jungen Wilden: Der Andenpakt ist nicht tot. »Weil wir ein zwischenmenschlicher Zusammenschluss sind«, sagt Generalsekretär Huck, der seine Kollegen beharrlich Jahr für Jahr an einen jeweils anderen Ort im Ausland lädt und dort mit Staatschefs, Firmenbossen oder Religionsführern zusammenkommen lässt, um die Lage zu diskutieren. »Und zwischenmenschliche Zusammenschlüsse sind funktionsunabhängig. Egal, ob Roland Koch Ministerpräsident ist oder Chef von Bilfinger Berger, er ist in beiden Fällen ein schätzenswerter Mensch. Der Andenpakt kann also gar nicht sterben. Er stirbt höchstens mit uns.«

***

Über die Sterblichkeit einer zweiten, ziemlich legendären Seilschaft wird seit einiger Zeit ebenso gestritten: über die der Pizza-Connection. Der Name ist abgeleitet von dem geheimen Treffpunkt jenes wohl einmaligen überparteilichen Zusammenschlusses aus Unions- und Grünenpolitikern. Als Anfang der Neunzigerjahre noch von Bonn aus regiert wurde, traf sich eine relativ große Gruppe junger Politanfänger im Weinkeller des Nobel-Italieners »Sassella« am Karthäuserplatz 21 am Fuße des idyllischen Venusbergs. Darunter u. a.: der 34-jährige Initiator der Runde, Hermann Gröhe, heute CDU-Generalsekretär, Ronald Pofalla, Norbert Röttgen, Armin Laschet, Eckart von Klaeden, Peter Altmaier – klangvolle Unionsnamen mit später zum Teil steilen Karrieren. Von den Grünen dabei u. a.: Cem Özdemir, Andrea Fischer, Volker Beck, Oswald Metzger (der im April 2008 zur CDU wechselte) und Steffi Lemke – auch sie haben seitdem beachtliche Lebenswege zurückgelegt. Der 24-jährige Matthias Berninger, der von Grünenseite den Gründer spielte, wirkt heute in der Wirtschaft.

Glaubt man den Anekdoten, die sich immer noch im politischen Berlin erzählt werden, war es wohl die christlich-bürgerliche Herkunft, die beide Fronten an einen langen Tisch aus dickem Holz brachte, an dem einmal pro Quartal stundenlang gegessen, gesoffen, diskutiert und gescherzt wurde. Von Eckart von Klaeden heißt es beispielsweise, dass er tief unten im Keller mit seiner Helmut-Kohl-Persiflage zur Höchstform auflief.

Als dann tatsächlich mal Kanzler Kohl per Zufall am gleichen Abend im »Sassella« speiste und die schwarz-grüne Polonaise an ihm vorbei in den Keller hinabstieg, war es zumindest mit der Geheimhaltung vorbei. Kritisch wurde das informelle Treffen fortan vor allem von Unionsseite beäugt. Die Liaison von Schwarz und Grün war damals nur als Affäre möglich, weil offiziell noch nicht salonfähig. Dabei saß man – laut Aussagen einiger Beteiligter – gar nicht zusammen, um gezielt Verschwörungen, Putsche oder andere Gemeinheiten auszuhecken. Angeblich feierte man in erster Linie das Leben.

Aber auch die Weinseligkeit hatte Konsequenzen – den Abbau der politischen Denkblockaden nämlich. »Natürlich haben unsere Lockerungsübungen in den Neunzigern geholfen, dass Schwarz und Grün jetzt unverkrampft über Koalitionen sprechen können«,[11] resümiert Grünen-Chef Cem Özdemir heute. »Wir haben ideologische Gebäude abgebrochen. Jene von der CDU, die mit uns am Tisch saßen, die haben die Errungenschaften der Achtundsechziger anerkannt und abgehakt. Das war Grundkonsens.« Auch für Hermann Gröhe hat das schwarz-grüne Gezeche spürbare Folgen: »Koalitionen gelingen vor allem, wenn die Beteiligten Vertrauen zueinander haben. Umgekehrt scheitern sie eher an mangelndem Vertrauen als an Differenzen in Sachfragen. Dass solches Vertrauen zwischen wichtigen Vertretern von CDU und Grünen gewachsen ist, dazu haben auch wir einen Beitrag geleistet, auf den ich schon ein wenig stolz bin.«[12]

Doch es war nicht nur Atmosphäre, die damals geschaffen wurde. Es gab auch handfeste Entscheidungen, die gemeinsam getroffen wurden. Und die bekamen u. a. Bundeskanzler Helmut Kohl und Außenminister Klaus Kinkel zu spüren.

10. November 1995, Freitagnachmittag. Kurz vor Dienstschluss der Parlamentarier kommt es im Bundestag zu einem echten Eklat. Grünenfraktionschef Joschka Fischer raunt durch die Stuhlreihen, dass »noch nicht Feierabend« sei heute. Vertreter der schwarz-gelben Regierungskoalition werden unruhig. Was meint Fischer? Zusammen mit der SPD hatte er einen Entschließungsantrag formuliert, der sich gegen die Einladung des iranischen Außenministers Ali Akbar Velayati durch Klaus Kinkel nach Deutschland richtet: »Die Regierung wird aufgefordert, den iranischen Außenminister Velajati von der bestehenden Islam-Konferenz auszuladen«, heißt es da. »Der Vertreter eines Regimes, dessen Präsident den Mord am israelischen Ministerpräsidenten Rabin als ›Strafe Gottes‹ rechtfertigt, ist in unserem Lande nicht willkommen.«[13]

Beobachter sprechen von einer getragenen Rede, in der Joschka Fischer seinen Antrag erklärt, und von hektischem Gemurmel in der Koalition. Nach Fischer redet nicht etwa Klaus Kinkel, sondern der FDP-Abgeordnete Ulrich Irmer. Dann die Abstimmung. Per Hand ist kein klares Votum zu erkennen. Es kommt zum Hammelsprung: Die Abgeordneten müssen eine von drei Türen passieren, über einer steht »Ja«, über einer »Nein«, über der letzten »Enthaltung«.

Einige, die den Hammelsprung von 1995 erlebten, sprechen von unschönen Rempeleien, die sich in den vergeblichen Versuchen von CDU-Vorderen äußerten, ihre Fraktionskollegen durch die »richtige« Tür zu drängen. Die Abstimmung geht mit 268 zu 225 Stimmen pro Opposition aus. Etliche Schwarze müssen mit den Grünen den Schulterschluss geübt haben. Helmut Kohl, der damit eine seiner peinlichsten Niederlagen einfährt, verlässt erbost den Bundestag. Minister Kinkel soll später sogar mit Rücktritt gedroht haben.

Die erinnerungswürdige Abstimmung gilt vielen als erster Beweis dafür, dass die Pizza-Connection doch mehr war als eine Partygemeinde. Viele schwarz-grüne Koalitionen (wie 2008 in Hamburg oder seit Mitte der Neunzigerjahre auch dauerhaft auf kommunaler Ebene) könnten Resultat der Bonner Vorarbeit sein.

Und heute? Hat sich mit dem Berlin-Umzug und dem Wegfall des Treffpunkts die gemeinsame Sache erledigt? Keineswegs. Die Runde soll seit 2007 wieder zusammenfinden.[14] Auf Anregung des Gründervaters Hermann Gröhe und in etwas veränderter Formation. Familienministerin Kristina Schröder soll jetzt beispielsweise dem Zirkel angehören. Nur trifft man sich statt beim Italiener nun beim Franzosen. »Le Cochon Bourgeois« heißt das Restaurant in der Fichtestraße 24 in Berlin-Kreuzberg, in dem sich die schwarz-grüne Polit-Elite wieder zuprostet. Blickt man auf dessen Speisekarte, müsste man die Pizza-Connection allerdings umbenennen: in Austern-Connection.

***

Mögen manche Wähler dies noch als duldsamen Klüngel erachten: Es geht noch gewaltiger, noch organisierter, noch wirksamer – wie jedes Jahr die Bilderberger vorführen. Es ist vor allem die rigorose Geheimhaltung, diese demokratische Ferne, es sind diese vielen offenen Fragen und offiziellen Beschwichtigungen, die dafür sorgen, dass die Bilderberger von einem wachsenden Kreis empörter Wähler inzwischen unnachgiebig und in immer größerer Öffentlichkeit kritisiert werden. Deren Verdacht: Die Bilderberger arbeiten als globale Schattenregierung an einer neuen Weltordnung unter Ignorierung aller demokratischen Errungenschaften unserer Zivilisation. Danach ginge es ihnen um ultimative Kontrolle, die Vermehrung der eigenen Gewinne, die Gleichschaltung der Massen, die Beseitigung nationaler politischer Strukturen, letztlich die Schaffung eines globalen Superstaates.

Statements, die Mitglieder der Bilderberger von sich gaben, sind Wasser auf die Mühlen ihrer bürgerlichen Gegner. 1991 soll Großbankier David Rockefeller, der neben Henry Kissinger und dem inzwischen verstorbenen Gianni Agnelli dem festen Steuerungskomitee angehört, auf einem Treffen der Bilderberger seine Zuhörer folgendermaßen aufgeklärt haben: »Wir sind der *Washington Post*, der *New York Times*, dem *Times Magazine* und vielen anderen wichtigen Publikationen, deren Direktoren an unseren Treffen teilgenommen haben und sich an ihr Versprechen der Diskretion seit mehr als 40 Jahren hielten, sehr dankbar. Es wäre uns unmöglich gewesen, unseren Plan der Welt so zu entwickeln, wenn wir in jenen Jahren dem Licht der Weltöffentlichkeit ausgesetzt gewesen wären. Aber die Welt ist heute entwickelter und bereit, sich auf den Weg zu einer Weltregierung zu machen. Die supranationale Souveränität einer geistigen Elite und der Weltbanker ist sicherlich der nationalen Selbstbestimmung vorzuziehen, wie sie in den vergangenen Jahrhunderten praktiziert wurde.«[15]

Womöglich ein vergifteter Dank. Auch deutsche Medienvertreter sind regelmäßig zu Gast bei den Bilderbergern. Wie Matthias Nass, Auslandskorrespondent der *Zeit* und Mitglied in deren Chefredaktion. Es war seine Einladung, der Jürgen Trittin, Fraktionsvorsitzender der Grünen, zur Konferenz im amerikanischen Chantilly vom 31. Mai bis 2. Juni 2012 folgte. Damit zog der sich den Zorn vieler Anhänger der grünen Idee zu. Und den Spott des politischen Gegners gratis dazu. »Links unten anfangen, rechts oben ankommen. Das ist Herr Trittin«, frotzelte FDP-Fraktionschef Rainer Brüderle in seiner Rede vor dem Deutschen Bundestag über die europäische Schuldenkrise am 14. Juni 2012. Gelächter und Applaus von der eigenen

Mannschaft. Brüderle weiter: »Es ist offenbar ein langer Weg vom Kommunistischen Bund Westdeutschland zur Bilderberg-Konferenz der Hochfinanz.« Trittin lächelte verschämt. Doch Brüderles Spott hat ein Geschmäckle, waren doch auch viele FDP-Funktionäre Gäste der Bilderberger – so etwa Guido Westerwelle im Jahr 2007.

Dass Trittin überhaupt Teil der umstrittenen Konferenz war, gab er schnell und offen zu, nachdem er sich großem Druck der eigenen Wählerschaft ausgesetzt sah. Auf seiner Website schrieb der Politiker prompt: »Es ist falsch, Gesprächs- und Kontaktverbote aufzustellen. Es geht nicht darum, wen ich treffe, sondern was ich ihnen zu sagen habe.«[16] Er wäre davon geleitet, grüne Überzeugungen »gerade auch dort zu platzieren, wo sie noch nicht aktiv vertreten werden. Dies ist und bleibt Prämisse meines politischen Handelns.« Gesagt habe er auf der Konferenz »nichts anderes als anderswo«. Im Übrigen habe er »das erste Mal an einer Bilderberg-Konferenz teilgenommen. Nach meinem Eindruck unterscheidet sie sich wenig von vielen anderen Konferenzen, bei denen Manager, Wissenschaftler und Politiker zusammentreffen. Auf diesen Konferenzen geht es um einen offenen Austausch zu aktuellen Themen. Damit solche Diskussionen nicht nur in den üblichen Textbausteinen enden, finden sie häufig vertraulich statt. Dies unterscheidet Bilderberg-Konferenzen nicht von vielen anderen Formaten, wo sich Think-Tanks, Politiker und Unternehmen treffen«, erklärte sich Trittin weiter.

Viele Stammwähler – vor allem aber nicht selten bei den Grünen verortete Globalisierungsgegner – können mit derartigen Rechtfertigungen kaum besänftigt werden. Am 2. Juni 2012 kommentierte der Dichter und Atomkraftgegner Anner Griem einen Artikel, der auf der alternativen Nachrichtenplattform *theintelligence.de* über Jürgen Trittins Teilnahme an der Bilderberg-Konferenz informierte: »Wer anderes von diesem Menschen und den Grünen dachte, war naiv! Wild gewordene Mittelstandskinder haben ein wenig den Aufstand geprobt und sind nun endlich dort angekommen, wohin es sie immer gezogen hat. Jetzt muss auch dem Blindesten klar werden, warum Herr Trittin als Umweltminister unter Schröder Demonstrationen gegen (u. a.) die Castortransporte während seiner Amtszeit nicht für angebracht hielt. Nach oben verkauft man sich, nach unten nivelliert man! Ein Kleinbürger wird sich stets mit seinem Denken und Streben in der Quadratur seines Wohnzimmers bewegen und in seiner Selbstüberschätzung kaum gewahren, dass der Kuss, der ihn scheinbar nach oben befördert, sein Todeskuss ist.«

Obwohl er dieser Kritik in Teilen folgen kann, hält Elitenexperte Hans-Jürgen Krysmanski das Wort »Marionette« für die falsche Bezeichnung für Politiker, die von den Bilderbergern vereinnahmt werden. Auch »Opportunist« träfe es seiner Meinung nicht ganz. Aber: »Menschen, die im politischen System arbeiten, werden nach ihm und durch es geformt. Du wachst morgens auf als Linker. Und schon eine Stunde später wirst du von einer schwarzen Limousine abgeholt. Abends ist man dann Teil des Milieus, in das auch die Superreichen hineinwirken. Und plötzlich stellt sich die Welt gar nicht mehr so schwarzweiß dar, wie es im Parteiprogramm steht. Das Sein formt das Bewusstsein.«

Sein Kollege Rudolf Stumberger hat alle Illusionen verloren und befindet, »dass zwischen die Welt der Wirtschaft und die Welt der Politik kein Blatt mehr passt. Diese beiden Bereiche gehen zunehmend nahtlos ineinander über, wenn wir das an den Personen festmachen.« Der Mediensoziologe meint, dass wir gerade »Tendenzen der Re-Feudalisierung« erlebten. Das heißt: »Neben den offiziellen Strukturen, neben den demokratischen Strukturen gewinnen die inoffiziellen Strukturen zunehmend wieder an Gewicht. Diese selbst ernannten Eliten, die oben sitzen, schotten sich zunehmend ab.«[17]

Willy Brandt, Helmut Schmidt, Helmut Kohl, Angela Merkel und 2011 auch Peer Steinbrück (!) durften zwar zeitweise Teil der Bilderberg-Familie sein. Die Macht sitze jedoch längst nicht mehr im Kanzleramt, ist sich Soziologe Krysmanski sicher. Das Geld und damit sehr viel Macht gerate gerade »in Zonen absoluter Privatheit« weniger Familien aus dem Banken- und Industriesektor. Dort werde erst nach individuellem Gusto das Luxusbedürfnis gestillt, danach im großen Stile Politik beeinflusst.

SPD-Politiker Andreas von Bülow gehörte im April 1978 (neben u. a. Alfred Herrhausen, Richard von Weizsäcker und Hans-Jürgen Wischnewski) zur deutschen Gesandtschaft der Bilderberg-Konferenz im amerikanischen Princeton. Von Bülow sieht seine Reise in der Erinnerung eher kritisch und widerspricht der oft verbreiteten Meinung, dass diese Gipfel reine Privatsache seien. »Nichts wurde abgerechnet mit Bilderberg, alles waren Bundeskosten«, sagt der einstige Abrüstungsexperte. »Wer zu kritisch wird, wird auf Dauer nicht mehr eingeladen. Es geht um Konsensbildung über den europäisch-pazifischen Raum. Dort wird Politik formuliert. Danach wird Konsens gesucht. Und Gegenwind gibt es, wenn man eine andere Meinung vertritt.«[18]

***

Passiert also Weltgeschichte nicht einfach, sondern wird möglicherweise gezielt von einigen wenigen Profiteuren geplant – ohne Wissen und Teilhabe der Wähler? »In der Politik geschieht nichts zufällig. Wenn etwas geschieht, kann man sicher sein, dass es auf diese Weise geplant war«[19], sagte einmal US-Präsident Franklin D. Roosevelt. Wäre es so, hätte unsere parlamentarische Demokratie bloß Alibifunktion, wäre nichts weiter als ein riesenhaftes Theater. Eigentlich unvorstellbar.

Wenn ein paar beförderte Karrieren nur die einzigen Übungen eines solchen Possenspiels wären. Globale Krisen könnten sogar von einer kleinen Elite künstlich erzeugt, die Bevölkerung dadurch in Angst versetzt und zu Entscheidungen genötigt werden, die sie sonst nicht getroffen hätte. Normalerweise ist das der besagte Stoff für Romanautoren, fixe Ideen für Utopien. Von Bilderberg-Methusalem David Rockefeller wird der Satz überliefert: »Alles, was wir benötigen, ist die eine, richtige große Krise, und die Menschen werden die neue Weltordnung akzeptieren.«[20] Es wäre eine Weltordnung, die nichts mit denen zu tun hätte, die unter ihr leben und leiden werden.

Hans-Jürgen Krysmanski verweist auf die Komplexität der vermeintlichen Schattenregierungen und widerspricht der Vermutung, dass ausschließlich bei den Zusammenkünften entschieden werde: »Bilderberg, Davos, das sind bloß die Höhepunkte einer ständig ablaufenden Absprache und Verständigung eines ständigen Arbeitens von Lobbyisten und Seilschaften. Dieses ganze Netz ist natürlich sehr viel komplizierter, als es manche Verschwörungstheoretiker meinen, die dann sagen: Bilderberg, das ist die Weltregierung, oder in Davos, da wird alles entschieden. Das ist völliger Unsinn. Das Wichtige und Interessante ist eben nur, dass diese informellen Netzwerke aus zwei Richtungen gesehen werden können. Sie können einerseits gesehen werden als etwas, was notwendig ist, was man aber transparent machen muss. Oder sie können gesehen werden als etwas, das nicht transparent gemacht werden muss, sondern das als eine Tür dient, hinter der dann auch heikle Entscheidungen unter Ausschluss der Öffentlichkeit gefällt werden.«[21]

Von welcher Seite man die Sache auch sieht, zufrieden kann sie einen mündigen Bürger, der aufgrund von Sympathie und einem Programm seinem Wahlkreiskandidaten und seiner Partei Vertrauen schenkt, nicht zurücklassen.

Ulrich Kasparick, der bis 2009 drei Legislaturperioden lang

für die SPD im Bundestag saß und heute wieder in seinem Beruf als Pfarrer arbeitet, glaubt, dass die Sehnsucht der Politik nach Abgeschiedenheit mit der Durchlässigkeit des Systems selbst zu tun hat. »Um politische Kreativität zu entwickeln, braucht die Politik Zeit und geschützte Räume, wo man Off-the-Records reden, wo man in Ruhe überlegen und sich auch mal eingestehen kann, dass man noch keine Lösung hat, wo man kluge Leute als Ratgeber hinzuziehen kann, die keine eigenen Interessen dabei verfolgen, sondern sagen, wie man bestimmte Fragen sachgerecht beantwortet«, sagt er uns. »Diese geschützten Werkstatträume gibt es nicht mehr. Heute wird jeder Gedankengang, den man äußert, unmittelbar öffentlich gemacht. Damit ist er eigentlich verbrannt, denn er gilt immer direkt als Gedanke einer ganzen Partei und ist sofort Widerstand ausgesetzt.«

Wir bringen das Bilderberg-Treffen ins Spiel. Stellt sich Kasparick etwa solch einen geschützten Raum vor? »Man braucht in diesen geschützten Räumen natürlich ein Wahlmandat«, stellt der Theologe klar. »Sind diese Leute überhaupt demokratisch legitimiert? Das ist ein ganz wichtiges Kriterium. Mir fällt in vielen politischen Debatten auf, dass *die* Gremien besonders einflussreich sind, die *niemand* gewählt hat. Das geht bei den Bankern los, bei den Börsenleuten, das sind Gruppen von Chefredakteuren. Wir brauchen diese geschützten Räume also innerhalb der existierenden legitimierten Gremien.«

Doch Netzwerke, die sich im Persönlichen wie im Verborgenen bilden, sind weder zu kanalisieren, noch zu reglementieren, noch zu kontrollieren. Sie unterliegen dem anarchischen Teil der Politik. Eliten-Experte Krysmanski setzt daher auf die seelische Reife der Protagonisten, um Seilschaften ihre Macht zu nehmen. »Meine Hoffnung liegt in den Widersprüchen, die dieses System produziert. Natürlich gibt es Politiker, die das erkennen und dagegen angehen. Das sind die Renegaten, die Troublemaker, die Whistleblower, die Aussteiger. Sofern sie im

System bleiben, hält man solche Typen weitestgehend aus den entscheidenden Gremien heraus.« Und dann gäbe es natürlich die Alten, die gegen das System rebellierten, so der Soziologe. Die hätten nichts mehr zu verlieren, der Heiner Geißler, der Norbert Blüm, Jean Ziegler oder der im Februar 2013 verstorbene Stephane Hessel, alle zwischen 78 und 95 Jahre alt.

Aber ist es nicht so – wenn man nach Spanien oder Griechenland blickt –, dass viele der Jungen auch nichts mehr zu verlieren haben? Krysmanski lacht. »Ich fürchte, es muss noch viele soziale und ökonomische Katastrophen geben, ehe sich jene Strukturen ändern, die Menschen ebenso wie Politiker deformieren.« Keine sehr zuversichtliche Prognose.

Damit sind wir, wie in fast allen Kapiteln dieses Buches, wieder bei der These, dass die politische Krise eine ethische Krise ist. Bei unseren Recherchen und Gesprächen trafen wir immer wieder auf Behauptungen, dass das Bilden von Gruppen doch zur menschlichen Natur gehören würde, also gar nicht weiter schlimm sei. Das ist wohl richtig, ist es doch eine der Urängste des Menschen, aus seiner Gruppe ausgestoßen und auf sich allein gestellt zu sein. Daher tun Menschen alles, um von einer Gruppe aufgenommen zu werden oder Teil einer Gruppe zu bleiben.

Doch gilt auch in diesem Falle, dass an politische Gruppen andere Maßstäbe angelegt werden müssen als an die Vetternwirtschaften in Konzernen oder Verbänden. Politiker sind nur Politiker durch die Gnade ihres Mandats. Wer aber sein Mandat missbraucht, betrügt den Wähler und macht sich zumindest moralisch strafbar.

3
Du sollst nichts können –
Minister kann jeder

Im feierlichen schwarzen Kleid mit gelbem Halstuch tritt die Grüne Andrea Fischer im Oktober 1998 vor Bundestagspräsident Wolfgang Thierse, hebt die Hand und schwört: »So wahr mir Gott helfe.« Die göttliche Hilfe hat die frisch gebackene Gesundheitsministerin im Kabinett von Gerhard Schröder bitter nötig, denn heute gesteht sie: »Ich wusste doch gar nicht, was mich da erwartet, ich wusste gar nicht, was ein Minister genau tut, ich wusste nicht, was die ganzen Schwierigkeiten sind. Ich habe ja noch nicht mal was vom deutschen Gesundheitswesen verstanden ...«[1]. Die gelernte Offsetdruckerin und studierte Diplom-Volkswirtin spricht Spanisch, Italienisch, Französisch und Englisch und kennt sich bestens in der Sozialpolitik aus. Warum bekam sie dann ausgerechnet das Ressort Gesundheit?

Die Grünen hatten in der Koalition mit Kanzler Schröders SPD den Gesundheitsposten reklamiert und bekommen. Mangels anderer geeigneter Bewerber wurde Andrea Fischer mehr ins Amt geschoben denn gehoben. Die bundespolitische Erfahrung der damals 38-Jährigen hielt sich in Grenzen, ihr fehlte das »Sendungsbewusstsein der Politik«,[2] gab sie später zu. Aber der Posten musste grün besetzt werden, Vizekanzler Joschka Fischer bugsierte sie ins Amt – und zwei Jahre später wieder hinaus, nachdem er sie als instabile Heulsuse klassifiziert hatte.

Andrea Fischer hatte keine Ahnung vom Gesundheitswesen, keine Erfahrung mit einem Verwaltungsapparat von der Dimension eines Bundesministeriums, es mangelte ihr an Training im Umgang mit Verbänden und der mächtigen Gesundheitslobby. Ergo tappte sie in eine Falle nach der anderen, hatte bald das versammelte Gesundheitssystem von den Krankenkassen bis zur Ärzteschaft gegen sich und legte – wen sollte es noch wundern – mit ihrer »Gesundheitsreform 2000« eine fulminante Bruchlandung hin.

Selbst Schuld? Warum hat sie sich das gegen besseres Wissen angetan? Es war der verlockende, aber trügerische Traum, in der Politik die große Karriere machen zu können. Fischer gesteht: »Als ich mit 38 Jahren Bundesgesundheitsministerin wurde, wusste ich: Jetzt bist du ganz oben …« Fügt dann aber ahnungsvoll hinzu: »Ab jetzt kann es nur noch abwärts gehen.«[3] Und es ging abwärts, viel schneller, als sie ahnte.

***

Der Traum vom Ganz-oben-sein. Wie jeder Bergsteiger weiß, kann Höhenluft rauschähnliche Glücksgefühle auslösen. So mag es zu erklären sein, dass mancher, der den politischen Gipfel erklommen hat, von der Euphorie so benebelt ist, dass er sich im Himmel der Macht wähnt. So geschah es dem inzwischen verstorbenen Günter Rexroth, als er 1993 von seiner Partei, der FDP, als Kandidat für den vakanten Posten des Wirtschaftsministers im Kabinett Kohl nominiert wurde. In einer Pressekonferenz posaunte der Ministerkandidat, der Bundeskanzler habe die Entscheidung »zur Kenntnis zu nehmen und zu bestätigen«[4]. Rexroth räumte kurz darauf selbst ein, dieser Satz sei eine Dummheit gewesen. Denn: Minister wird nur, wer vom Bundeskanzler vorgeschlagen und daraufhin vom Bundespräsidenten ernannt wird. Wer Helmut Kohl kennt, weiß, dass ihn nur die Sorge um den Koalitionsfrieden davon abhielt, dem Posaunisten zu zeigen, wer der Orchesterchef ist.

***

Michael Glos (CSU) leistet seinen Amtseid als Wirtschaftsminister im ersten Kabinett Angela Merkel am 22. November 2005. Glos hat die mittlere Reife, ist ausgebildeter Müllermeister und leitete den Familienbetrieb (Mühle und Landwirtschaft) im unterfränkischen Prichsenstadt, Landkreis Kitzingen. Seit 1976 sitzt er im Deutschen Bundestag und machte sich einen Namen als Finanz- und Wirtschaftsexperte der CDU/CSU. So einer sollte doch Minister können, zumal Wirtschaftsminister. Von wegen! Glos: »Ich wusste damals nicht mal, wo dieses Wirtschaftsministerium genau stand. Ich habe sogar in der Nähe gewohnt, aber es hat mich nie interessiert. Ich hatte kaum eine Ahnung davon, was die Aufgaben dieses Ministeriums sind, um was es sich alles zu kümmern hat.«[5] Später als Minister zieht er des Öfteren Notizzettel aus der Tasche, wenn er zu bestimmten Themen befragt wird. »Das haben mir die Fachleute aus dem Ministerium aufgeschrieben«, erläutert er dann.[6] Die *FAZ* zitiert ihn mit dem Satz: »Ich habe mich in den letzten 13 Jahren nicht fachlich mit wirtschaftspolitischen Themen beschäftigt.«

Vor seiner Ernennung gab er passenderweise keck zu Protokoll: »Ach, wissen Sie: Ich hoffe, dass es meinem Land nie so dreckig geht, dass es auf Leute wie mich zurückgreifen muss.«[7]

Knapp vier Jahre hielt Glos durch oder, besser gesagt: quälte er sich durch. Sichtlich genervt von Amt und Würden in einem Ministerium, dessen Adresse er anfangs nicht einmal kannte, obwohl er zuvor zwei Jahre lang als stellvertretender Fraktionsvorsitzender zuständig für die Bereiche Wirtschaft, Verkehr,

Mittelstand und Landwirtschaft war. 2009 trat er zurück. Aus Altersgründen, wie er seinem Parteichef Seehofer schrieb.

***

Keine Ahnung, keine Lust, kein Glück – was geht da vor, bei der Besetzung der Ministerposten? Es ist offensichtlich naiv zu glauben, dass die Qualifikation dabei eine Rolle spielt.

Beispiel Philipp Rösler. Der promovierte Mediziner und Ex-Stabsarzt war 2009 bis 2011 Gesundheitsminister – macht Sinn. Dann wurde er über Nacht Wirtschaftsminister. Ein privater Blogger schrieb, was sicher vielen Beobachtern der politischen Szene dabei durch den Kopf ging:

»Ist es nicht unglaublich, wie schnell man in der Politik doch vom Gesundheitsexperten zum Wirtschaftsexperten wird? Da stellt man sich natürlich die Frage, ist der Philipp Rösler doch kein so guter Gesundheitsminister? Und wenn er kein guter Gesundheitsminister ist, warum soll er dann ein guter Wirtschaftsminister sein? Wie man vor Kurzem in der freien Presse lesen konnte, soll der Wechsel ein Schachzug sein, weil im Gesundheitsbereich ab nächstes Jahr die Grausamkeiten der Gesundheitsreform deutlicher zum Tragen kommen sollen. Das will sich wohl Herr Rösler nicht antun. In der freien Wirtschaft wird man meist nach Leistung bezahlt. Macht man in seinem Bereich einen schlechten Job, dann wird man in der Regel entlassen und darf nach einem Jahr die ›römische Dekadenz‹ (Hartz IV) genießen. Aber in der Politik wechselt man einfach das Ressort und kann munter weiter wursteln.«[7]

In einem Punkt irrt der Blogger allerdings: Rösler flüchtete nicht vor den Folgen der von ihm angezettelten Gesundheitsreform, sondern die Rochade war die Konsequenz des Machtkampfs an der Spitze der FDP. Sie lieferte einen wunderbaren Einblick in die Mechanik des Minister-Roulettes.

Nach verheerenden Wahlergebnissen in Baden-Württemberg und Rheinland-Pfalz (beide am 27. März 2011) wurde FDP-Chef Guido Westerwelle zum Rückzug gedrängt. Rösler füllte das Machtvakuum und übernahm den Posten. Weil sich in Wahlkämpfen mit dem Thema Gesundheit nicht punkten lässt, wechselte er zum Wirtschaftsressort, wo sich die publikumswirksamen Themen stapeln. Der bisherige Amtsinhaber Rainer Brüderle wurde mit dem Posten des Fraktionsvorsitzenden getröstet und machte den Platz frei. Schwuppdiwupp – so einfach wirst du in Deutschland Wirtschaftsminister.

In der Wirtschaft ein unvorstellbarer Vorgang. Heute Finanzvorstand, morgen Technikvorstand? Unmöglich. Warum spielt Kompetenz bei der Besetzung von Fachministerposten keine oder nur eine untergeordnete Rolle? Wolfgang Bosbach, politisches Urgestein, muss es wissen.

Wir fragen ihn: Wenn man in Deutschland Finanzminister werden will, obwohl man davon keine Ahnung hat, muss man im Grunde genommen nur Angehöriger einer politischen Partei sein? Bosbachs Antwort: »Nein, man kann auch ohne Angehöriger einer politischen Partei zu sein Minister werden. Diesbezüglich gibt es keine besonderen Zugangsvoraussetzungen oder Zugangsbeschränkungen. Allerdings kann ich mir nicht vorstellen, dass es eine Kanzlerin oder einen Kanzler gibt, der einen Minister vorschlägt, der von seinem politischen Aufgabengebiet keine Ahnung hat, und das gilt nicht nur für Finanzen. Aber ein Gesundheitsminister muss nicht unbedingt Arzt oder Apotheker sein. Entscheidend ist, dass man die Fachmaterie beherrscht und das Ministerium fachlich und politisch gut führen kann.« Nachfrage: »Müssten Fachministerien wie Wirtschaft, Finanzen, Justiz nicht eigentlich nur mit Ministern besetzt werden, die sich zuverlässig mit der komplexen Materie auskennen?« Bosbach: »Mir ist nicht bekannt, ob es schon einmal eine Justizministerin oder einen Justizminister gab, der nicht Jurist war. Aber nicht jeder Finanzminister war vorher als Steuerberater oder in der Finanzverwaltung tätig, nicht jeder Gesundheitsminister war vorher Arzt und nicht jeder Verteidigungsminister Soldat. Entscheidend ist, dass man sich in das Komplexe der politischen Materien intensiv einarbeitet, dass man sich das notwendige Fachwissen aneignet und dass man im Ministerium Mitarbeiterinnen und Mitarbeiter hat, von denen man vollständig und zutreffend unterrichtet wird und mit denen man vertrauensvoll zusammenarbeiten kann.«

Der renommierte Politikforscher Prof. Karl-Rudolf Korte, den wir in seinem Büro an der Universität Duisburg-Essen sprechen, pflichtet Bosbach grundsätzlich bei: »Wer Führungskompetenz hat, kann unterschiedliche Behörden oder Ministerien managen. Zu dieser Führungskompetenz gehört, dass Sie sich das Wissensumfeld organisieren. Und zwar mit einer Schnelligkeit, die gewährleistet, dass Sie Antworten geben können und wissen, welchen Themen Sie sich primär widmen müssen. Dafür braucht es ein Machtsensorium und ein sozusagen seismografisches Früherkennungssystem, um zu erkennen, wann es brennt und wann es nicht brennt. Wer dafür ein Gespür hat, kann wirklich all diese Spitzenämter ausüben.«

Der Finanzunternehmer Harald Christ, selbst einmal Ministerkandidat im Wahlkampf von Frank-Walter Steinmeier (SPD) im Jahr 2009, hält uns gegenüber jedoch dagegen: »Ich habe ein Problem damit, wenn jemand von dem einen auf den anderen Ministerposten geschubst wird, vom Umwelt- zum Finanzminister zum Beispiel, obwohl er davon überhaupt keine Ahnung hat. Auf Landesebene gesprochen: Nehmen Sie mal die Wirtschaftsminister aller Bundesländer und schauen Sie, welche von denen wirklich etwas von Wirtschaft verstehen. Die Quote liegt unter 50 Prozent. Wenn Sie gut sind, holen Sie sich ganz starke Leute. Als Staatssekretär, das geht okay. Wenn Sie schlecht sind, holen Sie sich genauso schwache. Und das ist oft der Fall.«

SPD-Aussteiger Christ präsentiert auch einen Vorschlag, wie die Kompetenz-Misere zu beenden wäre:

»Man könnte einen gewissen Prozentsatz von Mandaten schaffen, die von der Partei vergeben werden, aber nicht abhängig vom Votum des Wahlkreises sind – sehr wohl jedoch von der Anzahl der prozentualen Wählerstimmen. Darin läge eine Chance für Kandidaten ohne Wahlkreis, die aber für ein Sachthema stehen. Das ist umsetzbar. Es liegt am politischen Willen. Man müsste einfach nur das Wahlrecht ändern. Man könnte sagen, dass ein Bundestag, der aus 500 Abgeordneten besteht, sich zu vier Fünfteln aus den Wahlkreisen speist, das letzte Fünftel, also 100 Experten, kommt über die Parteien. Es profitiert eigentlich jeder. Alle Parteien hätten etwas davon. Ein Parteichef oder Fraktionsvorsitzender könnte dann sagen, dass er den oder den Spezialisten brauchen würde. Der hat dann zwar keinen Wahlkreis, aber ein ungeheuer wichtiges Sachthema im Gepäck. Den brauche ich in meiner Fraktion und bestimme das über die Prozente, die ich nach Wahlausgang zur Verfügung habe.« Es müssten, so Christ, heutzutage Entscheidungen zustande kommen, die nichts mit dem Parteibuch zu tun haben, sondern von der Vernunft bestimmt sind.

Wer zwar das richtige Parteibuch, aber keine Führungsqualitäten und schwache Mitarbeiter hat, fliegt auf die Nase. Das bekam die schon erwähnte Gesundheitsministerin Andrea Fischer schmerzlich zu spüren: Als sie ihren gedruckten Gesetzesvorschlag zur Gesundheitsreform im Bundestag verteilen ließ, stellten Rivalen aus den Reihen der Opposition schnell fest, dass dieses Papier Passagen enthielt, die der zuständige Gesundheitsausschuss längst gekippt hatte. Eine Schlamperei, die durch sorgfältiges Gegenlesen im Ministerium verhindert worden wäre. Fischer war bis auf die Knochen blamiert.[8]

Managementtalent hin oder her – wenn selbst erfahrene Banker zugeben, dass sie zum Beispiel die komplexen Einzelheiten des Euro-Rettungsschirms nicht völlig verstanden haben, ist es schwer vorstellbar, dass sich ein Minister dieses umfassende Wissen mithilfe Dritter schnell aneignen kann. Vielmehr – und das ist die große Gefahr – ist er denjenigen ausgeliefert, die anders als er dieses Wissen haben. Das öffnet Raum für Manipulationen im Interesse der einen oder anderen Lobbygruppe. Ein anderes Kapitel dieses Buches enthüllt, dass genau dies immer häufiger und dreister passiert.

***

Scharnhorststraße 34 in Berlin. Ein helles Gebäude im wilhelminischen Stil zieht sich über knapp 300 Meter am Schifffahrtskanal entlang. Dies ist die Adresse, die Ex-Minister Glos nicht kannte. Hier, in der ehemaligen Kaiser-Wilhelm-Akademie, residiert das Bundeswirtschaftsministerium. Sprechen wir noch mal von Managementqualitäten: gestern Gesundheitsminister, heute Wirtschaftsminister und damit Chef von rund 1500 Bediensteten und neun Abteilungen von »Außenwirtschaft« bis »Zentralabteilung«. Dazu sieben Bundesbehörden wie zum Beispiel die Bundesnetzagentur. Obendrein ein zweiter Ministeriumssitz in der ehemaligen Hauptstadt Bonn. Selbst dem Gutwilligsten leuchtet ein, dass es unmöglich ist, sich in diese Struktur im Handumdrehen einzuarbeiten. Wie aber bewältigt ein neuer managementbegabter Minister diese Herausforderung? Ganz einfach: Er verlässt sich auf seine Stellvertreterin oder seinen Stellvertreter, den sogenannten »politischen« oder »beamteten« Staatssekretär.

Eine Frau oder ein Mann in dieser Position ist nach geltendem Recht »ständiger Vertreter« des Ministers und wie er gegenüber jedem Beamten oder Angestellten des jeweiligen Ministeriums in vollem Umfang weisungsberechtigt. Also ein Posten mit enormer Machtfülle. Aber, mal ganz ehrlich: Wie viele dieser Staatssekretäre kennen Sie eigentlich? Dabei sind es doch genau diese Staatssekretäre, die Deutschland in Wahrheit regieren. Denn sie verfügen nicht nur wie ihre Minister über Macht, sondern anders als die meisten Minister auch über fundierte Fachkenntnisse. Damit sind sie ohne Weiteres in der Lage, politische Prozesse nachhaltig zu beeinflussen oder gar zu steuern.

Im Jahr 2012 berief Wirtschaftsminister Philipp Rösler Anne Ruth Herkes auf den Posten der beamteten Staatssekretärin. Haben Sie den Namen der zierlichen dunkelhaarigen Frau schon mal gehört? Die Wetten stehen 100:1, dass dem nicht so ist. Ein Vergleich der Lebensläufe von Rösler und Herkes wird Sie kopfschüttelnd zurücklassen.

Minister Philipp Rösler: Abitur, Sanitätsoffiziersanwärter bei der Bundeswehr, Medizinstudium, 1999 Beginn einer Ausbildung zum Facharzt für Augenheilkunde, Promotion, Stabsarzt. 2003 vorzeitiges Ausscheiden aus der Bundeswehr und Abbruch der Fachausbildung, danach FDP-Landespolitiker in Niedersachsen. Seit Mai 2011 Bundeswirtschaftsminister.[9]

Politische Staatssekretärin Anne Ruth Herkes: Studium der Romanistik und Politischen Wissenschaften in Berlin, Paris und London. Ausbildung zur Diplomatin (Wien), Intensivkurs Arabisch in London. Persönliche Referentin im Außenministerium, Tätigkeiten in den deutschen Botschaften in Washington und Tokio sowie der ständigen Vertretung Deutschlands bei der OSZE in Wien. Stellvertretende Leiterin des Protokollreferats des Außenministeriums, Leiterin der Wirtschaftsabteilung der deutschen Botschaft London. 2006 Wechsel in die Privatwirtschaft, zum Ölkonzern BP in London als »Vice President Policy and Communications« mit globaler Verantwortung für die Kommunikationsstrategie des Konzerns sowie die Lobbyarbeit in Nord- und Südamerika sowie Europa. Während ihrer vier Jahre bei BP nahm sie am »International Senior Management

Programme« der renommierten Business School St. Gallen teil. 2010–2012 Botschafterin in Katar, seitdem Röslers Stellvertreterin in Berlin. Sie ist Offizier der französischen Ehrenlegion und Mutter zweier Kinder.[10]

So, erst mal durchatmen. Stellen Sie sich jetzt auch die Frage, wer hier eigentlich das Zeug zum Wirtschaftsminister hat?

Warum, so fragt sich der erstaunte Bundesbürger, werden nicht solch ausgewiesene Fachleute ins Kabinett geholt? Tja, liebe Wählerinnen und Wähler, das wäre zwar logisch, doch Politik hat mit Logik nichts, aber auch gar nichts zu tun.

Erinnern wir uns an den so tragischen wie exemplarischen Fall des Fachmanns Paul Kirchhof, seines Zeichens Professor für Staatsrecht an der Universität Heidelberg. Wir schreiben das Jahr 2005, es ist Wahlkampf. Büsum in Schleswig Holstein, die Kanzlerkandidatin Merkel auf Stimmenfang. Dabei fällt auch der Name Paul Kirchhof. Otto Normalverbraucher sagt er nichts, doch unter juristischen Fachleuten ist Kirchhof ein Star: Im Alter von 44 Jahren wurde er zum jüngsten Verfassungsrichter aller Zeiten berufen. Er ist einer der angesehensten Fachleute im Steuer- und Finanzrecht. »Wenn es in meiner Macht steht und es die Koalitionsverhandlungen ergeben, wird er Finanzminister werden«, sagt Angela Merkel.[11] Und wirft ihn damit – ohne Absicht – den politischen Gegnern zum Fraß vor. Aber nicht nur die beißen zu …

Kaum ist die Nachricht auf dem Markt, schießt sich die SPD auf den Experten ein. Der noch amtierende Kanzler Gerhard Schröder verspottet ihn als »den Professor aus Heidelberg«. In seinen Memoiren schreibt Schröder später:

»Am Morgen des Parteitages hatte ich eine Meldung der Nachrichtenagentur dpa gelesen. Ich wusste sofort, dass dies, wie man so sagt, ein Geschenk des Himmels war. Während meiner Rede las ich dem in atemloser Stille lauschenden Auditorium im Tagungshotel Estrel folgende Sätze vor: ›Paul Kirchhof ist mit Angaben zu seinem Steuermodell auf Widerspruch aus der CDU/CSU-Bundestagsfraktion gestoßen. Kirchhof hatte in der *Neuen Presse* in Passau am Dienstag gesagt, eine Sekretärin mit 40000 Euro Jahresgehalt zahle in seinem Modell 4000 Euro Steuern. Dagegen rechnete der Unionsfraktionsvize Michael Meister am Mittwoch vor, für eine ledige Sekretärin betrage die Steuer nach Kirchhofs Modell 6750 Euro. Kirchhofs Mitarbeiter in der CDU-Zentrale erläuterte diese Diskrepanz: Gemeint sei keine ledige oder verheiratete Sekretärin, sondern gemeint sei eine rechnerische Größe, die Durchschnittssekretärin. Bei dieser Modellrechnung sei unterstellt, dass die Sekretärin 1,3 Kinder habe und zu einem gewissen Prozentsatz verheiratet sei. Dann ergebe sich eine durchschnittliche Belastung von 4000 Euro bei den Steuern.‹«[12]

Die zu einem gewissen Prozentsatz verheiratete Durchschnittssekretärin mit 1,3 Kindern liefert Schröder in jeder Wahlkampfrede einen verlässlichen Brüller. Kirchhofs Steuermodell und seine übrigen Vorschläge gehen im hämischen Gejohle unter. Nach vier Wochen gibt er auf.

Neben Schröders bewusst unsachlichen Verbalprügel ist ein zweiter Fakt bemerkenswert: Wie aus der von ihm zitierten dpa-Meldung hervorgeht, macht der Unions-Prominente Michael Meister mitten im Wahlkampf den Ministerkandidaten seiner Kanzlerin öffentlich nieder. Die Gründe für diese Ungeheuerlichkeit werden Sie gleich verstehen ...

An den Fall Kirchhof erinnert, schmunzelt Linken-Fraktionschef Gysi vielsagend, als wir ihn in Berlin treffen. Dann liefert er ohne Umschweife seine Erklärung sowohl für das Scheitern des Experten als auch den heimtückischen Seitenhieb aus der eigenen Partei: »Das erste Problem bei Kirchhof besteht darin, dass er kein Politiker ist. Und weil er kein Politiker ist, weiß er nicht, wann er wie was und wann sagen darf und wann man es nicht sagen darf. Das lernt man von der Pike auf. Da ist man mal auf die Schnauze gefallen und weiß dann: ›So nicht wieder.‹ Das Zweite ist, dass man in den eigenen Reihen nicht mag, dass jemand von außen kommt. Da machen ja schon so viele Steuerpolitik, wieso plötzlich der Kirchhof und nicht ich? Die Konkurrenz ist doch innerhalb der eigenen Reihen viel größer, als nach außen zugegeben wird.«

In einfachen Worten: Wer sich nicht durch den knallharten Intrigendschungel von Orts- und Kreisverbänden gekämpft hat, wer nicht gelernt hat, die Fallgruben, Hinterhalte und Attentate der Parteifreunde abzuwehren, wer also den politischen Überlebenskampf nicht kennt, kommt um, wenn er dem Hyänenrudel ausgeliefert wird. Das trifft nicht nur auf Kirchhof zu, sondern, wie wir bald erfahren, auf beinahe jeden, der als fachkundiger Seiteneinsteiger sein Glück in der Politik versucht.

Ole von Beust, ehemals Erster Bürgermeister der Freien und Hansestadt Hamburg, schüttelt energisch den Kopf, als wir ihn nach seinen Erfahrungen mit Seiteneinsteigern fragen: »Nein, Quereinsteiger haben in der Politik eigentlich keine Chance. Sie haben es in ihren vorherigen Berufen als Vorstand oder Wissenschaftler nicht gelernt, mit öffentlicher Kritik umzugehen. Zumal, wenn sie nicht immer sachlich ist. Wenn dann einer eine Rede hält und in der Zeitung steht: ›Was war das denn?‹, geht ihnen gleich der Hut hoch. Und das darf dir in der Politik nicht passieren. Sie kommen mit einer Idee und glauben, damit wäre die Arbeit getan. Nur, gute Ideen taugen allein in der Politik nichts, man muss auch wissen, wie man sie dann umsetzt, indem man Mehrheiten schmiedet. Wenn dann noch verletzte Eitelkeit ins Spiel kommt, halten die meisten das nicht durch.«

Das Spiel »Kill him« läuft mehr oder minder immer nach dem gleichen Muster: Kaum ist der Seiteneinsteiger aus der Deckung, wird sein Geschäfts- oder Privatleben umgekrempelt. Und da findet sich garantiert immer irgendein Schmankerl, das dann genüsslich breitgewalzt wird. Dazu erzählt uns Ole von Beust eine treffende Anekdote: »Ich habe mal bei einem privaten Essen in die Runde gefragt, ob es aus den letzten Jahren etwas gäbe, von dem Sie nicht möchten, dass es öffentlich wird. Jeder hat die Hand gehoben, jeder. Seht ihr, sage ich, mit diesem verdammten Risiko muss jeder leben, der sich in die Politik wagt.«

Ein wunderbares Beispiel aus der jüngeren Geschichte ist der Fall Roman Maria Koidl. Kanzlerkandidat Peer Steinbrück wollte den smarten Unternehmer (»World Coffee«) und Bestsellerautor *(Blender. Warum immer die Falschen Karriere machen)* im Wahlkampf zu seinem Online-Berater ernennen. Der Ahnungslose jubelte: »Kanzlerwahlkampf – die Chance bekommt man nur einmal im Leben!«[13] Von wegen Chance … Kaum war sein Name gefallen, nahm die SPD-Kamarilla Maß. Kein Mensch interessierte sich dafür, ob das Multitalent überhaupt fachlich für den Beraterjob taugte, denn mit solch einer Weichei-Diskussion lässt sich kein Quereinsteiger killen. Nein, es musste ein Totschlagargument her, und das fanden die Parteiprofis im Handumdrehen: Koidl ist ein Heuschrecken-Knecht! Denn er beriet doch tatsächlich die Hedgefonds Cerberus Global Investors LLC und Varde Partners Europe Ltd.! So einer auf der Payroll der sozialdemokratischen Anti-Heuschrecken-Partei? Aus war's mit der Kanzlerwahlkampfeuphorie. Koidl schwante sofort, welcher Spießrutenlauf ihm bevorstand, und flüchtete schleunigst.

***

Wir haben also bisher gelernt: Fachwissen spielt bei der Besetzung eines Ministerpostens überhaupt keine Rolle. Fachkundige Quereinsteiger werden aus den eigenen Reihen und vom politischen Gegner so schnell wie möglich gnadenlos fertiggemacht und rausgeekelt. Bleibt also die Frage: Was muss man denn vorweisen, um ministrabel zu sein?

Viktoria Kaina, Professorin für Politikwissenschaft an der Universität Jena, nennt fünf wesentliche Voraussetzungen:[14]

1. Zugehörigkeit zu einem vorangegangenen Kabinett,
2. Parlamentszugehörigkeit,
3. parteipolitische Stellung,
4. Zugehörigkeit zu innerparteilichen Gruppen,
5. Proporzmerkmale (z. B. Geschlecht, Region).

Damit deutlicher wird, was sie damit meint, schauen wir uns Peter Ramsauer (CSU) an.[15] Er liefert ein Paradebeispiel dafür, wie man in Deutschland Minister wird. Ramsauer wurde im zweiten Kabinett Merkel zum Verkehrsminister ernannt. Er ist studierter Diplom-Kaufmann und fährt Auto. Das war's in puncto Verkehr. Jedoch: Ramsauer begann schon als 18-jähriger Schüler ein Jahr vor seinem Abitur eine politische Laufbahn wie aus dem Lehrbuch: Junge Union, Mitglied des Stadtrates in Traunreut, Kreisrat des Landkreises Traunstein, 1990 Mitglied des Deutschen Bundestages, Vorsitzender der CSU-Landesgruppe und Erster Stellvertretender Vorsitzender der CDU/CSU-Bundestagsfraktion. Hinzu kommt, dass er in der Hackordnung der Abgeordneten ganz oben steht: Ramsauer hat seinen Wahlkreis Traunstein immer als Direktkandidat gewonnen und musste sich nie auf die Liste flüchten. Das macht ihn zum Mitglied des politischen Hochadels.

Als Kanzlerin Angela Merkel 2009 ihr schwarz-gelbes Kabinett zusammenstellte, kam sie an Ramsauer nicht vorbei. Warum? Schauen wir uns die oben zitierte Kriterien-Liste an:

1.   Zugehörigkeit zu einem vorherigen Kabinett? Nein.
2.   Parlamentszugehörigkeit? Ja! Durch seine Direktwahl sogar Abgeordneten-Hochadel.
3./4. Parteipolitische Stellung und Zugehörigkeit zu parteipoli-

tischen Gruppen? Beides bestens! Als Landesgruppenchef und stellvertretender Parteivorsitzender der CSU gehört er zur Elite.

5. Proporzmerkmale? Perfekt! Weil die CSU aus Proporzgründen im Kabinett vertreten sein muss, aber kein ranghöherer CSU-Kandidat im Weg stand, gab es zu Ramsauer keine Alternative.

Der CSU-Grande erfüllt also vier von fünf der Grundvoraussetzungen, die Professorin Kaina aufgestellt hat. Im Grunde kann man sich beliebig jede bzw. jeden der 211 Ministerinnen und Minister herausgreifen, die seit 1949 in den jeweiligen Kabinetten saßen,[16] und wird dabei immer wieder auf das eine Muster stoßen, das dem Ramsauer-Raster ähnlich ist.

Wer es geschafft hat, sich nach Ochsentour und Ellenbogeneinsatz auf einen Ministersessel zu bugsieren, wird für seine Mühen reichlich belohnt: Rund 12 860 Euro monatliches Gehalt, plus 3681 Euro steuerfreie Aufwandsentschädigung pro Jahr. Kaum ist der Amtseid geleistet, hat der frisch gekürte Minister einen Rettungsschirm im Gepäck. Sollte er gleich am nächsten Tag wieder gefeuert werden, hat er bereits Anspruch auf 58 000 Euro Übergangsgeld. Fliegt er oder sie erst später raus, kann diese Flugprämie bis auf rund 174 000 Euro steigen.[17]

Den »Minister für einen Tag« gab es noch nicht. Der Rekord in der Disziplin »kürzeste Amtszeit« wird bisher noch von Franz-Josef Jung (CDU) gehalten: 34 Tage Verteidigungsminister im Kabinett Merkel. Dann kam die Kunduz-Affäre, und er nahm seinen Helm.[18]

Im Alter gibt es mindestens 3 567 Euro Ministerrente. Altgediente Minister, die mehrere Kabinette überlebt haben, kassieren maximal 9 227 Euro Ruhestandsgehalt monatlich. Da kann der Bund der Steuerzahler noch so wettern – keine Regierung könnte es wagen, diese Privilegien drastisch zu kürzen.

Denn dann besteht die Gefahr, dass niemand mehr Lust hat, sich verdreschen, verhöhnen, verletzen zu lassen, nur um einen schlecht bezahlten Stress-Job zu ergattern.

Außer dem Geld gibt es eine zweite wichtige Motivationsquelle. Die einen nennen sie Leidenschaft, wie Wolfgang Bosbach (CDU), Vorsitzender des wichtigen Innenausschusses: »Ohne Leidenschaft geht es nicht. Es ist eben kein Job wie alle anderen auch. Man muss nicht nur das Interesse an Politik mitbringen, sondern an sieben Tagen in der Woche und rund um die Uhr für die Politik brennen. Als Jobhopper wird man in der Politik keinen Erfolg haben, jedenfalls nicht langfristig. Es genügt auch nicht, wenn man meinungsstark ist, man muss auch von der politischen Materie, für die man zuständig oder verantwortlich ist, ein ausreichendes Maß an Sachkenntnis haben. Wenn man bestimmte Positionen vertritt, muss man auch mit guten Sachargumenten erklären können, warum man diese Positionen vertritt und keine anderen. Die ernsthafte Auseinandersetzung mit entgegenstehenden Argumenten ist notwendig und man muss auch bereit sein, jeden Tag dazuzulernen. Es ist im Grunde ähnlich wie in der Schule. Jeden Tag lernt man etwas Neues dazu.«

Er deutet auf das mit Aktenordnern prall gefüllte Regal hinter seinem Schreibtisch und erklärt uns: »Jeder Ordner ein anderes Thema. Man muss dran bleiben.«

Andere, wie Gregor Gysi, Fraktionschef der Linken, nennen noch eine andere Triebkraft, die Eitelkeit: »Wer in die erste Reihe der Politik geht, muss auch eitel sein. Wenn er nicht eitel ist, ist ihm die erste Reihe fremd. Ich bin auch eitel. Aber die wichtige Frage dabei ist: Beherrschen Sie Ihre Eitelkeit – oder werden Sie von ihr beherrscht? Der Unterschied: In dem Moment, in dem einer von seiner Eitelkeit beherrscht wird, wird er in der Sache schlecht. Immer. Ein Schlagersänger genauso wie ein Sportler oder ein Politiker. Um das zu verhindern, brauchst du Freunde und Angehörige, weil das die ersten sind, die dir sagen: ›Es fängt an zu kippen.‹ Dann ärgerst du dich und bist zornig, aber denkst trotzdem darüber nach.«

Christoph Steegmans, Sprecher des Bundesfamilienministeriums, stimmt Gysi zu: »Wenn man kurzfristig hochkommen will in der Politik, muss man auf die eigene Wirkung bedacht sein und sich vor allen Dingen selber mögen. Wenn man langfristig dabei bleiben möchte, muss man die Sache mögen und auch eine gesunde Distanz zur Politik entwickeln und eine stabile, private Gegenwelt zu diesem Geschäft haben, damit man nicht nur mit den Füßen, sondern auch mit dem Kopf richtig nach Hause kommen kann. Diese Gegenwelt kann der Wahlkreis sein, das kann das Wohnviertel weitab vom Regierungsviertel sein, das sollte die Familie sein. Ich habe zwar auch als direkten Hausnachbarn einen Journalisten, der zufälligerweise derzeit sogar Chef der Bundespressekonferenz ist, aber wir haben uns freiwillig Politikverbot erteilt, wenn wir uns am Gartenzaun oder an der Haustür sehen. Und wir leben nach Feierabend beide gut damit.«

Egal warum sie Minister geworden sind – warum tun sich manche diesen Stress oft jahrelang an? Rekordhalter ist Hans-Christoph Seebohm (CDU), der unter den Bundeskanzlern Adenauer und Erhard 17 Jahre lang Verkehrsminister war.[19] Wolfgang Schäuble bringt es immerhin auf bisher 15 Jahre als Minister und sitzt seit zehn Legislaturperioden im Parlament – so lange wie keiner seiner aktuellen Kollegen.[20] Ole von Beust, neun Jahre lang erster Bürgermeister Hamburgs und 32 Jahre lang Bürgerschaftsmitglied, sieht es so: »Je älter manche Männer in der Politik werden, desto schwerer fällt es ihnen, auf die Privilegien zu verzichten: Assistenten, Sekretärin, Büro, Fahrbereitschaft oder sogar Chauffeur. Aber wenn sie zu lange warten, werden sie gekippt. Das ist dann noch schmerzlicher, als wenn man von selbst geht.« Also ging er lieber von selber.

***

Also, wir wissen jetzt, wie es läuft: »Wenn man eines schönen Tages Minister oder Staatssekretär werden will, muss man schauen, dass man nicht allzu vielen Leuten auf die Füße tritt. Man muss im Fraktionsvorstand sein. Man muss die Parteilinie fahren«, sagt uns der Hamburger Bundestagsabgeordnete Johannes Kahrs (SPD). Parteikarriere machen, Netzwerke knüpfen, Führungsqualitäten entwickeln, auf den richtigen Moment warten – Minister werden. Schönes Gehalt, Privilegien. Wenn es gut läuft: Ansehen und Anerkennung. Wenn es nicht gut läuft: Flugprämie und sichere Rente. Ein Traumjob.

Wer jetzt aber meint, er könne auf Minister umschulen oder ein entsprechendes Trainingskonzept für seine Kinder starten, der ist schief gewickelt. Johannes Kahrs warnt: »Keiner, den ich kenne, hat einen Plan für eine politische Karriere. Die Biographien lesen sich rückwärts immer ganz logisch. Wenn Sie die vorwärts lesen, ist das – wie bei jedem anderen Beruf auch – eine Kette von Zufällen.«

Aber trösten Sie sich, Sie haben es ja aus berufenen Mündern gehört: Egal was sie gelernt oder nicht gelernt, studiert oder nicht studiert haben, egal wie gut sie in der Schule oder auf der Uni waren, egal wie viel Berufserfahrung sie vorweisen können – es reicht immer aus, um einen Job mit fünfstelligem Gehalt, Luxus-Rente und Chauffeur zu bekommen: Minister.

4
Du sollst hilfsbereit sein –
wer sagt schon gern »korrupt«?

Touristengruppen, die brav ihren Fremdenführern hinterher-
laufen, sind im Berliner Regierungsviertel nichts Besonderes.
Sie bleiben vor dem Reichstag stehen, vor dem Brandenburger
Tor und vor dem Adlon, den großen, historischen Attraktionen
eben. Schaut man sich das Gruppenverhalten der Schaulustigen
jedoch genauer an, stößt man zweimal im Monat auf eine rund
zwanzigköpfige Menschentraube, die sich gravierend von den
anderen unterscheidet. Sie pausiert nicht vor den imposanten
Bauwerken aus den Reiseführern. Ihre Etappen verbinden un-
scheinbare Bürogebäude aus Glas, Stahl und Sandstein miteinander, am Ufer der Spree, Unter den Linden, am Pariser Platz.

Dabei machen sich die Neugierigen Notizen, fragen viel und
schauen ernst. Es sind vor allem die Hauptsitze und Dependan-
cen mächtiger Verbände und Lobbygruppen, vor denen Timo
Lange, Angestellter der Antikorruptionsorganisation Lobby
Control, seine Gefolgschaft empörter Wähler aufklärt. Studenten, Start-upper, Lehrer, junge Leute vor allem, ein paar Pen-
sionäre auch. Sie alle haben mal was gelesen oder gehört über
Korruption in der deutschen Politik, deshalb sind sie hier. Aber
dass es so schlimm sein würde, hätte kaum jemand für möglich
gehalten. In der Tat sind die Fakten, die Timo Lange seinen Zu-
hörern präsentiert, schockierend. Den meisten ist nicht bewusst,
dass innerhalb einer politischen Elite wie der deutschen so etwas wie Korruption zum Tagesgeschäft gehören könnte. Korrup-

tion, das ist doch nur etwas für Bananenrepubliken. Aber hier? Direkt zwischen Kanzleramt, Reichstag und den Abgeordnetenhäusern? Ja, auch hier! Gerade hier!

Lange selbst, geboren 1982 in Berlin, stieß schon während seines Politikstudiums immer wieder auf die Frage, ob eine Demokratie und unser kapitalistisches Wirtschaftssystem nebeneinander existieren können, ohne dass die Demokratie regelmäßig untergraben wird. »Es kann nicht sein, dass diejenigen mit dem größten Budget in der Lage sind, sich durch Verabredungen mit der Regierung gegen die Interessen der finanzschwächeren Mehrheit durchzusetzen«, sagt Timo Lange. »Genau deshalb habe ich Politik studiert: um die Gesellschaft zum Besseren zu verändern.«

***

Obwohl seit dem Umzug der Regierung von Bonn nach Berlin die Berichterstattung über die Schattenseiten des Lobbyismus explosionsartig zugenommen hat, obwohl Journalistenkollegen kritische Bücher wie *Die gekaufte Republik*, *Die fünfte Gewalt* oder *Die Lobbyisten. Wer regiert uns wirklich?* publizierten, obwohl der damalige Präsident des Bundesverfassungsgerichts, Hans-Jürgen Papier, bereits 2003 öffentlichkeitswirksam vor einer »Entmachtung des Bundestages«[1] durch die Auslagerung von politischen Entscheidungen in externe Gremien warnte, halten sich Erinnerungsfähigkeit und Informationsstand der Wähler in Grenzen.

Nicht zu vergessen die diversen Skandale, die eigentlich im Gedächtnis haften bleiben sollten wie ewige Mahnmale politischen Versagens. Erinnern Sie sich noch an die Bonusmeilenaffäre verschiedener Abgeordneter? Erinnern Sie sich an die sogenannte Mövenpick-Spende an die FDP, die höchstwahrscheinlich zur Senkung des Mehrwertsteuersatzes für Hotel-

– 81 –

iers auf sieben Prozent führte? Erinnern Sie sich an die »Rent-a-Rüttgers«-Aktion, durch die sich der nordrhein-westfälische Ministerpräsident im Wahlkampf 2010 für Vier-Augen-Gespräche mieten ließ? Erinnern Sie sich an die Totgeburt des warnenden Ampelsymbols auf Lebensmittelverpackungen, das erfolgreich von der Nahrungsindustrie bekämpft wurde? Alles vergessen?

Dabei ist die Lage so schlimm wie noch nie. Mitten im Epizentrum deutscher Politik haben sich in den vergangenen Jahren mindestens 4500 Lobbyisten niedergelassen. Das ist die offizielle Zahl des Bundestages. Initiativen und NGOs wie Lobby Control schätzen die Zahl derer, die die Abgeordneten, die Staatssekretäre und Ministerialbeamten Tag für Tag im Sinne ihrer Auftraggeber beeinflussen wollen, jedoch weit höher. Die ordentlich registrierten Wirtschaftsfunktionäre tragen einen Hausausweis für den Deutschen Bundestag am Anzug, sie speisen in den Kantinen derer, auf die sie es abgesehen haben, sie haben Zutritt zu deren Bibliotheken, selbst zu deren Fitnessbereichen im Marie-Elisabeth-Lüders-Haus, und ihre Büros liegen meist in repräsentativer Adresslage und zugleich bequemer Fußweite zu Paul-Löbe-Haus und Jakob-Kaiser-Haus, den Arbeitsplätzen der staatlichen Entscheidungsträger.

***

Eines der ersten Gebäude, vor denen Lange und sein Trupp stoppen, liegt in der Neustädtischen Kirchstraße 7a, unweit des Bahnhofs Friedrichstraße, fünf Fußminuten von den Abgeordnetenbüros entfernt. In dem grau geklinkerten Neubau hat der Deutsche Brauer-Bund seinen Sitz, dem es im Prinzip um nichts anderes geht als um fließende Zapfhähne und gut besuchte Getränkemärkte. Während der Verband seine Mitglieder vor allem durch strategische Allianzen mit den öffentlich-rechtlichen Sendern oder dem Deutschen Fußball-Bund im Bewusstsein der Menschen hält, sucht er sich Jahr für Jahr in der Politik strategische Statthalter. 2012 wurde die EU-Abgeordnete Renate Sommer mit einer gläsernen Trophäe und dem Titel »Botschafterin des Bieres« geehrt. Zufälligerweise bekleidet die CDU-Frau aus dem Ruhrgebiet nicht irgendein Amt in Brüssel, sondern ist im Ausschuss für Volksgesundheit und Lebensmittelsicherheit tätig, für politische Gebiete also, die den Bierbrauern gefährlich werden könnten. Daher konnte die Hymne, die der Hauptgeschäftsführer der Bierbrauer, Peter Hahn, bei der Verleihung auf Sommer hielt, süßlicher kaum sein: »Frau Dr. Sommer begeistert einfach, und wenn sie dann noch ein Bier gemeinsam mit anderen genießt, hat sie spätestens ab diesem Zeitpunkt alle Sympathien auf ihrer Seite. So, wie ich Frau Dr. Sommer im Laufe der Jahre kennengelernt habe, wird sie dieses Amt sicherlich nicht nur bierernst nehmen, sondern auf ihre ganz eigene, lebensbejahende Art ausfüllen. Das macht sie über ihre politische Arbeit hinweg zu einer sehr beliebten Vertreterin des öffentlichen Lebens. Es war an der Zeit, die sympathische Politikerin mit dem Getränk, das für viele Menschen nur positive Eigenschaften hat, zusammenzubringen.«[2] Weiterer Kommentar: überflüssig.

2010 und 2011 war der CDU-Fraktionsvorsitzende Volker Kauder gleich zweimal hintereinander Botschafter des Bieres, 2009 hatte Verbraucherschutzministerin Ilse Aigner (CSU) das Amt inne, davor war es Frank-Walter Steinmeier, SPD-Außenminister der Großen Koalition. Auch die weitere Liste liest sich wie das Who's who der deutschen Politik: Horst Seehofer (CSU), Peter Harry Carstensen (CDU), Norbert Blüm (CDU), Peter Müller (CDU), Wolfgang Clement (damals noch SPD). Sie alle stellten sich für die Bierlobby ins Scheinwerferlicht. Dass es die umstrittenen Präventionspläne der Drogenbeauftragten Sabine Bätzing (SPD), die sich in ihrer Amtszeit vor allem der Bekämpfung der legalen Volksdrogen Alkohol und Nikotin verschrieben hatte, in der Endphase der Großen Koalition nicht mal mehr ins Kabinett schafften, ist natürlich reiner Zufall.

***

Zeitsprung, ein paar Wochen früher. Wir haben einen Termin im Jakob-Kaiser-Haus, Ost-Eingang, Wilhelmstraße 68, Berlin. Hier hat Sabine Bätzing ihr Abgeordnetenbüro. Heute ist die schlanke Frau aus Rheinhessen in ihrer Partei für die Probleme zuständig, die der demografische Wandel mit sich bringt. Gemeinsam mit Franz Müntefering hat sie sich das Themengebiet erschlossen. Zwischen Dezember 2005 und Oktober 2009 ging es ihr um etwas ganz anderes. Da durfte sie sich mit den Kampftruppen der Tabak- und Alkoholindustrie anlegen. Etwas aus ihrer Amtszeit ist freilich übriggeblieben: der verbesserte Nichtraucherschutz durch das Rauchverbot in Gaststätten. Ihre beiden Aktionspläne gegen Alkoholmissbrauch und Zigarettensucht jedoch: nach anderthalb Jahren harter Arbeit, Abstimmungen und Kompromisse komplett vernichtet durch die Lobbyverbände. Dabei sollten gerade diese beiden Pläne das politische i-Tüpfelchen auf Bätzings Wirken als Drogenbeauftragte sein, um die Republik ein gutes Stück gesünder zu machen.

»Die Reaktion der Tabaklobby war längst nicht so schlimm wie erwartet«, blickt Bätzing zurück. »Da konnte man ganz gut gegenhalten oder sich arrangieren. Im Bereich Alkohol hat mich die Massivität eher erschüttert. Was durch die Aktivitäten der Alkohollobby bis in die Ministerien hinein bewegt werden konnte, war schon erschreckend, das war brutal. Der Druck verfolgte mich bis in meinen Wahlkreis.« Dass sie eine »Volkserzieherin« sei, gehörte noch zu den harmlosesten Beschimpfungen, die sich Bätzing nach einer öffentlichkeitswirksamen Lobbykampagne anhören musste. Es gab sogar Morddrohungen.

Wenn sie heute mit dem Abstand einer Legislatur als Oppositionspolitikerin über die bisher größte Niederlage ihrer noch jungen Karriere redet, tut sie das mit einer bemerkenswerten Leichtigkeit. Sie lacht viel, beweist Galgenhumor, wahrscheinlich kann man das Lobbysystem Berlin nur so ertragen.

Wie erklärt Bätzing sich die Aggressivität der Bierbrauer und Biertrinker? »Das Thema Alkohol ist in der Gesellschaft wesentlich prominenter als das Rauchen. Beim Rauchen gab es schon vorher einen Trend hin zum Nichtrauchen. Alkohol hingegen ist immer noch sehr gesellschaftsfähig. Zu jeder Tages- und Nachtzeit, in jedem Job, bei jeder Veranstaltung, beim Sport, überall begegnen Sie ihm. Die Werbung ist massiv. Da haben wir großen Widerstand gespürt. Wir haben einen Maßnahmenkatalog zur Alkoholprävention auf den Weg bringen wollen. Der hat zum Schluss nur noch Wischiwaschi-Maßnahmen beinhaltet. Radikal wäre ein Werbeverbot für Alkohol gewesen und eine verpflichtende unabhängige Prüfung von Werbespots, bevor diese in womöglich entschärfter Form gesendet werden dürfen. Das waren meine beiden Hauptwünsche. Das war nicht umsetzbar.«

Stattdessen sollte es ein freiwilliges und selbstständiges Prüfen der Werbebotschaften durch die Alkoholhersteller geben. Der von ihr geforderte Verkaufsstopp von Bier an Tankstellenshops kam nicht, weil es hieß, dass dann viele Tankstellen dichtmachen müssten; und auch das Vorhaben einer Null-Promille-Grenze beim Autofahren fiel. »Alles geplatzt oder kleingewaschen«, sagt Bätzing. »Richtig heftig war dann aber, dass man sogar diesen kleingewaschenen Kompromiss nicht beschlossen hat. Man hätte eine Basis gehabt, die vom gesamten Kabinett getragen worden wäre. Aber plötzlich wurden Nachrichten durchgestochen, vor allem an die *Bild*-Zeitung.«

Und das ging so: Zwei Tage vor Heiligabend 2008, Bätzing ist längst in Weihnachtsstimmung und bei ihrer Familie im

Wahlkreis Neuwied, als sie um sechs Uhr früh von ihrem Radiowecker aufgeschreckt wird. Es ist nicht der übliche Signalton – denn Bätzing hat die Radiofunktion aktiviert. Nein, es ist eine der ersten Meldungen in den Nachrichten: »Bätzing will Alkoholsteuer erhöhen!«, heißt es da. »Moment!«, fährt die Politikerin aus den Kissen hoch. »Bätzing? Das bin doch ich! Was will ich?« Sie hatte nie vor, die Alkoholsteuer zu erhöhen.

Was war geschehen? Der FDP-Abgeordnete Hans-Michael Goldmann – in seiner Fraktion gilt er als Verbraucherschutzexperte, ein intimer Kenner der Vorgänge im Gesundheitsausschuss war er nicht – muss durch wessen Veranlassung auch immer der *Bild*-Zeitung gesteckt haben, dass Sabine Bätzing einen drastischen Schritt plane, der für alle Deutschen das Bier zum Luxusgut werden ließe.[3] »Was soll der Scheiß? Das willst du doch gar nicht«, sagt sich Bätzing. Doch es steht nun mal auf Seite 1 der *Bild*. Die Sau ist raus. Das Timing passt. Vorbei ist es mit der Besinnlichkeit. Die Drogenbeauftragte wird nicht nur von einer Flut von Interviewanfragen überrollt. Sie wird von einem nie da gewesenen Shitstorm entrüsteter Bürger erfasst. »Auch wenn die Unwahrheit verbreitet wird, eine Meldung wie diese braucht man eigentlich gar nicht zu dementieren, es hört einem eh keiner mehr zu.« Die schnell formulierte Pressemitteilung wird fast von der gesamten Presse ignoriert.

Die Verbreitung einer Falschmeldung war nur der eine Teil der Demontage einer Politikerin mit Rückgrat. Als die Lobbyisten (vor allem auch die des Hotel- und Gaststättenverbandes DEHOGA) merkten, dass sie an der sturen und nur bis zu einem gewissen Punkt kompromissbereiten Bätzing nicht vorbeikommen würden, spielten sie all ihre Trümpfe aus. Sie gingen dorthin, wo die junge Politikerin gewählt wird: in deren Heimat. »Irgendwann konsultierten die meine Kollegen, vor allem die aus dem Wahlkreis. Dann geht dort der Druck los. Da heißt es dann: ›Schauen Sie mal, die Gastwirtschaft in eurem kleinen Dorf, die macht dann zu. Wollen Sie das verantworten?‹ Im Wahlkreis sind die Abgeordneten am verwundbarsten.«

In der Tat. Die ramponierten Aktionspläne erreichten am Ende nicht einmal mehr das Kabinett zur Abstimmung. Jetzt sei ja wieder Wahlkampf, hieß es, für die Bundestagswahl 2009. Das ginge nicht. Das störe nur. Und was passierte genau bei dieser Bundestagswahl? Bätzing verlor ihr Direktmandat im Wahlkreis an die CDU. Mit Häme verfolgt von den Lobbyisten und Interessengruppen. In dem Weblog *Rauchernews* hieß es Ende September 2009 in einem Posting: »Von Bätzing selbst kam kein Wort von Einsicht oder Eingeständnis ihrer Fehler. Weinerlich kommentierte sie ihr Ergebnis gegenüber dem *Generalanzeiger* wie folgt: ›Es tut weh, wirklich weh.‹«[4]

Bätzing schaffte es dennoch wieder in den Bundestag. Über die von der Partei bestimmte Landesliste. Aber sie bereut nichts. Was hat sie gelernt? »Dass man sich nicht entmutigen lassen darf und in der Umsetzung seiner politischen Ziele schneller sein muss. Hätten wir die Aktionspläne direkt am Anfang der Legislatur verfolgt, hätten wir auch Teile durchgekriegt.«

***

Unsere Recherchen im Fall Bätzing sind auch für Timo Lange von Lobby Control neu. Seine Geschichten von Politikern, die sich offenherzig prostend vor den Karren der Hopfenzunft spannen lassen, lösen bei Korruptionskritikern, wie man sie auch in Langes Wandergruppe findet, maximal ein wissendes Schmunzeln aus. Aber sie dienen ihm auch nur als Appetizer. Große Empörung ein paar Häuser weiter, gerade mal um die Ecke, vor der Georgenstraße 22. Dort residiert die Initiative Neue Soziale Marktwirtschaft (INSM), die laut Eigenbeschreibung als Plattform »für marktwirtschaftliche Reformen in Deutschland« arbeitet. Ihr Ziel: »Das über Jahrzehnte bewährte Konzept der Sozialen Marktwirtschaft von Ludwig Erhard erhalten und erneuern, um die Prinzipien unternehmerische Freiheit, Eigeninitiative und Chancengerechtigkeit weiter befördern zu können.«[5]

Um dieses Ziel zu erreichen, setzt die INSM auch Kuratoren und Botschafter ein. Diese seien »von zentraler Bedeutung« und folgten sämtlich dem Leitgedanken »Chancen für alle«. Vorsitzender des Kuratoriums ist der ehemalige Wirtschaftsminister Wolfgang Clement, der 2008 seine SPD verlassen hatte, nachdem er ihr einen Linksruck und industriefeindliche Politik attestierte, gegen den gesetzlichen Mindestlohn wetterte und schließlich für die bevorstehende Hessenwahl eine Wahlempfehlung für die FDP aussprach, weil er mit der Atomausstiegspolitik der hessischen SPD nicht einverstanden war. Weitere ehemalige oder noch wirkende Politiker wie Lothar Späth (CDU), Dagmar Schipanski (CDU) oder Oswald Metzger (CDU) sind genauso INSM-Botschafter wie diverse Unternehmer und professorale Ökonomen. Etliche von ihnen sitzen gerne in politischen Talkshows oder werden als Experten in die Nachrichtensendungen öffentlich-rechtlicher Sender zugeschaltet, meistens dann, wenn es um Auswege aus Wirtschafts- und Finanzkrisen geht. Dem Fernsehzuschauer wird jedoch in den seltensten Fällen bewusst sein, dass diese Menschen keine objektiv denkenden und redenden Fachleute sind, sondern Lobbyisten einer Initiative, die von den Arbeitgeberverbänden der Metall- und Elektroindustrie mit zuletzt einem Jahresetat von knapp sieben Millionen Euro finanziert und wissenschaftlich vom Institut der Deutschen Wirtschaft Köln betreut wird.[6]

Prominent hochgerüstete Aktivitäten wie die der Initiative Neue Soziale Marktwirtschaft sind längst kein Einzelfall mehr. Dass sogenannte Think Tanks gegründet werden, um durch gezielte Expertise Politik zu beeinflussen, ist in den letzten Jahren zu einem globalen Breitensport geworden. Weltweit wird die

Anzahl der Think Tanks auf weit über 6000 geschätzt. Deutsche Denkfabriken soll es rund 150 geben.[7]

»Das amerikanische Power Structure Research hat für die USA die entscheidenden Gesetzgebungsverfahren untersucht und gezeigt, wie Superreiche und Konzerne durch Fördermittel, Forschungsaufträge, Personal die wichtigsten Universitäten, Stiftungen und Denkfabriken in der Hand haben«, erklärt der Soziologe Hans-Jürgen Krysmanski die Zusammenhänge. »Von diesen Institutionen her wird die Wirklichkeit definiert, werden Handlungsmöglichkeiten eingegrenzt und das politische Weltbild bestimmt. Über die Elite-Universitäten, die großen Stiftungen und Think Tanks wird ein großer Teil des Einflussgeldes verteilt, von dort kommen die Experten, die in einem Geflecht von formellen und informellen Diskussions- und Planungsgruppen Gesetzesvorlagen vorbereiten usw. Die Expertisen landen dann bei den Parteien, in den Ausschüssen. Geld plätschert in die Wahlkassen der Abgeordneten und Senatoren und in die offenen Hände der Meinungsmacher. So ist relativ sichergestellt, dass nur Regelungen und Gesetze der ursprünglichen Auftraggeber realisiert werden, wie sich leicht am Umgang mit der Finanzkrise, mit der Gesundheitskrise, mit der Ökokrise – und an den zunehmenden Frustrationsanzeichen bei Barack Obama – ablesen lässt.«[8]

Regelmäßig gibt James McGann, Direktor des Think Tanks and Civil Societies Program an der Universität Pennsylvania, eine Liste mit den einflussreichsten Denkfabriken der Welt heraus. 2009 führte diese Liste unter den Top Ten acht Institutionen aus den USA, zwei kamen aus Großbritannien. Die einflussreichste Denkfabrik aus Deutschland ist laut McGanns Zusammenstellung die Stiftung Wissenschaft und Politik in Berlin, gefolgt von der Bertelsmann Stiftung in Gütersloh. Beides brillant vernetzte Firmen, die mit ihren vermeintlich unabhängigen Forschungen das Parlament beraten und Studien wie am Fließband produzieren, Studien, die in den Mainstream der

Massenmedien gebracht werden, um wirtschaftliche oder soziale Entwicklungen zu erklären und zu lenken.[9] Kritiker sehen die Gefahr, dass derartige Interessensinstitute einen vorparlamentarischen Elitekonsens schaffen, ohne jedoch demokratisch legitimiert zu sein oder kontrolliert zu werden. Einrichtungen wie das INSM beeinflussen aber nicht nur das Klima in der Politik. Durch Kooperationen mit Medien, die Platzierung von Kolumnen ihrer Botschafter in Magazinen oder die Bereitstellung von ausführlichem Unterrichtsmaterial für Schulen wollen sie auch ein Klima des gesellschaftlichen Konsenses schaffen. Botschaft: Freie Märkte sind besser als durch Politik regulierte.

***

Für einen hierzulande relativ neuen Think Tank gibt sich der ehemalige deutsche Außenminister Joschka Fischer neben Dominique Strauss-Kahn, dem früheren finnischen Ministerpräsidenten und Friedensnobelpreisträger Martti Ahtisaari und mehreren Dutzend anderer ehemaliger Staatsmänner als prominenter Botschafter und Experte her. The European Council on Foreign Relations (ECFR) nennt sich die Organisation, für die er sich seit 2007 engagiert. In der Eigendarstellung heißt es klipp und klar: »Unser Ziel ist es, Europa eine stärkere Stimme in der Welt zu geben und ein außenpolitisch stärkeres Auftreten der EU zu fördern. Gerade im Vergleich mit den USA, wo Think Tanks eine weit wichtigere Rolle spielen, kann Europa noch viel lernen. Auch das positive Feedback seit der Gründung hat uns darin bestärkt, diesen Ansatz weiter zu verfolgen und zu intensivieren. In unserem Selbstverständnis wollen wir daher sowohl Think Tank als auch Lobbygruppe sein, d.h. auf der einen Seite durch Berichte und Policy-Papiere versuchen, die Debatte über Europa und seine außenpolitischen Ziele auf oberster politischer Ebene zu beeinflussen und mitzugestalten; auf der anderen Seite aber auch in einer breiteren Öffentlichkeit eine Diskussion über eine ›new narrative of Europe‹ anzustoßen.«[10]

Was soll das, bitte schön, sein – eine »new narrative of Europe«? Europa soll »neu erzählt« werden? Wie das? Auch in diesem Falle wird man schlauer, wenn man sich anschaut, wer die Geldgeber für diesen Denktank sind. »Dieses Franchise-Unternehmen wird ebenfalls ausschließlich von superreichen Privatleuten finanziert«, beschreibt der Hamburger Soziologe Hans-Jürgen Krysmanski, der seit Jahrzehnten globale Macht-eliten erforscht, die Zusammenhänge. »Wieder spendet, neben einer spanischen und einer britischen Privatstiftung, George Soros den Löwenanteil.«[11] George Soros ist ein amerikanischer Hedgefonds-Milliardär, der sein Vermögen vor allem mit aggressiven Finanzwetten machte und sich in letzter Zeit als Philanthrop darstellt. Mittlerweile unterstützen auch die deutsche Stiftung Mercator sowie die Unicredit Bank das ECFR.

Krysmanski nutzt den Begriff des Franchisings, da der traditionsreiche amerikanische Think Tank Council on Foreign Relations (CFR) 2007 plötzlich sieben Filialen in Europa eröffnete: in Berlin, London, Madrid, Paris, Rom, Sofia und Warschau. Bei dieser Expansion ist davon auszugehen, dass die Geldgeber etwas nicht Unwichtiges bezwecken. Was das sein könnte, fördert ein Blick in die Geschichte zutage: Gegründet wurde die Mutter CFR bereits 1921 durch die nach New York ausgewanderten deutschen Bankiers Paul Warburg und Otto Hermann Kahn sowie Juristen bedeutender US-Banken und aktiver US-Politiker. Die Gruppe fand weitere Förderer (wie David Rockefeller), Mitglieder (wie Präsident Eisenhower) und Lehrer (wie Henry Kissinger), legte viel beachtete globale Studienprogramme auf und wurde dadurch zu einer wichtigen Instanz für die amerikanische Außenpolitik. Die grundlegende Denkarbeit für die UNO sowie für den Marshallplan soll im CFR geleistet worden sein. Angesichts des Gründungsorts, der Geldgeber und Mitglieder des CFR dürfte klar sein, dass die ECFR-Interessen in Europa eher amerikanische sind.

In der offiziellen Vita Joschka Fischers, die das CFR herausgibt, heißt es: »Joschka Fischer is the distinguished visiting diplomat at the Council on Foreign Relations. Fischer, former German foreign minister and vice chancellor, will focus on the issues and challenges facing Europe and the transatlantic relationship.«[12] Er kümmert sich also um die Herausforderungen Europas und das transatlantische Verhältnis. Bereits 2008 und 2009 wurde der europäische Ableger ECFR auf dem Ranking von James McGann zum »besten neuen Think Tank weltweit« gekürt.

***

Die Krönungsmesse für Agenturen wie die INSM, für Wirtschaftsinstitute, für Verbände und Kanzleien findet statt, wenn sie an Gesetzen oder Gesetzesentwürfen mitarbeiten dürfen. So brutal es klingt: Genau das ist tägliche Realität. 2008 ergab eine Anfrage des Grünen-Abgeordneten Volker Beck, dass in den vergangenen fünf Jahren eine Armada von Lobbyisten an 30 Gesetzen mitgeschrieben hatte.[13] Ein Gesandter der Deutschen Börse AG und ein Mitarbeiter des Bundesverbandes Öffentlicher Banken Deutschlands arbeiteten beispielsweise im Bundesfinanzministerium an der Novelle der Bankenrichtlinie mit, durch die Ende 2006 die Bankenaufsicht neu geregelt wurde. Beide wirkten außerdem an einer Verordnung mit, die die Bestimmungen zum Mindesteigenkapital von Kreditinstituten ändert. Eine Mitarbeiterin des AOK-Bundesverbandes durfte auf ein Gesetz des Gesundheitsministeriums Einfluss nehmen. Das Justizministerium wurde extern beraten, das Verkehrsministerium, das Bildungsministerium. Die Liste ist lang. Merkwürdigerweise taucht nirgendwo das Wirtschaftsministerium auf.

Diese zwangsweisen Offenlegungen werden regelmäßig flankiert von Enthüllungen von Presse und Antikorruptionsinitiativen. Nur drei Beispiele einer unendlich scheinenden Kartei des Schreckens. Karl-Theodor zu Guttenberg geriet 2009 während seiner kurzen Amtszeit als Wirtschaftsminister in die Kritik, nachdem herauskam, dass er die britische Wirtschaftsgroßkanzlei Linklaters beauftragt hatte, den Gesetzesentwurf zur Zwangsverwaltung maroder Banken auszuarbeiten. Dass er derartige Aufgaben auslagerte, obwohl ein Entwurf seines eigenen bzw. des Justizministeriums vorlag, ist die eine Sache. Die andere Sache ist, dass jene Kanzlei enge Geschäftsbeziehungen zu internationalen Großbanken pflegt, vor allem zu den umstrittenen Bankiers von Goldman Sachs. Der Entwurf der Kanzlei Linklater fand in großen Teilen Eingang in das Gesetzgebungsverfahren.

Im Sommer 2012 sorgte die Veränderung des Meldegesetzes für Wirbel. Es erleichterte Adresshändlern und Inkassounternehmen den Zugang zu den Wohndaten von rund 80 Millionen Deutschen. Doch in der industriefreundlichen Fassung, in der es im Schatten der Fußball-Europameisterschaft durchs unterbesetzte Parlament gewinkt wurde, hatte es plötzlich niemand gewollt. Wirklich niemand? Das Bundesverfassungsgericht hatte 2006 verlangt, dass den Bürgern das Recht eingeräumt werden müsse, ihre Daten bei den Einwohnermeldeämtern sperren zu lassen. Lange tat sich nichts. Bis die Beamten des Innenministeriums auf Anweisung ihres Chefs Hans-Peter Friedrich 2011 Nägel mit Köpfen machten, das ohnehin im Koalitionsvertrag stehende Einwilligungsmodell (d.h. die Freigabe seiner Daten kann nur mit ausdrücklicher Einwilligung des Bürgers genehmigt werden) ausformulierten und die Mehrfachnutzung gekaufter Daten untersagten. Schnell wurden die Pläne öffentlich. Für die Firmen und Verbände, die mit Adresshandel und Geldeintreiberei Millionen verdienen, ein Schock. Nachdem 30 Verbände bei einer Anhörung im Ministerium nichts bewirken konnten, ging die 66 Seiten starke Gesetzesvorlage im November 2011 in den Bundestag. Doch zwei Abgeordnete der CDU-Fraktion, Helmut Brandt und Hans-Peter Uhl, baten einige Lobbyvertreter noch einmal zu einer Anhörung in den Bundestag – dieses Mal jedoch vertraulich. Nach Recherchen des Stern[14] waren Lobbyisten des Bundesverbandes Deutscher Inkassounternehmen dabei, eine Vertreterin des Gesamtverbands der Deutschen Versicherungswirtschaft, der Konzerne wie die Allianz vertritt, sowie ein Statthalter der Deutschen Post, deren Tochter Deutsche Post Direkt einer der größten deutschen Adresshändler ist. Parallel wurden auch die zuständigen FDP-Abgeordneten von den einschlägigen Lobbyisten behelligt, derer vom Zentralverband der Deutschen Werbewirtschaft beispielsweise. Das Ende ist bekannt: Die umstrittenen Passagen verschwanden aus dem Gesetzesentwurf, und das Geschrei war groß.

Schließlich sorgten Lobbyisten des BDI im Sommer 2012 dafür, dass das Stromspargesetz verwässert wurde und energieintensive Betriebe milliardenschwere Steuerverschonung erreichten. »Das Wirtschaftsministerium war dabei Erfüllungsgehilfe des BDI«, kommentierte die Grünen-Umweltexpertin Bärbel Höhn.[15] Viele Unternehmen würden dadurch aus der Pflicht genommen, Strom einzusparen.

***

In Brüssel ist der Lobbydschungel noch weitaus dichter als in Berlin und gilt – nach Washington – als der dichteste der Welt. Bis zu 20 000 Lobbyisten nehmen dort inzwischen Einfluss auf die EU-Kommission, weil dort die Gesetze der Zukunft gemacht werden. »Das Wichtigste ist, ein Büro in Brüssel zu eröffnen«, skizziert Nina Katzemich von Lobby Control die Strategien der Verbände und Unternehmen. »Danach knüpfen Sie Kontakte in die EU-Kommission, sodass Sie möglichst frühzeitig von neuen

Gesetzesplänen erfahren. Im Idealfall wird man noch in eine Expertengruppe berufen, die sich zu Themen äußert, die das eigene Unternehmen berühren. Dann werben Sie einen EU-Entscheidungsträger ab, am besten einen Ex-Kommissar oder einen anderen hochrangigen EU-Beamten. Oder Sie finanzieren eine Denkfabrik, die Werbung für Ihre Agenda macht. Dann wirken Sie glaubwürdiger, weil keiner merkt, wer hinter Ihren tendenziösen Studien steht.«[16]

Eine der mächtigsten Kräfte ist der Arbeitgeberverband Business Europe, der 20 Millionen Mitgliedsunternehmen und -verbände aus 35 Ländern vertritt – darunter aus Deutschland die BDA und den BDI –, vor allem aber die Großindustrie.[17] Business Europe erhält direkte Briefings mit der EU-Kommission und damit wichtige Informationen entscheidend früher als andere. Warum sollte es auf EU-Ebene anders zugehen als bei der Auftragsvergabe eines Baus in unserem Wahlkreis?

***

In Anbetracht der erdrückenden Zahlen und Beispiele könnte man fatalistisch werden. Doch mittlerweile erhalten Antikorruptionsorganisationen wie Lobby Control oder Transparency International immer stärkeren Zuspruch und Zulauf. Seit 2012 ist Rupert Ebner Anhänger von Transparency. Der Tierarzt und ehemalige Standesfunktionär aus Ingolstadt kritisiert vor allem die vielen Verbände als Handlanger der Industrielobby bei der Beeinflussung der Politik. Besonders krass sei diese unselige Entwicklung im Bereich von Tierzucht und Landwirtschaft, sagt er uns. Ebner weiß, wovon er spricht, denn er hat das System über lange Jahre hautnah erlebt. Er war bis 2008 Vizepräsident der bayerischen Tierärztekammer und Vorsitzender des Verbandes praktizierender Tierärzte. Aus Empörung über den wachsenden Einfluss der Pharmalobby auf Verbände und Politik legte er alle seine Ämter nieder und kämpft seitdem aktiv gegen die Lobbypolitik.

Bevor die Verbände die Politik manipulieren, weiß Ebner, manipuliert die Industrie die Verbände. »Seit den schwarzen Kassen von Helmut Kohl ist es zu riskant, direkte Geldzuwendungen als Mittel der Beeinflussung einzusetzen. Das funktioniert heute anders«, erklärt er. »Die Pharmafirmen bezahlen Kongresse und andere Veranstaltungen der jeweiligen Verbände. Die könnten sich solche aufwendigen Events sonst gar nicht leisten. Das geht über Sponsorengelder oder die Miete für Informationsstände. Damit bauen sie den Verbandsoberen quasi die Bühne, auf der sie sich präsentieren und ihr Ego pflegen können.« Eine zweite Methode sei, dass die Pharmaindustrie die Verbandsfunktionäre um die Welt karren lässt. Mal wegen eines Medizinkongresses in Korea, mal wegen einer Fachtagung in Dubai. Kein Funktionär zahlt das aus eigener Tasche. Ebner erlebte diese Art von Tourismus am eigenen Leib. Ihn flog man nach Ungarn. Erst ein paar Vorträge, dann feines Essen und gute Weine, und plötzlich tauchten viele hübsche junge Frauen auf ...

Die Lobbyisten, so Ebner, hätten ein leichtes Spiel. Sie müssten sich nur die zehn wichtigsten Leitfiguren in den Verbänden sichern, der Rest ginge dann von ganz allein.

»Es ist erschütternd, wie wenig Interesse die Verbandsmitglieder an den aktuellen Themen haben. Die machen beinahe alles mit«, sagt Ebner. Das wiegt doppelt schwer. Denn Deutschland ist ein Verbändestaat. »Kein Politiker kann es sich leisten, mit einem wichtigen Verband im Clinch zu liegen.« Das Spiel laufe so: Die Lobby baue eine emotionale Abhängigkeit zwischen einer Leitfigur und der Industrie auf. Würden dann in der Politik Tendenzen sichtbar, die der Lobby nicht passten, veranlassten sie ihre Verbandsvasallen zu Widerstand. Die bauten dann gegenüber dem Politiker massiven Druck auf. Wenn die dann einknickten, bekäme das kaum jemand mit. »Die Naivität vieler Abgeordneter ist unglaublich. Sie lassen sich manipulieren, weil sie von den Sachverhalten keine Ahnung haben. Auf der anderen Seite hätte man die Journalisten als Kontrollinstanz, aber die wollen nicht tief einsteigen, sondern nur die schnelle Story. Das macht es der Lobby leicht, ihre Interessen durchzusetzen.«

Wer diesem System den Rücken kehrt oder dessen Mechanismen offenlegt, wird sofort als Nestbeschmutzer denunziert. Weil er die wunderbar funktionierende Symbiose gefährdet. »Als ich ausgestiegen bin, habe ich überall verkündet, dass ich Transparency International beigetreten bin«, erzählt der zum Lobbygegner konvertierte Ebner. Es sei eine Maßnahme zum Selbstschutz gewesen. »Ich dachte mir: Wenn die wissen, dass ich da Mitglied bin, werden sie sich hüten, mich zu drangsalieren. Es könnte ja sonst sein, dass jemand auf die Idee kommt nachzufragen, warum da einer fertiggemacht werden soll.«

Bisher blieb Ebner von Drohungen verschont, obwohl er weiterhin offen Kritik äußert und die eigene Branche mit scharfem Blick beobachtet. Dazu gehört auch die Analyse der Verbandspresse. Deren Titelbilder zeigen pflichtgemäß die heile Welt: der Vorstand lächelnd, umrahmt von Prominenten aus Politik und Gesellschaft. Nicht so dieses: Das Cover des *Bayerischen Landwirtschaftlichen Wochenblatts* vom 28. September 2012 zeigt den bayerischen Ministerpräsidenten Horst Seehofer – von hinten. Er zeigt auch Landwirtschaftsministerin Ilse Aigner – unvorteilhaft von der Seite, mit missmutiger Miene. Und er zeigt Walter Heidl, den Präsidenten des Bayerischen Bauernverbandes, der ihr hinter ihrem Rücken einen sehr kritischen Blick zuwirft. Für den ehemaligen Tierarzt-Funktionär Ebner spricht diese Fotoauswahl Bände: »Eine ganz klare Drohung. Wenn ihr Politiker nicht aufhört, uns reinzureden, ziehen wir andere Seiten auf.« Hintergrund dessen sind die Berichtspflichten der Bauern, die Massentierhaltung betreiben und dabei Antibiotika einsetzen. Verbandschef Heidl befürchtet ein Übermaß an Bürokratie – und lässt schon mal über sein Verbandsorgan drohen.

***

Inhaltliche Einflussnahme der Wirtschaft auf die Politik ist das eine, was empört. Das andere sind die regelmäßigen Personaltransfers, die zwischen beiden Systemen stattfinden. Den Weg in eine breite Öffentlichkeit finden meist nur die Geschichten über prominente Politgestalten, die Folgejobs in der freien Wirtschaft antreten – wie Gerhard Schröder und Joschka Fischer, heute beide im Dienste der Gaswirtschaft. Auf dem Berufsmarkt für Expolitiker geschieht vieles jedoch jenseits des Wählerbewusstseins. Eine der groteskesten Karrieren in dem unseligen Pingpongspiel zwischen Politik und Industrie legte ein Mann namens Gerald Hennenhöfer hin. Obwohl schon vor einigen Jahren ans Tageslicht gebracht, ist er das Beispiel, das auf Timo Langes Lobbyrundgang durchs korrupte Berlin bei den gutgläubigen Steuerzahlern am meisten für Entsetzen sorgt. Lange erläutert Hennenhöfers kuriosen Berufsweg vor der Dependance des Energiekonzerns E.ON Unter den Linden 38.

Und der verlief so: Jurist Hennenhöfer wurde im Dezember 2009 unter der schwarz-gelben Regierungskoalition zum Leiter der Abteilung Reaktorsicherheit im Bundesumweltministerium berufen, ein Schlüsselposten in der Debatte um die Verlängerung der Kraftwerkslaufzeiten, zu der sich die Regierung Merkel wenig später ja zur Freude der Atomindustrie auch durchrang. Bis 1998 hatte Hennenhöfer die Position schon einmal inne gehabt. Da war Angela Merkel Umweltministerin. Nachdem Helmut Kohl abgewählt worden und Gerhard Schröder ins Kanzleramt eingezogen war, musste Hennenhöfer das Amt aufgeben und wechselte zu einem Unternehmen, das er vorher beaufsichtigen musste: Viag, heute E.ON. Als dessen Generalbevollmächtigter für Wirtschaftspolitik unterzeichnete er mit der rot-grünen Regierung den Atomkonsens und damit die Verabredung über die Restlaufzeiten der Reaktoren. Ab 2004 beriet Hennenhöfer über eine Anwaltskanzlei das Helmholtz-Zentrum München, den damaligen Betreiber des leckgeschlagenen Atomlagers Asse, wobei er sich diverser Vertuschungsvorwürfe erwehren musste. Mit dem neuen Umweltminister Norbert Röttgen nach den Wahlen von 2009 fand Hennenhöfer dann wieder die Drehtür zurück ins Ministerium. Das führte zum Beispiel dazu, dass der Atomlobbyist im Juni 2010 durchsetzte, das E.ON-Kernkraftwerk im unterfränkischen Grafenrheinfeld weiterlaufen zu lassen, obwohl monatelang unklar war, ob ein Riss nahe des Reaktorkerns vorliegt oder nicht.

Es braucht wohl erst Katastrophen wie den Tsunami vom März 2011 inklusive eines atomaren Super-GAUs, damit sich die menschliche Vernunft gegen politische Lobbykratie durchsetzen kann.

***

Skandalös mutet in Anbetracht der langen Listen, die von den Antikorruptionsagenturen geführt werden, an, dass sich ausgerechnet Deutschland beharrlich weigert, das 2003 ausgehandelte UN-Abkommen gegen Korruption zu ratifizieren, also wirksam werden zu lassen. Damit steht die Bundesrepublik in einer Reihe mit dem Sudan, Syrien, Nordkorea, Japan oder Saudi-Arabien. Die United Nations Convention against Corruption war eigentlich als verbindliche Verpflichtung gedacht, um präventiv wie strafrechtlich gegen bestechliche Abgeordnete vorzugehen. In 160 Ländern (Stand Sommer 2012) ist sie längst in Kraft getreten. Seit zehn Jahren zögert Deutschland, was inzwischen sogar zur Folge hat, dass heimische Unternehmer ihre Regierung zur Ratifizierung drängen, da sie im Ausland auf

Glaubwürdigkeitsprobleme stoßen und sich in mitunter peinlichen Gesprächen immer wieder rechtfertigen müssen.[18]

Nationale Gesetze, die Abgeordnetenkorruption verhindern sollen, gibt es natürlich viel länger als die Beschlüsse der Vereinten Nationen. Sie stehen im Strafgesetzbuch unter Paragraph 108e. Die Krux hierbei: Lediglich Abgeordneten, die sich *vor* einer Abstimmung kaufen lassen, drohen bis zu fünf Jahre Haft oder eine schmerzliche Geldstrafe. Wird deren Abstimmungsverhalten jedoch *nachträglich* belohnt, gehen sie straffrei aus. Auch wird die vergütete Hilfsbereitschaft von Abgeordneten im alltäglichen Politikbetrieb jenseits von Parlament und Ausschüssen nicht sanktioniert. Genauso wenig wie der Stimmenkauf im Zuge von Abstimmungen in der Fraktion sowie die Begünstigung von Freunden oder Familienmitgliedern von Abgeordneten.

Ein Fall für den Bundesgerichtshof. Der befand 2006, dass der Paragraf 108e »praktisch bedeutungslose symbolische Gesetzgebung« sei.[19] Darum wurde er wohl bisher nur ein einziges Mal angewandt, als nämlich ein CDU-Abgeordneter des Neuruppiner Stadtrates ein Darlehen über 100 000 Euro von einem Hotelinvestor angenommen und im Gegenzug eine Ausfallbürgschaft über 13,7 Millionen Euro für ein Hotelprojekt bewilligt hatte. »Neun Monate auf Bewährung« hieß das Urteil damals. Christian Humborg, Geschäftsführer der deutschen Filiale der Antikorruptionsorganisation Transparency International, kommentierte: »Dieses Urteil wird in die Justizgeschichte eingehen. Seit 1851 ist die Regelung der Abgeordnetenbestechung ein Zankapfel in der Politik. Inzwischen wird in Deutschland die Bestechung ausländischer Abgeordneter sogar härter bestraft als die Bestechung inländischer Abgeordneter. Diese Schieflage muss endlich beseitigt werden«.[20]

Ein lange unter Verschluss gehaltenes Gutachten von Juristen der Wissenschaftlichen Dienste des Deutschen Bundestages kam 2008 zu der Quintessenz, »dass die Abgeordnetenbestechung in Deutschland durch den Tatbestand des § 108e StGB hinsichtlich des mit der Norm intendierten Schutzes der Integrität und Unabhängigkeit der Mandatsausübung keine ausreichende strafrechtliche Regelung erfahren hat und diesbezüglich Reformbedarf besteht.[21] Die Notwendigkeit einer Erweiterung und Verschärfung des § 108e StGB ist insbesondere auch mit Blick auf die Ratifikation des von Deutschland bereits am 27. Januar 1999 gezeichneten Strafrechtsübereinkommens des Europarates über Korruption sowie der am 9. Dezember 2003 gezeichneten UN-Konvention gegen Korruption, die einen globalen Mindeststandard der Kriminalisierung der Abgeordnetenbestechung etabliert, angezeigt.« Auf Deutsch: eine glatte Sechs für die Legislative.

Folgt man dem Murren der Verhinderer aus CDU (wie Siegfried Kauder) und FDP, stößt man immer wieder auf Argumente, die mit der »Freiheit des Mandats« zu tun haben. Die würde de facto eingeschränkt. Denn wollte man ernsthafte Sanktionen für Parlamentarier einführen, müssten in Deutschland an Abgeordnete die gleichen hochsensiblen Maßstäbe angelegt werden wie an Beamte, Richter, Minister oder – aus aktuellem Anlass erwähnt – an Ministerpräsidenten und Bundespräsidenten. Christian Wulff musste erfahren, wie selbst höchste Amtsträger nicht verschont werden. Um diese Anpassung drückten sich zuletzt die Fraktionen der Regierungskoalition, während die Grünen und die Linken Vorstöße wagten, um der Schande ein Ende zu setzen. Auch die SPD drohte in einem Gesetzesentwurf von Anfang 2012 korrupten Volksvertretern mit einer fünfjährigen Freiheitsstrafe. Und die Piratenpartei sammelt seit 2010 mit ihrer »Initiative § 108e« für die Verschärfung der Antikorruptionsgesetze bundesweit Unterschriften, um sie dem Petitionsausschuss des Bundestages vorzulegen. Notwendig dafür sind 50 000 Signaturen unzufriedener Bürger. Im Frühjahr 2013, also nach rund drei Jahren beharrlichen Sammelns, kommen die Piraten jedoch lediglich auf knapp 6000 Unterschriften oder rund zwölf Prozent der benötigten Protestnoten.

Im Oktober 2012 wurden die Rufe nach einer Verschärfung der Gesetze gegen Abgeordnetenbestechung mal wieder lauter. Nicht etwa, weil der Rechtsausschuss des Bundestages mal wieder zu einer öffentlichen Anhörung Sachverständiger gebeten hatte, die zur Ratifizierung des UN-Beschlusses referieren sollten, sondern weil plötzlich die hoch entlohnten Gastvorträge des frisch gekürten Kanzlerkandidaten der SPD, Peer Steinbrück, auf die Agenda platzten. Über 80 hatte Steinbrück in der Zeit der schwarz-gelben Koalition gehalten. Da war er einfacher Abgeordneter. Alle Reden hatte er nach den laxen Maßgaben des Bundes gemeldet, also prinzipiell nichts falsch gemacht. Was bei den Angaben fehlte – und das wäre das wirklich Interessante gewesen –, war die exakte Höhe seiner Honorare sowie der konkrete Auftraggeber. Steinbrück sorgte für schnelle Aufklärung, betonte aber auch, dass er sich für eine allgemeine Verschärfung der Transparenzregeln im Deutschen Bundestag einsetzen werde. Denn die wurden gerade von den Fraktionen von Union und FDP immer wieder blockiert. »Schwarz-Gelb ist eine verlogene Bande«,[22] keilte der SPD-Politiker Johannes Kahrs Richtung Regierung, die sich in der Vergangenheit gegen jede Form von Transparenz bei den Nebenjobs von Abgeordneten gesträubt habe. Die Aufpasserorganisation Abgeordnetenwatch stellte sogleich eine Liste[23] zusammen, aus der die Spitzenverdiener des Parlaments hervorgingen. Zwar führte Steinbrück die Top Ten an, danach kamen allerdings nur noch Vertreter von CDU, CSU und FDP. Ob man gut bezahlte Politikervorträge entweder als Käuflichkeit auslegt oder als Gelegenheit, Werbung in eigener Parteisache zu machen, mag Ansichtssache sein. Transparenz jedenfalls sollte gewährleistet sein, um wissen zu können, welcher Abgeordneter Nähe zu welchen Branchen pflegt und gleichzeitig welche Entscheidungen trifft.

Die Zögerlichkeit von Schwarz-Gelb, die nationalen Antikorruptionsregeln zu verbessern und das UN-Abkommen zu ratifizieren, wurde im November 2012 selbst Bundestagspräsident Norbert Lammert (CDU) zu viel. Er verblüffte seine Parteikollegen mit einem eigenen Entwurf, in dem er die Verschärfung des umstrittenen § 108e ausgearbeitet hatte.[24]

***

Viel gefährdeter als die Abgeordneten – das erzählte uns Politikaussteiger Ulrich Kasparick, ehemals SPD-Mitglied und Parlamentarischer Staatssekretär mit Spezialgebiet Forschung, aus eigener Erfahrung – würden jedoch die Ministerialbeamten leben. Sie seien den Verlockungen der Lobbygruppen viel stärker ausgesetzt. Warum? »Weil die Beamten diejenigen sind, die die Gesetzestexte entwerfen und Aufträge vergeben. Vor allem im Straßenbau, bei der Beschaffung der Bundeswehr und in der Forschung wird gezockt, dass sich die Balken biegen«, weiß Kasparick. Der Bundesverkehrswegeplan beispielsweise sei Gold wert. Wer den rechtzeitig von einem Ministerialbeamten zugespielt bekomme, mache die Deals.

»Am Anfang jeder Legislatur scannen professionelle Lobbyisten sehr genau, wo die neuen Leute sitzen«, erklärt uns Kasparick, »weil man ja erst einmal das weiße Blatt beschreiben muss. Gerade die Neuen treffen dann völlig unvorbereitet auf Profis.« Die gingen höchst strategisch vor. »Ein Lobbyist hat gewöhnlich eine Legislatur Zeit, die politischen Entscheider kennenzulernen, bei offenen Abenden Gespräche zu führen, sie zu Vorträgen einzuladen. Da erfährt man über eine Person eine ganze Menge. Diese Informationen werden verdichtet und systematisch ausgewertet. Scheinbar lapidare Smalltalks werden sehr wach registriert. Wenn einer erzählt, dass seine Tochter jetzt Cello lernt, ist das durchaus wichtig für einen Lobbyisten, weil man den Abgeordneten dann später wieder darauf ansprechen kann. ›Human touch‹ nennt man das. Die wissen genau, welche Abgeordnete welche Restaurants bevorzugen, die wissen genau, wohin man den Ministerialbeamten einladen muss, damit er sich wohlfühlt und eine gute Gesprächsatmosphäre entsteht. Da wird nichts dem Zufall überlassen.«

Ulrich Kasparick selbst legte zu Beginn seiner politisch aktiven Zeit sehr viel Wert darauf, sich seinem Spezialgebiet – Wissenschaft und Forschung in den neuen Bundesländern – zu widmen und sich einen Expertenstatus anzueignen. Dafür reiste er ständig zwischen Ostsee und Erzgebirge herum, um so viele Institute wie möglich kennen- und damit unterscheiden zu lernen, welcher Institutschef wirklich Geld braucht und welcher hochstapelt. Kasparicks Unnachgiebigkeit führte dazu, dass man in der SPD-Fraktion über ihn sagte, dass er jedes Labor persönlich kennen würde.

Während seiner Recherchen als Parlamentarischer Staatssekretär machte Kasparick zum Teil haarsträubende Erfahrungen. »Ich habe erst nach einiger Zeit herausbekommen, wie viele Milliarden Euro in die Fusionsforschung gehen«, erzählt er uns. »Das brachte mich zur Weißglut. Ich stieß erst ziemlich spät nach langer Recherche auf ein kleines, sechsköpfiges Gremium bei der Europäischen Kommission mit dem Namen ›Begleitausschuss Programm Fusion‹, das letztlich über die staatlichen Fördergelder bestimmt, weil es der Kommission vorschlägt, woran geforscht werden soll.«

Wer profitiert von der Fusionsforschung, also dem wissenschaftlichen Bemühen darum, die Kernfusion als neue Energiequelle zu nutzen?, wollen wir von Kasparick wissen. Klare Antwort: »Die Energiewirtschaft nicht. Denn man hat bislang erst zwei Sekunden Brenndauer in einem Plasma erreichen können. Man ist weit, weit weg von einem Kraftwerk. Aber andere profitieren: die Atomindustrie und die Institute, die diese Forschung betreiben. Die Fusionsforschung wird durch Euratom finanziert. Euratom unterliegt aber nicht der parlamentarischen Aufsicht. In dem kleinen Ausschuss, der über die Vergabe der Milliarden entscheidet, sitzen ausschließlich Wissenschaftler und Experten der Institute, die die Fusionsforschung betreiben. Das ist also ein reiner Selbstbedienungsladen.« Es habe strategische Bedeutung, wer in der Energieforschung an was forscht, versichert uns Kasparick. Denn das bestimme die Zukunft einer globalen Industrie. »Um so erschreckender ist es zu wissen, dass kein unabhängiger Wissenschaftler in so einem Gremium sitzt.«

Alle Versuche von Rot-Grün, während der Diskussionen um eine europäische Verfassung endlich auch Euratom unter parlamentarische Kontrolle zu bekommen, scheiterten. Es blieb ein einziger Ausweg: »Wenn wir die Sauerei schon nicht unterbinden konnten«, erinnert sich Kasparick, »dann wollten wir zumindest versuchen, die Mittel für die Erforschung von alternativen Energien zu erhöhen. Das ist auch gelungen.«

Noch nicht schlimm genug? Ulrich Kasparick ergänzt die Fusionsgeschichte um ein gruseliges Ende – indem er noch einen anderen Profiteur der Milliardensubventionen nennt: die Rüstungsindustrie. »Wer profitiert denn von der Fusionsforschung, die es in 50 Jahren gerade mal zu zwei Sekunden Brenndauer gebracht hat«, fragt er, »und das, obwohl die Budgets ständig steigen?« Für die Antwort lenkt Kasparick den Blick auf einen Bereich der Fusionsforschung, der allerdings große Erfolge zu verzeichnen hat: die Lasertechnik und die Erkundung von neuartigen Materialien wie superhartem Stahl und den benötigten Materialien für die »Erste Wand« eines Reaktors. »Wieso ist der Standort für den Testreaktor Iter das französische Cadarache, ein Militärstützpunkt?«, fragt Kasparick und folgert: »Was hier passiert, ist lupenreine Quersubventionierung des Militärs. Das Militär profitiert in erster Linie von der Fusionsforschung, insbesondere von ihren Erkenntnissen beim Laser und bei neuen Materialien.«

Wir sprachen bei unseren Recherchen mit Insidern, die sogar sagten: »Wer es schafft, Euratom unter Kontrolle zu bringen, der verdient den Friedensnobelpreis!«

***

Auch die Rüstungslobby sitzt in beängstigender Nähe zum Reichstag. Sowohl der Panzerbauer Krauss-Maffei Wegmann (KMW) hat sein Lobbybüro am Pariser Platz 6, unweit des Brandenburger Tores, als auch das fränkische Rüstungsunternehmen Diehl in Form der Diehl Stiftung. Timo Lange von Lobby Control erklärt seiner inzwischen frustrierten Studiengruppe beim Anblick des Gebäudes, dass man laut eines Urteils offiziell nicht mehr von »Streubomben« reden darf, sondern diese weithin verrufene Munition »intelligente Wirksysteme« nennen muss. Also spricht er von intelligenten Wirksystemen, die Diehl für die globalen Kriegsschauplätze in Form des Produkts SMART 155 produziert. So setzte Diehl seine Lobbyisten darauf an, jene intelligenten Wirksysteme aus Verträgen herauszunehmen, die Streumunition ächten bzw. verbieten. In der Tat bestand ein Großteil der Lobbyarbeit darin, mit der Politik die Frage zu klären, wie denn Streubomben am besten zu bezeichnen seien, damit sie nicht unter den Bann der Gesetze fallen. Zunächst nutzte die Bundesregierung den Begriff »sensorgezündete Flächenmunition«, aber dieser Ausdruck hat sich nicht so recht durchgesetzt.

Konkret wurde so Ende 2008 – also zur Zeit der Großen Koalition – die internationale Konvention über ein Verbot der Streumunition beeinflusst. Höchst brisant ist in diesem Zusammenhang ein Brief, den der Abgeordnete Karl-Theodor zu Guttenberg (CSU) ein paar Monate zuvor, im Mai 2008, an Staatsminister Gernot Erler (SPD) im Auswärtigen Amt schrieb. Organisationen wie das Aktionsbündnis Landmine zitieren daraus: »Keinesfalls darf nach außen der Eindruck entstehen, dass sich die Bundesregierung auf diesem Feld von den Interessen der militärischen Industrie unter Druck setzen lässt.«[25] Das Vorhaben scheint gelungen zu sein. Erinnert sich irgendjemand an große und breite Proteste gegen die Regierung in dieser Sache?

Aus dem Brief Guttenbergs strahlt blanke Angst, dass die deutsche Rüstungsindustrie auf ihren zum Export bestimmten Streumunitionsbeständen sitzen bleiben könnte. Und dem Bombenbauer Diehl gelang es tatsächlich, seine Interessen durchzusetzen. Bestimmte Sprengkörper wurden aus dem Abkommen ausgeklammert. Claudia Roth, die mit den Grünen vergeblich einen Antrag zum Komplettverbot von Streumunition in den Bundestag eingebracht hatte, kommentierte die Abmachung Anfang 2009 so: »In Österreich ist die SMArt 155 als Streumunition seit 2007 verboten. In Deutschland gab es dagegen einen Deal für Diehl. Die Bundesregierung ist in Oslo als Handelsvertreter der deutschen Rüstungsindustrie aufgetreten und hat im Verbotsvertrag Ausnahmen durchgesetzt, die exakt auf die Produktbeschreibung von Diehl zutreffen.«[26]

Diehl selbst macht aus seiner Arbeit im Regierungsviertel keinen Hehl. Wer einmal die sprachliche Schönfärberei durchschaut hat, bemerkt schnell, dass die Diehl Stiftung & Co. KG eigentlich das Lobbybüro des Waffenherstellers ist. »Ebenso werden hier (im Berliner Regierungsviertel) entscheidende gesetzliche Weichen gestellt (…), die einen unmittelbaren Einfluss auf das Geschäftsumfeld von Diehl haben«, heißt es auf der Website des Konzernablegers unumwunden. Und weiter: »Seit den neunziger Jahren unterhält Diehl ein Berlin-Büro. Von hier aus werden die Kontakte und der Informationsaustausch mit den politischen und ministeriellen Entscheidungsträgern für die Diehl Hauptverwaltung und alle fünf Teilkonzerne gepflegt. Das inhaltliche Spektrum reicht vom Monitoring wichtiger Verteidigungs- und Sicherheitsthemen oder Gesetzesänderungen, die unsere Neuentwicklungen beispielsweise in den Bereichen Smart Metering (Diehl Metering) oder Luftfahrt (Diehl Aerosystems) betreffen, bis hin zu konkreter Unterstützung bei der Planung von Projekten z. B. im Bereich der erneuerbaren Energien.«

***

Bei der über Jahre gewachsenen, hochprofessionellen und konzertierten Organisiertheit der industriellen Lobbygruppen könne man sich als einfacher Bürger nur machtlos fühlen. Diese Haltung ist am Ende der etwas anderen Berlinführung unter vielen Teilnehmern zu vernehmen. Um so wichtiger sind Antikorruptionsinitiativen wie Lobby Control, die unaufhörlich nerven und Öffentlichkeit herstellen. Um so wichtiger sind Politiker wie Ulrich Kasparick, die ihr Amt noch der Sache wegen und zum Wohle des Landes ausüben.

Was also muss sich konkret ändern? Kasparick schlägt eine bessere Beteiligungskultur vor, insbesondere derer, die bisher von keiner Lobby vertreten wurden. »Bei jeder Gesetzgebung ist ja eine Anhörung der Interessenverbände vorgeschrieben. Schon hat man das Problem«, sagt er. »Denn jeder von denen redet pro domo. Jeder will für seinen Club das meiste Geld rausholen. Eine wirklich wichtige Interessengruppe kommt aber gar nicht vor. Nehmen wir das Klima als Beispiel: Da ist die Industrie am Tisch, die Energieerzeuger, die Rohstofflieferanten, der Staat, aber die junge Generation, die die Schäden ausbaden wird, ist überhaupt nicht vertreten. Da muss man sich doch mal die Frage stellen, wie man hier mehr Generationengerechtigkeit hinbekommt und welche neuen Partizipationsmöglichkeiten uns einfallen. Man macht das bislang über Kampagnen oder Online-Petitionen. Aber die Ergebnisse sind unbefriedigend. Mein Eindruck ist, dass wir erst ganz am Anfang eines angemessenen Instrumentariums sind.« Als Lichtblick könnte man registrieren, dass 2012 zehn Staaten, darunter Deutschland, einen Zusatz im UN-Kinderrechtsprotokoll ratifiziert haben, das Kindern ein Klagerecht einräumt.

Verfassungsrichter Hans-Jürgen Papier ist sich sogar sicher, dass es eine »echte Waffengleichheit der verschiedenen gesellschaftlichen Gruppen bei der Wahrnehmung ihrer Interessen mittels Lobbying«[27] gar nicht geben könne. Weil Gelder, Macht und Kräfte zu ungleich verteilt sind. Schwächer repräsentierte Interessen geraten so leicht unter die Räder.

Das Instrumentarium hingegen, das die Korruptionsgegner vorschlagen, um Lobbygruppen wie Parlamentarier zu kontrollieren, liegt seit Jahren fertig auf dem Tisch – zum Großteil ungenutzt. EU-Kommissar Siim Kallas, damals u. a. für Betrugsbekämpfung zuständig, forderte beispielsweise 2008, durch »Fußabdrücke« von Lobbyisten deren Einfluss in Gesetzen sichtbar zu machen – im Stile von Quellenangaben in Doktorarbeiten. Lobby Control fordert ein verpflichtendes, öffentlich zugängliches Lobbyistenregister, in dem die Lobbyisten ihre Auftraggeber, ihre Kunden, ihre Finanzquellen, ihre Budgets und ihre Themen offenlegen müssen. In den USA gibt es so etwas seit 1995. Dazu verlangt die Organisation den sofortigen Stopp des Zugriffs auf externe Mitarbeiter, die – von Lobbygruppen bezahlt – in Ministerien an Gesetzen mitarbeiten, sowie eine Karenzzeit von drei Jahren für Politiker in Führungspositionen, die nach ihrer politischen Tätigkeit in die Wirtschaft wechseln wollen.

Dass es in der Korruptionsbekämpfung weit mehr zu tun gibt, verdeutlichte Transparency International Deutschland 2012 durch die Veröffentlichung eines gewaltigen Katalogs mit 84 Forderungen.[28] Diese richteten sich an Legislative (u. a. »Die Nebentätigkeiten von Abgeordneten sind ab einer Bagatellgrenze auf den Betrag genau zu veröffentlichen und nicht wie bisher in drei Stufen«) und Exekutive (u. a. »Die Zusammensetzung aller regierungsberatenden Gremien ist zentral zu veröffentlichen«), die Gerichtsbarkeit (u. a. »Der Häufung von ›Deals‹ (Verständigung im Strafverfahren) ist entgegenzuwirken«), die öffentlichen Verwaltungen (u. a. »Der Schutz von Hinweisgeberinnen und Hinweisgebern in der öffentlichen Verwaltung ist durch die Einrichtung von Hinweisgebersystemen zu ergänzen«), die Strafverfolgungsbehörden (u. a. »Die Verjährungsfristen bei ›Korruptionsdelikten‹ sind zu verlängern«), die Rechnungshöfe (u. a. »Die Veröffentlichung eines größeren Anteils der Prüfungsmitteilungen und Berichte der Rechnungshöfe ist wünschenswert«), die politischen Parteien (u. a. »Im Falle von schwerwiegenden Verstößen gegen das Parteiengesetz ist der Verlust des passiven Wahlrechts für Mandatsträgerinnen und Mandatsträger als Sanktion vorzusehen«), die Medien (u. a. »Dem investigativen Journalismus ist der nötige Entfaltungsspielraum zu gewähren«), die Wirtschaft (u. a. »Bestechung durch deutsche Unternehmen ist härter zu bestrafen, zum Beispiel durch Einführung eines Unternehmensstrafrechts oder die Anhebung des Bußgeldrahmens im Ordnungswidrigkeitengesetz«), unser Wahlsystem (u. a. »Die Regelungen zur Vergabe von Sendezeit der öffentlich-rechtlichen Rundfunkanstalten *(für Wahlkampfspots, d. Verf.)* sind zu veröffentlichen«) und schließlich an Zivilgesellschaft (u. a. »Verbänden und Organisationen der Zivilgesellschaft wird weiter empfohlen, das Thema Antikorruption stärker in ihrer inhaltlichen Arbeit (z.B. im Bereich Umwelt, Klima, Menschenrechte) zu berücksichtigen«) und Bildungssystem (u. a. »Antikorruption ist in der Fort- und Ausbildung in allen Bereichen zu stärken. Auch Schulen sollten frühzeitig einen Beitrag zur politischen Bildung in Sachen Antikorruption leisten und Schülerinnen und Schüler für das Thema sensibilisieren«).

Ein Katalog, der mit nichts weiter realisiert werden könnte als mit politischem Willen.

5
Du sollst Schauspieler sein –
allein als Politiker packst du es nicht

Wenn sich eine Ministerin schon mal in eine Quizshow wagt und sechs Millionen Menschen dabei zuschauen, dann muss für alles gesorgt sein. Vor allem dafür, dass die Ministerin eine gute Figur macht.

Der 14. September 2010, ein Dienstag. Berlin-Adlershof, Studio G. Frank Plasbergs TV-Firma Ansager & Schnipselmann produziert im Auftrag des NDR *Das Quiz der Deutschen*, eine heitere Rate- und Spielshow, die sich auf alte Erfolgsformate wie *Einer wird gewinnen* und *Dalli Dalli* beruft. Landwirtschaftsministerin Ilse Aigner tritt zusammen mit den Moderatorinnen Katrin Müller-Hohenstein und Nazan Eckes gegen ein Herrenteam aus Günther Jauch, Johannes B. Kerner und Oliver Pocher an. Wer von ihnen kennt Deutschland wohl am besten? Frank Plasberg wird als Conferencier durch den Showkampf leiten.

Die Sendung ist nicht live. Sie wird dienstags aufgezeichnet. Zwei Tage später soll sie zur besten Sendezeit um 20:15 Uhr im Ersten ausgestrahlt werden. Alles zuerst einmal nicht außergewöhnlich. Doch die Show wird nicht wie eine der üblichen Quizsendungen mit Promibeteiligung über die Bühne gehen.

Das *Quiz der Deutschen* wartet mit einer kleinen Gemeinheit auf. In Anspielung auf die Trimm-dich-Bewegung der Siebzigerjahre müssen die sechs Kandidaten einen Fitness-Parcours bewältigen. Dieses Mal zuerst über eine Laufbrücke, dann über eine Hangelleiter, zuletzt über einen Schwebebalken. Alle drei Disziplinen sind von den Showplanern weitsichtig mit flachen Wasserbassins unterlegt worden – falls einer der Promis schlapp machen oder ausrutschen sollte …

Nachdem sich fünf der sechs Kandidaten wacker geschlagen haben, ist Ministerin Ilse Aigner an der Reihe. Die Laufbrücke schafft sie ohne Weiteres, auch die Hangelleiter bewältigt sie fast bis zum Ende. Fast. Sie lässt die Streben der Leiter zu früh los und fällt in voller Länge rückwärts ins Wasser. Aigner rappelt sich auf, rennt klitschnass den Parcours zu Ende, um im Ziel schnell das Sakko von Johannes B. Kerner umgelegt zu bekommen. Das Studiopublikum jubelt.

Kann passieren. Auch einer Ministerin. Interessant ist nun, was danach passiert. Denn – wie gesagt – die Sendung läuft nicht live, sondern wird für den Donnerstagabend aufgezeichnet. Das gibt dem Landwirtschaftsministerium noch Zugriffsmöglichkeiten, den Showauftritt der Chefin nicht allzu peinlich enden zu lassen. Zugriffe, so erzählen uns Beteiligte der Produktion, gab es sowohl während als auch nach der Aufzeichnung.

Was der Zuschauer nicht mitbekommt: Nach Aigners Platscher wird die Sendung für eine halbe Stunde unterbrochen. Die Ministerin muss raus aus den nassen Klamotten. Einen zweiten Satz Kleidung hat sie nicht dabei. Kostümbildner versuchen verzweifelt, Aigners Hose und Bluse trockenzuföhnen. Zwecklos. So schnell geht das nicht. Jetzt greift der Beraterstab der Politikerin ein: Die Berater fordern, dass ihre Chefin die Sendung unverzüglich verlassen müsse. Für die ganze Show wäre das eine Katastrophe. Aigner selber nimmt die Sache ziemlich locker, lenkt ein – und bleibt. Sie kehrt umgekleidet ans Quizpult zurück in einer trockenen Hose und einem trockenen Hemd aus dem Kleiderschrank von Frank Plasberg. Aber damit ist der Wirbel nicht vorbei.

Mittwoch, also an dem Tag zwischen Aufzeichnung und Ausstrahlung, meldet sich das Ministerium bei der Produktion. Man verlangt, sich den endgültigen Schnitt der Sendung anzusehen, selbstverständlich *vor* der Ausstrahlung. Der Beraterstab eines Politikers nimmt quasi eine Sendung, auch wenn es *nur* eine Quizshow ist, ab und senkt oder hebt den Daumen? Das wäre ein völlig unübliches und einmaliges Zugeständnis. Doch bevor die ganze Ausstrahlung auf der Kippe steht, geht man auf die Forderung ein. Frank Plasberg, Moderator und Produzent in Personalunion, fährt höchstpersönlich ins Ministerium für Ernährung, Landwirtschaft und Verbraucherschutz in der Berliner Wilhelmstraße, um sich mit Aigners Beratern die Wasserszene auf DVD anzuschauen. Es wird klar: Die lässt sich unmöglich rausschneiden. Aber doch, bitte schön, die Zeitlupenwiederholung! Die soll ganz raus. Dabei ist dieses dramaturgische Mittel in einer solchen Show längst üblich, vor allem dann, wenn etwas schiefgeht. Großes Zähneknirschen. Wie soll man sich verhalten?

Das Ende vom Lied: Den Aufschlag Aigners aufs Wasser in Zeitlupe bekommt der Fernsehzuschauer nicht zu sehen. Die Wiederholung bricht im entscheidenden Moment ab. Hier hat die Politik auf ein TV-Produkt, das bei Millionen potenziellen Wählern über das Image eines Protagonisten entscheidet, erfolgreich einwirken können. Und, so bestätigen uns politische Berater, das sei kein Einzelfall. Wann immer ein Politiker in Quizshows eingeladen werde, würden die treuen Vasallen der Dienstherren bei den Sendern und Produktionsfirmen darauf dringen, vorab die Quizfragen zu erhalten, um Peinlichkeiten zu vermeiden. Ob sich die Sender tatsächlich darauf einlassen? Kein Kommentar ...

***

Shows aller Arten gehören zu den Lieblingsplätzen der politischen Spezies. Denn nirgendwo anders kann einer, der gewählt bzw. wiedergewählt werden will, so breit und effektiv für sich und seine Partei werben. Dafür muss er noch nicht einmal Inhalte vortragen. Es reicht völlig aus, einen eloquenten, sympathischen, vielleicht sogar charismatischen Auftritt hinzulegen. Ein Politiker oder eine Politikerin kann bei noch so vielen Saalveranstaltungen informieren, auf Marktplätzen das Mikrofon bis an die Grenzen austesten oder in Fußgängerzonen sich die Füße platt stehen, ein Lächeln in einer Talkshow, ein paar wärmende Worte der Frau Maischberger zugesäuselt, sind weit effektiver als alle anderen öffentlichen Aktionen – und erfordern viel weniger Arbeit. Darum ist die Show, bei allem Für und Wider zu ihrer inhaltlichen Sinnhaftigkeit, immer noch Plattform Nummer eins für jeden politischen Akteur, der die Gebote des Geschäfts durchschaut hat.

Hauptanlaufpunkte sind weniger die Quizshows, deren Anzahl und Gästepotenzial ständig schwanken. Schlange stehen Politiker und ihre Berater vor allem bei den Talkshows, deren Anzahl im deutschen Fernsehen nicht bloß stabil gehalten wurde, sondern in den letzten Jahren sogar gewachsen ist. Im TV-Jahr 2013 erfreuen rund 20 derartige Formate die politische Zunft – und nicht in jedem Fall den Zuschauer. Das sind: Günther Jauch, Frank Plasberg, Anne Will, Sandra Maischberger und Reinhold Beckmann im Ersten, Maybrit Illner und Markus Lanz im Zweiten, Heiner Bremer und Michel Friedman bei den Nachrichtenkanälen n-tv bzw. N24, Benjamin von Stuckrad-Barre bei Tele5 plus zahlreiche streng politische (Phoenix) und weniger politische (dritte Programme) Varianten. Für jeden ist etwas dabei. Vor allem für jeden Politiker.

»Das Format der Talkshow hat sich inzwischen erschöpft. Jeden Tag eine politische Runde ist zu viel«, befindet Christoph Steegmans, zehn Jahre Sprecher von Guido Westerwelle, dann stellvertretender Regierungssprecher, jetzt Sprecher von Familienministerin Kristina Schröder. »Wenn ich das Gefühl habe, dass jeden Tag die gleichen Menschen in der Runde sitzen, dann ist das Besondere weg. Die Zuschauer haben bei täglichen Politik-

Talkshows gar nicht mehr die nötige Auszeit, in Ruhe zu über-denken, was ihm die Diskutanten an Argumenten vorgesetzt ha-ben. Es ist nur noch Dauerbrise.« Eine Talkshow strategisch einzusetzen, um ernsthafte, politische Argumente zu platzieren, scheint daher schwierig. Um sich als Persönlichkeit oder elo-quenter Redner darzustellen, dafür ist das Format wie gemacht.

Es geht also kaum mehr um tatsächliche und sachbezogene politische Auseinandersetzungen. Es geht um Effekte. Der So-zialpsychologe Manfred Clemenz brachte die Verflachung in ei-nem *Spiegel*-Essay[1] auf den Punkt: »Dies entspricht einer Ma-xime, die von angelsächsischen Wissenschaftlern gelegentlich so formuliert wird: ›Don't hustle me with facts.‹ Bleiben Sie mir mit Fakten vom Leibe. Das wird dort aber als Gag verstanden. Hier ist es der geradezu genrekonstituierende Sprechakt.« Fak-ten stören nur, Erklärungen sind lästig und quotenfeindlich. Die Moderatoren sind vor allem gehalten, ihre Autorität als Redelei-ter dafür zu nutzen, Schwung in den Talk zu bringen und Zwist zwischen den Gästen zu säen und nicht, wo nötig, ein politi-sches Problem einer für den Zuschauer befriedigenden Lösung zuzuführen. Ausnahmen wie Reinhold Beckmann, dessen Sen-dekonzept durchaus Zeit für tiefere Gespräche lässt, gibt es im-mer. Meist jedoch dominieren Hatz und Hetze. Einen cleveren Mechanismus für dieses Dilemma hat Frank Plasberg in seiner Sendung *Hart aber fair* gefunden, indem er bei notwendigen Be-gründungen politischer Behauptungen auf den »Faktencheck« verweist, der nicht in der Sendung, sondern in den Tagen da-nach im Internet stattfindet. So wird die TV-Debatte auf die pla-kativen und emotionalen Elemente reduziert, der Inhalt einfach verlagert. Weil das Politiker wissen, haben sie in den letzten Jahren vor allem daran trainiert, diejenigen Fähigkeiten zu ver-bessern, die das Plakative und Emotionale bedienen. Es sind die gleichen Talente, die ein Schauspieler nutzt.

»Man muss als Politiker kein Schauspieler sein«, sagt uns

Christoph Steegmans, »aber schauspielerische Qualitäten kommen in Talkshows besonders gut zum Tragen: simple Botschaften, Kampflächeln, große Geste, gepaart mit einer selbstbewusst zur Schau getragenen sorgenvollen Nachdenklichkeit, in der Art der joschkafischer'schen Floskel ›Ich habe Sorge‹. Egal um was es ging, bei jedem zweiten Ereignis hatte dieser Mann erst mal ›Sorge‹. In Deutschland wird ja Trübsinn gerne mit Tiefsinn verwechselt und Ratlosigkeit mit innerer Einkehr. Viele in Deutschland lieben so ein sorgenvolles Pathos.« Und damit auch Politiker, die den Eindruck vermitteln, als würden sie das Schlimmste verbergen, damit man sich nicht zu sehr sorgt?

***

Martin Maria Blau ist einer, der den Mächtigen beibringt, ihre Rollen so zu spielen, dass man sie ihnen abnimmt. Blau war selbst einmal Schauspieler, wurde von Federico Fellini besetzt, lieh vielen deutschen Krimis sein markantes Gesicht, heute ist er Theaterregisseur und Schauspielcoach. Wir begegnen ihm beim Italiener im Hamburger Stadtteil Hoheluft, sprechen dort über die Nachhilfe im Fach Schauspiel. Wobei Blau lieber den Ausdruck »Actor« nutzt und nicht »Schauspieler«. Die englische Übersetzung »Actor« (Handelnder), meint er, träfe es besser. Denn »nur so zu tun als ob«, das mag er gar nicht. Das würde weder dem Schauspielberuf gerecht noch dem Tun und Wirken einer Führungskraft.

Schnell stellt sich heraus: Blau ist keiner, der seinen Klienten einfach das Handwerkszeug zur Erweckung einer Illusion mitgibt, damit die ihr altes Spiel weitertreiben können. Im Gegenteil. Sein Coaching geht ans Eingemachte. An die Seele. An den Kern dessen, was einen Menschen ausmacht. »Ich gebe den Politikern und Managern die Tools«, sagt Martin Maria Blau, »aber die Tools haben ihren Preis.« Der Preis liegt darin, sich mit seinen Ängsten, seinen Schwächen und seiner Haltung zu konfrontieren und sich uneingeschränkt mit dem zu verbinden, was man an der Sache liebt, die man tut. Dazu seien, laut Blau, immer mehr Mächtige bereit. Denn in den letzten Jahren sei das Bedürfnis gestiegen, sich coachen zu lassen, auch wenn es in diesem Land noch keine »offene Coachingkultur«, wie Blau es nennt, gibt. Das heißt: Vieles passiert im Geheimen. Die Schweigepflicht, der Blau unterliegt, ist selbstverständlich.

Was ist der Grund für die gestiegene Nachfrage? »Das rasende Tempo«, sagt er. »Es ist alles so schnell geworden. Dafür ist der Mensch nicht ausgelegt. So scheint es, als sei das, was wir tun, nie genug.« Anders gesagt: Erst die eigene Überforderung lässt die Politik um Hilfe rufen.

Der Hamburger Trainer versichert Politikern, die zu ihm kommen, dass sie an einer gründlichen Innenschau und darum an keinem auch für Schauspieler geltenden Bühnengesetz vorbeikommen würden. Die Grundfrage ist: Wie authentisch bin ich? Oder anders: Wie kann ich mich über meine Stimme und meine körperliche Haltung glaubwürdig mit dem verbinden, was ich sage? Denn – und diese Rechnung macht Blau jedem seiner Klienten auf – nur zu acht Prozent sind es die Texte, die beim Publikum hängen bleiben. Den größten Eindruck hinterlassen Körpersprache, also Mimik und Gestik (56 Prozent), sowie die Stimme (36 Prozent).

»Irgendwann haben wir eine Wirkungsmächtigkeit hergestellt«, sagt Blau, »aber dann muss die Frage nach der Moral gestellt werden.« Das macht der Coach ohne erhobenen Zeigefinger. Er fordert auch keine Antwort. Aber er merkt, dass diese Frage seine Klienten beschäftigt. Nutze ich das Rüstzeug, um bloß eine perfekte Rolle zu spielen oder um endlich ein authentischer Entscheider zu sein, der abends noch in den Spiegel schauen kann? Viele gehen anders aus dem Training heraus, als sie es begonnen haben, sagt Martin Maria Blau.

Geläuterte Manager? Sanftmütige Politiker? Das alles klingt hoffnungsvoll. Doch noch sieht die Realität meist anders aus.

***

Wir verabreden uns mit Ludger Volmer, Gründungsmitglied der Grünen, Staatsminister in Joschka Fischers Außenministerium während der rot-grünen Koalition. Hauptgrund für unser Treffen im »Café Einstein« Unter den Linden ist die Tatsache, dass Volmer eines der größten politischen Schauspiele der letzten Jahre hautnah miterlebte. Dazu mehr am Ende dieses Kapitels. Wie sich im Laufe des Gesprächs herausstellt, hat Volmer jedoch auch ganz symptomatische Erfahrungen mit den deutschen Talkshows gemacht.

»Politik ist in jedem Fall auch Schauspiel«, bestätigt uns Volmer gleich am Anfang und erinnert an den Soziologen Murray Edelman. »Der veröffentlichte schon in den Siebzigerjahren Bücher über die ›Politik als Ritual‹. Er vertrat die These, dass es zwei Realitäten gibt: die Politik und das Schauspiel für die Öffentlichkeit. Das gibt es heute auch noch. Wobei ich differenzieren würde: Die guten Politiker sind wirklich verantwortungsbewusst, sind mit Leib und Seele dabei, versuchen, für die Probleme Sachlösungen zu finden, stoßen dabei meistens aber auf Unverständnis der Öffentlichkeit.«

Wir fragen nach. Wieso treffen Politiker mit Sachlösungen auf Unverständnis? Volmer ist sich sicher: »Die Öffentlichkeit will nicht wissen, wie schwierig es ist, Probleme zu lösen. Sie beschimpft lieber die Politiker damit, dass sie zu blöd sind, die Probleme zu lösen.« Wie bitte, das Publikum selbst soll's nun gewesen sein? Die Leute wollen die Wahrheit nicht hören? Das würden wir so nicht glauben, sagen wir Volmer.

»Doch, das ist so. Die meisten Leute wollen nicht wissen, wie kompliziert alles ist. Ich denke, das ist das Empfinden eines je-

– 118 –

den, der hier in Berlin ernsthaft Politik betreibt. Deshalb gehen Politiker auf die Erwartungshaltung der Öffentlichkeit ein – ich würde noch weiter differenzieren: auf die der verschiedenen *Öffentlichkeiten*. Ein Politiker hat nicht nur *eine* öffentliche Schauspielerrolle. Er beherrscht im Grunde ein komplettes Repertoire an Charaktermasken. Wie ein Schauspieler. Wenn ich in die bürgerliche Öffentlichkeit gehe, rede ich völlig anders, als wenn ich in eine Szenekneipe gehe, in einen evangelischen Gemeindekreis oder wenn ich in Kreuzberg mit Punks rede. Ich muss alle ansprechen können, und alle verlangen ihr eigenes Schauspiel. Das geht bis hin zum Kostüm. Wenn ich in meinen Wahlkreis Gelsenkirchen ging, konnte ich nicht im Anzug auftreten. Die Leute leben von Hartz IV. Die wollen keine feinen Pinkel sehen. Da bin ich im abgeschabten Sakko hingegangen. Und wenn ich vor einer Industriellenvertretung sprach, habe ich sogar überlegt, ob ich mir als Grüner nicht doch mal eine Krawatte umbinde.«

Von dem geschickten Rollenspiel wussten wir. Es ist so alt wie Shakespeares Stücke. Das haben wir erwartet. Aber wir müssen noch einmal zurückkommen auf die Wahrheit, die die Wähler angeblich nicht hören wollen. Dürsten die Menschen inzwischen nicht nach der Wahrheit? Haben sie nicht das Gefühl, dass man ihnen nur noch etwas vormacht? Wollen sie nicht alle Fakten auf dem Tisch haben?

»Den Politikern wäre es ja recht, wenn es so wäre«, sagt Volmer. »Und wenn es so wäre, hätten die Politiker keine Chance, die Probleme differenziert darzustellen. Welche Möglichkeiten, welche Medien blieben ihnen denn? Bei Veranstaltungen vor Ort habe ich mal zwei Stunden, um in die Details zu gehen. Da bemerkt man die Aufmerksamkeit der Leute und wie deren Verständnis wächst für die Entscheidungsdilemmata, in denen Politiker in der Regel stecken. Aber wen erreichen solche Veranstaltungen? Da sitzen 50 bis 80 Leute. Manche Politiker sind stolz, wenn sie mal 500 da sitzen haben, aber viele davon kommen nicht wegen der Wahrheit, sondern wegen der Show. Die Veranstaltungen, die in die Tiefe gehen, erreichen nicht viele Leute.«

Welche Formate in den Medien taugen denn noch für eine gründliche Aufklärung und Erklärungen, wollen wir wissen. »Die Nachrichtensendungen schon mal gar nicht. Jeder kennt diese Anderthalbminutenbeiträge, in denen dann zehn Sekunden O-Ton eines Politikers vorkommen dürfen. Als Politiker lernt man: Bevor die Journalisten mich zusammenschneiden und vielleicht sogar falsch zusammenschneiden, sage ich selber einen kurzen, prägnanten Satz, und der ist in der Regel viel zu pauschal. Der kann ein Problem vielleicht andeuten, aber nicht in seiner ganzen Differenziertheit darstellen. Und unterhaltsam muss der Spruch auch noch sein, sonst wird man nicht mehr gefragt. Oft wird einer autorisierten Antwort später eine ganz andere Frage vorgeschaltet, sodass man mit seiner Antwort blöd dasteht. Man hat als Politiker, selbst wenn die Öffentlichkeit interessiert sein sollte, kein Medium, wo man die Kompliziertheit der Dinge wirklich kommunizieren kann.«

Also doch, die Medien. Falls es so sein sollte, eigentlich eine tragische Situation für einen Politiker, der es ernst meint, finden wir.

»Ja, eigentlich tragisch«, sagt auch Volmer. »Denn die Politiker, die ich kenne, haben den Anspruch, mitzuteilen, wo die Probleme liegen, und die Bevölkerung in Entscheidungsprozesse miteinzubeziehen und dadurch die eigene Legitimation zu erhöhen. Wir sind ja kein Staat, in dem die Politik über die Bürger hinwegregieren will. Das will sie nicht. Sie hat aber kaum Chancen, die Menschen zu erreichen.«

Wir fragen, wie ein Staat aus dem Dilemma kommen kann. »Es ist schwierig. Weil die letzten Möglichkeiten, bei denen man so halbwegs in die Tiefe gehen konnte, abgeschafft wurden – wie die langen Einzelinterviews von Sandra Maischberger bei n-tv.

Deren Quote war aber niedrig. Seitdem gibt es kaum ein Format im deutschen Fernsehen, in dem man mal Tiefe erreicht.«

Was ist mit der Phoenix-Runde oder mit Heiner Bremer bei n-tv?

»Wer sieht die denn? Und beim ›Duell‹ von Bremer zeigt der Name doch schon, es geht darum, die Politiker gegeneinander aufzuhetzen, weil der Zuschauer Blut sehen will. Das dient nicht unbedingt der Wahrheitsfindung, das ist oft Show, die mehr verschleiert als aufdeckt.«

Müsste man die Sendungen, die Sie vermissen, nicht gerade von ARD und ZDF verlangen als öffentlich-rechtliche Anstalten mit Grundauftrag?

»Das müsste man, aber die haben sich offensichtlich aus Angst vor der Quote dem Infotainment der Privaten angepasst.«

Müssten nicht die Verwaltungsräte, die ja nun auch politisch besetzt sind, auf solche Tiefenformate dringen?

»Wenn Politiker nach Parteienproporz da reingeschickt werden, achten sie hauptsächlich darauf, dass die eigene Partei in dem Spiel nicht zu kurz kommt – und zwar auf der oberflächlichen Symbolebene. Es geht um Erfolg in der Eindruckskonkurrenz.«

Welche Erfahrung haben Sie in den Talkshows gemacht?

»Drei Mal habe ich bei ›Christiansen‹ abgesagt und bin damit wahrscheinlich aus dem Pool gefallen.«

Warum haben Sie abgesagt?

»Es war klar, dass mir als Linksgrünem die Schurkenrolle zugedacht war. Bei dem Gelabere und Getöse in der Sendung hätte ich damit aber nicht einmal Außenseiterpunkte sammeln können, worin wir Grünen ansonsten ja ganz gut waren. So sagte ich: Macht eure Show doch alleine! Anfang der Neunzigerjahre mussten wir Grünen allerdings jede noch so schräge Gelegenheit wahrnehmen. Wir waren aus dem Bundestag geflogen, und ich musste als Vorsitzender unser Comeback organisieren. Wo ich gerne mitgemacht habe, war im ZDF bei ›Illner‹. Die Sendung hatte mehr Substanz. Illner war besser informiert. Bei Maischberger war ich oft, als sie noch bei n-tv war.«

Wurden Sie über Ihre Talkgegner informiert?

»Man wurde *falsch* informiert. Es wird einem erzählt, wer eingeladen ist. Die sind dann aber gar nicht da. Beim Talk von Friedman war es sogar so, dass mir das Thema vorgelogen wurde. Ich kam da hin, und plötzlich begann er mit einem völlig anderen, abseitigen Thema. Nur damit man schlecht aussieht.«

***

Zu Ungereimtheiten kam es auch im Vorfeld des 11. November 2012. Köln ist an diesem Tag im Ausnahmezustand. Am Rhein feiert man nicht nur den Auftakt der neuen Karnevalssaison. Gespannt blicken Politikbetrieb und Medienbranche am Abend in den Stadtteil Mülheim.[2] Hier, an der Schanzenstraße, führt Stefan Raab ein neues Experiment auf, die erste Folge seiner politischen Talkshow *Absolute Mehrheit – Meinung muss sich wieder lohnen*.

Trotz Plasberg (montags), Maischberger (dienstags), Will (mittwochs), Beckmann und Illner (donnerstags), Jauch (sonntags) und Lanz (montags bis donnerstags) will der Kölner Kreative bei ProSieben doch noch etwas anderes im politischen Debattengenre vorlegen. Fünf Kontrahenten sollen zu drei politischen Themen Stellung beziehen. Das Publikum entscheidet per Telefon-Voting, wer von ihnen als Sieger den Platz verlässt. Vereint der Sieger 50 Prozent oder mehr – also die absolute Mehrheit – auf sich, kann er sogar 100 000 Euro mit nach Hause nehmen. So weit, so umstritten.

Doch bevor die Sendung überhaupt beweisen kann, ob sie gut ist, kommt es zu einem peinlichen Gerangel der Egos. Hauptattraktion des Abends soll Bundesumweltminister Peter Altmaier sein. Doch der sagt drei Tage vorher ab, nachdem sich Sebastian Brux, Büroleiter des Parlamentarischen Geschäftsführers der Grünen, Volker Beck, per Twitter beschwert hat, dass sein Chef erst eingeladen wurde, dann aber auf Betreiben Altmaiers wieder ausgeladen worden sei.

Altmaier lässt die Version von Brux dementieren und verlautbaren, dass Beck ein alter Freund sei und keineswegs der Grund für die Absage. Vielmehr sei er von Raabs Redaktion nicht darüber informiert worden, dass die ihm vorher als seine Kontrahenten zugesagten SPD-Genossinnen Hannelore Kraft und Andrea Nahles abgesagt hätten. Stattdessen hatte das Raab-Team Volker Beck und Jan van Aken von den Linken als Lückenbüßer eingeladen. Als Altmaier davon erfuhr, intervenierte er und mahnte »maßgeblichen SPD-Ersatz« an. Raab ließ daraufhin Beck wieder aus- und den Parlamentarischen Geschäftsführer der SPD, Thomas Oppermann, einladen. Dem Beck-Büro kommunizierte man diesen Entschluss jedoch damit, dass Minister Altmaier eine Diskussion »auf Augenhöhe« wollte und daher auf eine Ausladung Becks gedrungen habe.

Jetzt lag der schwarze Peter bei Raab. Altmaiers Sprecher Dominik Geißler gab sich »extrem verärgert« über Raabs Redaktion und sprach von »Falschaussagen«, die dort getroffen worden seien.[3] Ein »einmaliger Vorgang« sei das. Stefan Raab reagierte in der *Süddeutschen Zeitung*: »Einige in der Politik versuchen hier offenbar, etwas zu verhindern, das sie mit ihren alten Mechanismen nicht beherrschen und kontrollieren können.«[4] Alles verstanden? Das Vorspiel zum Debüt auf ein Wort gebracht: Kindergartenniveau.

Ob die Scharmützel Einfluss auf die Sendung selbst hatten? 1,79 Millionen Zuschauer und 18,3 Prozent Marktanteil bei den 14- bis 49-Jährigen sind für ProSieben jedenfalls ein blendendes Ergebnis.

Aber Quote sagt eben nichts aus über Qualität. Günther

Jauch hat gerade im Ersten zu Ende diskutiert, da öffnet sich bei Raab auf ProSieben um 22:45 Uhr der Vorhang. Auf seiner Couch sitzen von links nach rechts: Thomas Oppermann (SPD), Wolfgang Kubicki (FDP), Verena Delius (Unternehmerin), Michael Fuchs (CDU), Jan van Aken (Die Linke). Die Themen: Steuergerechtigkeit, Energiewende, soziale Netzwerke.

Es zeigt sich: Bei keiner anderen politischen Talkshow ist das Wort »Show« besser angebracht als bei dieser. Das heißt auch: Bei keiner anderen politischen Talkshow sind Politiker, die das Handwerk des Schauspiels und die Regeln des Showbusiness beherrschen, besser aufgehoben als bei Raab. Denn zwischen den Werbeinseln, den Einspielern und dem Abrufen der Zwischenwertungen kann kein Wissenspflänzchen gedeihen, muss jede tiefere Erklärung von Inhalt scheitern. Gefragt sind kurze Slogans und große Gefühle. Die Hoffnung, Politik auf die Raab'sche Art auch wieder einem jungen ProSieben-Publikum schmackhaft zu machen: zerstört nach wenigen Minuten. Ganz im Gegenteil. Politiker schrumpfen bei Raab zu simplen Gladiatoren, die in der Manege nur noch Gelegenheit für einige wenige Sätze haben, die sie ihren Gegnern oder dem Moderator hilflos wie stumpfe Schwerter entgegenschleudern.

So wird bloß das gängige Politikerklischee zementiert, von dem es sich eigentlich zu distanzieren gilt: dass dort eitle Artisten und knallharte Kämpfer sitzen, die sich inszenieren, sich gegenseitig duellieren und denen ihr eigenes Überleben wichtiger ist als alles andere.

***

Es sind tatsächlich nicht viele unserer Gesprächspartner, die ein gutes Haar an den Polittalkshows und ihren eitlen Selbstdarstellern lassen. Wir treffen einen, der seit Jahren Dauergast bei Maischberger & Co ist: den Historiker Arnulf Baring. Wir erwarten einen kratzbürstigen Herrn, mit dem nicht gut Kirschenessen ist. Denn von den Talkmachern wird er ja meist für die Rolle des Bösen, des Aggressiven, des Quertreibers, des Klartextredners besetzt – beim Kasperletheater wäre er wohl das Krokodil. Damit fliegen ihm nicht unbedingt die Sympathien der Massen zu, aber doch das ein oder andere »Endlich sagt's mal einer«. Unsere Erwartungen passen nicht zur Realität. In seinem Haus am Berliner Schlachtensee begegnen wir zwar jenem gewohnt geschliffen sprechenden Intellektuellen. In erster Linie ist er jedoch ein milder Altprofessor und dazu ein zuvorkommender Gastgeber. Wir glauben, dass zumindest Baring den Fernsehzirkus gut finden würde. Aber auch da haben wir uns getäuscht. Das Gegenteil ist der Fall. Auch er rechnet mit den Plauderern ab.

»Politiker meinen, dass sie in Talkshows mehr Gehör finden, als wenn sie sich im Parlament äußern«, sagt Baring. »Ist es nicht seltsam, dass sie in solchen Sendungen konkret wenig sagen, weil sie von den jeweiligen Parteilinien nicht abweichen dürfen? Trotzdem finden sie öffentlich viel Aufmerksamkeit.« Der einstige Außenminister Hans-Dietrich Genscher sei für die Neigung, mit bedeutendem Gesicht wenig zu sagen, aber zugleich sehr geschätzt zu werden, ein gutes Beispiel gewesen. »Er sagte wenig, und dennoch waren die Zuhörer sehr beglückt. Heute sind unsere Talkshowpolitiker letztlich alle Genschers.« Es sei ja erstaunlich, so Baring, wie betulich, abweisend und inhaltsarm das gesamte politische Lager aller Richtungen – mit Ausnahme der Linken – mit der Eurokrise umginge. »Keiner sagt nur ein halbwegs wahres Wort dessen, was eigentlich besprochen werden muss.« Nämlich was? »Dass der Euro, erstens, von Anbeginn nicht lebensfähig gewesen ist und, zweitens, diese ganzen Hilfskonstruktionen nichts nutzen. Statt die Wahrheit zu sagen, werden die Menschen beruhigt und eingeschläfert. Bei genauerer Betrachtung musste jedem klar sein, dass Völker mit ganz unterschiedlicher wirtschaftlicher Leistungskraft in einem

Währungsbündnis nicht erfolgreich zusammengeschweißt werden können. Das absehbare Desaster wird sich ja nicht als Erfolg verkaufen lassen. Es kann nur völlig weltfremden Menschen einfallen, einen solchen engeren forcierten Zusammenschluss der Währungsunion für einen praktikablen Ausweg zu halten. Im Gegenteil läge doch die Lösung darin, dass man den unterschiedlichen Leistungsfähigkeiten Rechnung trägt.«

Und die Deutschen seien in zunehmendem Maße weltfremd, versichert uns Baring. Weil sie gutmütig seien, weil sie gerne konstruktiv sein wollten, weil sie unbedingt geliebt werden möchten, vermieden sie klare Positionen. »Aber man muss doch wissen, was man im Eigeninteresse betreiben oder eben verhindern muss. Ich halte diese Meinungsfaulheit für eine ganz zentrale Bedrohung der Demokratie. Da ist im Laufe der letzten 100 Jahre ein enormer Niedergang zu beobachten. Der Norbert Lammert ist ja ein intelligenter Mann, aber das Parlament als solches? Wenn man die 600 auf 60 kürzen würde, wäre das ein großer Mangel?«

Und dann benutzt Baring das Wort der Vieraugengesellschaft. Und zwar deswegen, weil Politiker unter vier Augen anders redeten als in der Öffentlichkeit. Zumindest will Arnulf Baring das regelmäßig erleben. »Die Menschen strömen zu meinen Vorträgen, weil sie der Meinung sind, dass da jemand sagt, was er denkt. Das ist offenbar so selten geworden, dass ich davon profitiere. Auch auf die Gefahr hin, dass mein Markt schrumpfen würde, würde ich mir wünschen, dass das mehr Leute täten. Die leidenschaftlichen Auseinandersetzungen finden nicht mehr statt. Die großen Debatten fehlen.«

So führte die gewaltige Anzahl von Polittalkshows, in denen sich um klare Kante gedrückt wird, zu einer Pseudopolitisierung des Publikums, das bloß meint, es hätte politisch nun alles verstanden. »Andernfalls müsste man Streitgespräche führen, bei denen es Sieger und Besiegte gibt, wo klar wird, was sinnvoll und was unsinnig ist. Das haben Sie aber nicht, denn das Ergebnis bleibt ja meist offen. Wo finden die wahren Streitgespräche statt? Gar nicht.« Weil man es sich nicht verscherzen will. Die nächste Wahl kommt bestimmt.

***

Auch ohne Streitgespräche: Der Politikwissenschaftler Karl-Rudolf Korte, den wir an der Universität Duisburg-Essen besuchen, spricht den Talkshows eine nicht zu unterschätzende Wirkung zu – beim normalen Publikum wie innerhalb der Politikbranche. »Medien entscheiden nichts, aber sie haben indirekten Einfluss. Medien sind Zeitgeber, Taktgeber, Formatgeber, Bildgeber, insofern haben sie Einfluss auf die Politik«, sagt Korte. »Das kann man übertragen auf ein Talkshowformat. Politik buhlt um Aufmerksamkeit. Aufmerksamkeitsökonomie kann man nur strategisch gestalten, wenn man Bekanntheit hat. Die wird gesteigert durch den Auftritt. Der Auftritt ist die Währung. Das sind die 30 Zeilen, das ist das Foto, das sind die drei Minuten. Diese Währung hat sich nicht verändert. Sie ist nach wie vor wichtig.« Aber es käme etwas Anderes, vielleicht sogar Wichtigeres hinzu. »Es werden dort Dinge artikuliert, die in der Gremiensitzung am Tag danach von den anderen dann nicht mehr problematisiert werden. Das ist wie eine Zielmarke. Weil man dann im Gremium der Person nicht noch einmal in den Rücken fallen will. Die Akteure wissen: Von der Formulierung kommt man nicht mehr weg. Insofern ist ihnen bewusst, was sie mit ihren Formulierungen für einen Spielraum haben. Sie fragen sich also: Welche Fragen werden mir morgen wohl gestellt werden? Und welches Statement kann ich schon heute setzen, damit es mir morgen in den Sitzungen hilft? So kenne ich die Profis, die damit auch umgehen. Dabei geht es immer um die eigene Partei. Es geht um die Tagesintegration von Leuten in meiner eigenen Partei, in meiner

Behörde, in meinem Ministerium. Das ist der Zielpunkt. Der politische Gegner ist dabei eher unwichtig.«

Die Talkshows sind also in erster Linie fürs innerparteiliche Strategiespiel da? Und maximal, um Aufmerksamkeit zu generieren? Nichts mit Aufklärung und reinem Wein? Unter diesen Bedingungen sieht der ehemalige Regierungssprecher Christoph Steegmans das Genre der politischen Talkshows gar eingehen. »Die Talkshows werden immer langweiliger, auch weil dort viermal in der Woche dasselbe Thema diskutiert wird, nur mit einem anderen Titel: ›Geht Griechenland pleite?‹, ›Kostet uns der Euro zu viel Geld?‹, ›War die Euro-Einführung zu schlecht vorbereitet?‹, ›Euro oder Dollar – was ist die wahre Leitwährung?‹. Die Talkshows verflachen und versanden so und trocknen sich gegenseitig aus. Die klassische Saalveranstaltung hingegen stirbt entgegen aller Unkenrufe nie. Genauso gehen die Leute auch weiterhin auf den Marktplatz. Und auch kleine Podiumsveranstaltungen funktionieren nach wie vor gut.«

Diese Auffassung bestätigt uns wiederum Karl-Rudolf Korte, der gerade bei großen Wahlereignissen sehr gern von den öffentlich-rechtlichen Sendern als Experte befragt wird. »Es gibt geradezu einen Retrotrend zu Plakaten, zu Handzetteln, zum Stehen vor den Firmentoren, zum Stehen in den Fußgängerzonen. Dazu gehört mittlerweile Mut, weil es immer mehr Menschen gibt, die einen beschimpfen, nur weil man Politiker ist. Aber wenn ein Politiker da ist, um jemandem die Hand zu schütteln, verändert so etwas in der Regel die Einstellung zur Politik. Der Wähler merkt, dass Politiker eben nicht alle gleich sind.«

Dass Direktveranstaltungen zwar verhältnismäßig wenig Publikum bringen, anscheinend aber unsterblich sind, erlebt auch Johannes Kahrs in steter Regelmäßigkeit. Der Hamburger, der seit 1998 für die SPD im Bundestag sitzt, nimmt es ernst mit der Politiker-Wähler-Bindung. Seit er als Sohn engagierter sozialdemokratischer Eltern von Haustür zu Haustür gegangen ist, um den Mitgliedsbeitrag zu kassieren und dafür persönlich das Märkchen ins Parteibuch zu kleben, weiß er, dass es auf eines besonders ankommt in der Politik: den Kontakt zur Basis nicht zu verlieren. Heute werden die Beiträge per Lastschriftverfahren eingezogen. Das Gespräch im Türrahmen gibt es nicht mehr. Andere Kontaktpunkte müssen her.

Sonntagmorgen, kurz vor 11 Uhr. Wie jeden letzten Sonntag im Monat hat Johannes Kahrs auch dieses Mal zum politischen Frühschoppen in die »Ständige Vertretung« geladen, ein traditionsreiches Kölschlokal in der Hamburger City. Wir wollen erleben, wie sich Kahrs ins Zeug legt, um gegen die Verdrossenheit der Wähler und Parteimitglieder anzukämpfen. An langen, rustikalen Holztischen sitzen rund 70 Frühaufsteher, schätzungsweise 90 Prozent von ihnen sind über 60 Jahre alt. Sie trinken Kaffee und Bier, greifen hungrig nach den Käse- und Mettbrötchen, die es selbstverständlich gratis gibt. Von den Wänden schauen die liebevoll gerahmten Antlitze von Willy Brandt, Erich Ollenhauer oder Horst Ehmke zu. Die perfekte Location für ein sozialdemokratisches Frühstück.

Leicht verspätet kommt er dann die Treppe hoch. Kahrs. Schwarzer Dreiteiler. Weißes Hemd. Als ob er gerade in der Kirche gesessen hätte. Kurze Begrüßung, und dann geht es los. Der Ton des Politikers ist laut, deutlich, eindringlich, die Sätze formuliert er so, als würde er zu Schwerhörigen sprechen. Zuerst geht es um den Einsatz von Patriot-Raketen an der türkisch-syrischen Grenze, es folgen Erklärungen zur Griechenlandkrise, zum Ankauf von Steuer-CDs aus der Schweiz, zum Koalitionsgipfel der Regierung, am Ende ist ausführlich das SPD-Rentenkonzept Thema. Ein Assistent von Kahrs hatte vorher ein mehrseitiges Thesenpapier an sämtliche Zuhörer verteilt, wie an der Uni. Noch so merkwürdige Zwischenfragen beantwortet Kahrs geduldig, sachlich, einfach, kurz. Der Smalltalk mit unseren Sitznachbarn ergibt: Sie lieben ihn. Sie honorieren seinen Einsatz, seine Aufklärungsarbeit. Die Menschen kommen seit Jahren hierher.

Und dann, ohne dass wir etwas gesagt hätten, kommt einer der Gäste auf die Polittalkshows zu sprechen: »Warum machen die Sender keine ernsthaften Politiksendungen?« Eine Steilvorlage für einen wie Kahrs: »Weil die kein Mensch mehr guckt. In den Talkshows werden keine Inhalte vermittelt, sondern sie werden für Propaganda genutzt. Es gibt ein grundsätzliches Problem der Politikvermittlung.«

Genau das ist der Grund, warum Kahrs sich Zeit nimmt. Und er lädt nicht bloß in Schankwirtschaften, um komplizierte Themen zu erklären und Fragen zu beantworten. Er schafft auch regelmäßig Busladungen wissbegieriger Menschen von der Hansestadt in die Hauptstadt. »Auf der Strecke Hamburg−Berlin kenne ich inzwischen jeden Baum«, sagt uns Kahrs später beim Interview. »Die Busfahrt an sich ist nervig. Das Spannende sind die Leute, die in dem Bus sitzen. Ich steige morgens um sieben am Hauptbahnhof zu und sage: ›Moin!‹ 54 Leute gucken mich dann groß an. Und für mich gilt es auf der Fahrt zu entdecken, wo kommen die her, was wollen die wissen, was liegt denen auf dem Herzen? Ich verteile Material, gehe sechs Mal durch den Bus und führe dabei Gespräche, mache in Berlin eine Stunde lang den Stadtführer, gehe mit ihnen eine weitere Stunde durch den Reichstag und durchs Paul-Löbe-Haus, erkläre ihnen, warum der Plenarsaal immer so leer ist und wie die Ausschüsse funktionieren. Zum Schluss schildere ich in einem der Sitzungssäle meinen Job und antworte auf Fragen. Um 14 Uhr geht es für die Mitreisenden hoch in die Kuppel, danach haben sie vier Stunden Freizeit. Das ist wie eine Butterfahrt. Dabei habe ich Leute kennengelernt, die mich später in den Kleingartenverein, die Kirchengemeinde, die Firma einladen, weil sie fanden, dass der Typ ja irgendwie geht.« 80 Tagesfahrten veranstaltet er so pro Jahr, macht 3500 potenzielle Wähler. Dazu kommen die zwölf Frühschoppen sowie 220 Hausbesuche, bei denen er jedes Mal frisch gebackenen Apfelkuchen mitbringt. Eine Strategie, die Peer Steinbrück im Wahlkampf plötzlich auch fährt.

»Es geht bei Politik immer um den zwischenmenschlichen Kontakt. Die Leute wollen ein Grundgefühl dafür haben, wie derjenige, der für sie Politik macht, tickt«, erklärt Johannes Kahrs sein Credo. »Viele Leute haben ja Frust über Politik, nehmen aber meist den aus, den sie kennen. Das Kernproblem der Politikerverdrossenheit liegt darin, dass die Akteure im Alltag der Menschen nicht anwesend ist, die Nähe fehlt. Diese Nähe muss man wiederherstellen, um ein Vertrauen zurückzugewinnen. Und je mehr Politik im Fernsehen stattfindet, in der Presse und im Netz, desto mehr verliert man die Leute, die dort nicht sind. Politik wird ausgelagert aus dem wahren Leben. Früher waren immer irgendwelche Nasen von SPD, CDU, FDP in den Firmen und Vereinen, waren präsent und ansprechbar. Heute hocken die politischen Menschen in irgendwelchen Gremien. Und weil sie in den Gremien hocken, hocken sie nicht mehr da, wo der Bürger ist.«

Und dann holt Kahrs noch einmal aus gegen die vom Gebührenzahler finanzierten Politikvermittler: »Das Schlimmste, was meiner Meinung nach in dieser Republik gerade passiert, sind die ganzen Talkshows, wo Pseudopolitikdiskussionen geführt werden, meistens von Ehemaligen, die sich dann auch noch angiften. Und diese Diskussionen werden inzwischen so abgehoben geführt, dass sie für die Leute immer weniger nachzuvollziehen sind, weil ihnen oft der Hintergrund dafür fehlt. Für einen, der rhetorisch schlau ist, ist es sehr einfach, einem Thema seinen Dreh zu geben.«

Sollte das fabelhafte Schauspielgeschick unserer Politiker doch etwa nur Reaktion sein auf ein Mediensystem, das nur noch Quote und Auflage zu seinem Maßstab erhoben hat?

***

Es sind nicht mehr bloß die Talkshows, die von der Politik als Bühne genutzt werden. Mächtige, die Politik in globalen Dimensionen denken, können über nationale TV-Auftritte wahrscheinlich nur müde lächeln. Denn längst sind es auch die Rednerpulte großer überstaatlicher Organisationen, die als Schauplatz für raffiniert inszenierte Einpersonenstücke missbraucht werden.

Am Ende dieses Kapitels wollen wir daher das wohl größte, weil frechste, abgrundtiefste und folgenreichste politische Theaterstück der letzten Jahre Revue passieren lassen, und zwar mithilfe einer Person, die Einblicke hinter die Kulissen hatte: Ludger Volmer.

5. Februar 2003, New York, UN-Gebäude, Sicherheitsrat. Mit Spannung erwarten Delegierte, Presse und Weltöffentlichkeit die Rede des amerikanischen Außenministers Colin Powell. Es sind Beweise für die Existenz von Massenvernichtungswaffen im Irak angekündigt, Beweise, die die Geduld gegenüber dem Diktator Saddam Hussein auf eine harte Probe stellen würden. Diese Beweise sollen der von den Amerikanern lang erwartete »rauchende Colt« sein, der jede Konsequenz rechtfertigen würde. Beamte bauen zwei große und zwei kleine Bildschirme auf. Keiner soll sagen, er hätte nicht alles sehen können. Was dann folgt, wird von Beobachtern als große Multimediashow bezeichnet.

Mit getragenem Pathos leitet George W. Bushs Außenminister ein, um schnell zum Kern seines Auftritts zu kommen: der Powerpoint-Präsentation mit den vermeintlichen Beweisen. Darin Satellitenfotos, die Waffenverstecke und Waffenbewegungen zeigen sollen, darin grafische Animationen von mobilen Biowaffenlaboren, von denen es angeblich 18 gibt. Außerdem, das will die US-Regierung von Überläufern erfahren haben, soll der Irak bis zu 500 Tonnen chemischer Kampfstoffe lagern sowie verbotene Langstreckenraketen konstruiert haben, die 1200 Kilometer weit reichen. »Hier wird getäuscht, hier wird versteckt und gelogen«[5+6], sagt Powell und meint damit Saddam Hussein. Wie sich über drei Billionen US-Dollar Kriegskosten und über eine Million Tote später herausstellen sollte: Powell selber hat getäuscht und gelogen.

Doch viele glauben ihm erst einmal, als er sagt: »Wir wissen, dass Saddam Hussein entschlossen ist, seine Massenvernichtungswaffen zu behalten und weitere herzustellen. Sollten wir – angesichts von Saddam Husseins Geschichte der Aggression, angesichts dessen, was wir von seinen grandiosen Plänen wissen, angesichts dessen, was wir über seine terroristischen Verbindungen wissen, und angesichts seiner Entschlossenheit, sich an seinen Gegnern zu rächen – das Risiko eingehen, dass er eines Tages diese Waffen zu einer Zeit und an einem Ort und in einer von ihm gewählten Weise einsetzt, zu einer Zeit, in der die Welt in einer sehr viel schwächeren Position ist zu reagieren?«

Wem in der Weltöffentlichkeit hätte klar sein müssen, dass die Rede von Colin Powell vor der UNO eigentlich ein riesiges Schauspiel ist? Ludger Volmer, der zu dem Zeitpunkt außenpolitischer Sprecher der Grünen war, hat darauf eine überraschende Antwort: »Zumindest allen, die damals im Auswärtigen Ausschuss des Deutschen Bundestages gesessen haben.« Warum? »Die hatten nämlich exakt den gleichen Diavortrag ein halbes Jahr vorher schon einmal gesehen. Wir hatten den Bundesnachrichtendienst (BND) eingeladen. Der sollte einen geheimen Lagebericht zum Irak geben. Und was machten die Herren? Die zeigten uns genau diese Präsentation.« Danach kam es im Auswärtigen Ausschuss, der aus Mitgliedern aller Bundestagsfraktionen besteht, zu einer kritischen Diskussion. Die häufigste Frage war: »Auf welche Quellen stützt sich denn das?« Die Herren vom BND nannten genau eine Quelle und meinten, dass diese valide sei, man es aber nicht genau sagen könne. »Wir entgegneten darauf, dass doch nur Informationen als gültig gelten könnten, die sich auf zwei verlässliche und völlig voneinander unabhängige Quellen beziehen«, erinnert sich Volmer.

»Damit war vielen im Auswärtigen Ausschuss klar, dass es sich auch um einen Schwindel handeln könnte. Alle, die dabei waren und später die Show von Colin Powell sahen, konnten und mussten wissen, dass das eine riesige Desinformationskampagne der Amis war.« Der geheimnisvolle Informant ist längst als irakischer Hochstapler enttarnt, dessen Lügengeschichten dennoch willkommene Begründung für die Amerikaner gewesen sind, einen Krieg vom Zaun zu brechen.

Die Desinformationskampagne erreicht ihren Höhepunkt in den Hallen des höchsten Gremiums der Welt. Denn hier muss der Krieg legitimiert werden. Ludger Volmer verfolgt Powells Rede via Fernseher. Er kennt die bisherigen Argumente und ist gespannt darauf, was den Amerikanern wohl nun wieder einfallen würde, um die Weltöffentlichkeit hinters Licht zu führen. Oder hatten sie in der Zwischenzeit vielleicht wirklich handfeste Beweise einsammeln können? »Als ich die Show von Colin Powell sah, wusste ich nicht, ob ich lachen oder weinen sollte. Er hatte nichts Neues dabei. Es war einfach nur grotesk. Gleichzeitig dachte ich: ›Mein Gott, der arme Colin.‹ Denn wir hatten ja als Europäer gedacht, dass Powell der Vernünftige in der Regierung gewesen ist, der Einzige, der uns Europäern zugetan war. Uns war sofort klar, dass Präsident Bush den Europafreund in die Schlacht geschickt hat, um ihn dort zu verbrennen. Er wollte Powell und gleichzeitig die Europäer erledigen.« Was aber noch viel klarer ist: Jetzt kommt es hart auf hart. Der Krieg ist nicht mehr zu vermeiden. Drei Wochen später geht er los.

Mitglieder der deutschen rot-grünen Regierung waren aber nicht nur durch den Vortrag, den sie bereits kannten, sensibilisiert. Als Ende der Neunzigerjahre die Debatten in den USA stärker wurden, dass man den Irak ins Visier nehmen müsse, musste sich auch die deutsche Außenpolitik intern mit dieser Frage beschäftigen. Der Auswärtige Ausschuss beantragte deshalb sehr früh einen Bericht der Bundesregierung. Diesen Bericht gab Ludger Volmer sogar selbst – in Vertretung des Außenministers Joschka Fischer. »Zu diesem Zweck habe ich alles an Informationen einsammeln lassen, was wir zu diesem Zeitpunkt hatten. Ergebnis: Saddam Hussein ist ein Schurke. Er führt nichts Gutes im Schilde. Man muss nichts Sympathisches an ihm finden. Er ist ein schlimmer Finger für die eigenen Leute, aber davon gibt es nun mal 50 weitere auf der Welt. Doch eine Gefährdung für den Weltfrieden stellt er nicht dar. Noch nicht mal eine Gefährdung für die Nachbarschaft. Das alles ergab keinen Grund, militärisch einzugreifen.« Doch am Ende stand die große, bunte Colin-Powell-Show.

Es gab noch ein anderes, weitaus brisanteres Dokument, das den Deutschen über ihren US-Botschafter rechtzeitig in die Hände fiel: eine radikale Bittschrift[7] neokonservativer Kräfte des American Enterprise Institute, gerichtet an George W. Bush, datiert vom 20. September 2001. Darin wird der Präsident aufgefordert, einen weltweiten Kampf gegen den Terrorismus zu führen. Unter anderem im Irak. Dazu heißt es: »It may be that the Iraqi government provided assistance in some form to the recent attack on the United States. But even if evidence does not link Iraq directly to the attack, any strategy aiming at the eradication of terrorism and its sponsors must include a determined effort to remove Saddam Hussein from power in Iraq.« Also: Auch für den Fall, dass der Irak nicht an den Anschlägen vom 11. September beteiligt gewesen sein sollte, müsste man Saddam Hussein bekämpfen. Dieses simple Schreiben lieferte das Drehbuch zur späteren Tragödie.

»Bereits 1998 ging dieses Memorandum an Bill Clinton mit der Bitte, er möge doch den Irak angreifen«, klärt Ludger Volmer auf. »Clinton hat sie abblitzen lassen, aber dieselben Leute haben ein ähnliches Memorandum an George W. Bush gerichtet. Einige dieser Leute wurden Minister in der Bush-Regierung oder deren Berater, Kriegstreiber und Kriegshetzer der übelsten Sorte. Aufgrund dieser Warnung gab es zwischen Rot-Grün bereits Ende 1998 eine Verständigung darüber, was mit uns nicht gehen wird. Damals wussten wir, wenn die Republikaner an die Macht kommen, könnte das in dem Brief aufgestellte Szenario passieren. Wir waren darauf eingestellt.«

Die Absprache zwischen Rot und Grün sah so aus:

1. Wir versuchen, den Krieg zu vermeiden.
2. Wenn wir das nicht schaffen, halten wir uns raus.
3. Wir wollen mit dieser Position international nicht isoliert sein, wie schaffen wir also Sympathie und Legitimation?

Auch war der Bundesregierung am Tage der verhängnisvollen Rede vor der UNO klar, dass Colin Powell nur eine ausführende Marionette war. Allerdings die beste und prestigereichste, die die US-Regierung hätte hinters Pult stellen können. Und natürlich hatte auch Colin Powell seine Handlanger. So musste Lawrence Wilkerson, Powells Stabschef, die Lügenpräsentation zusammenstellen. Er hatte ein so schlechtes Gefühl dabei, dass er kaum mehr schlafen konnte, berichtete er im Nachhinein. »Dick Cheney, Richard Perle und seine Verbündeten stellten die Kunst der Lüge auf eine neue Stufe«, so Wilkerson. Gunter Pleuger war damals UN-Botschafter Deutschlands. Er gab hinterher zu Protokoll: »Alle im Saal wussten, dass der Krieg zu diesem Zeitpunkt schon beschlossen war.«

Interessant ist auch, wie sich die CDU, damals in der Opposition, verhielt. Volmer erinnert sich: »Die Union warf Gerhard Schröder vor, die UNO zu unterlaufen, indem er von vornherein sagte, dass man bei einem Krieg auf keinen Fall mitmachen würde. Ich fand es von Schröder völlig richtig, als er sagte: Wir spielen bei diesem Theater nicht mit. Und die Union, besonders der außenpolitische Einflüsterer von Frau Merkel, Friedbert Pflüger, versuchte immer wieder, uns doch noch an die Seite der

USA zu manövrieren.« Pflüger beschimpfte die deutsche Regierung als Teil der Achsenmächte Paris–Berlin–Moskau, eine klare Anspielung auf die »Achse des Bösen«, die laut US-Regierung die Hauptstädte Bagdad, Teheran und Pjöngjang verbinden würde. »Pflüger wollte uns antiwestliche Ressentiments und Nationalismus vorwerfen. Dabei haben wir immer gesagt: Wir wissen, was wir den Amerikanern historisch schulden. Wir sind dankbar. Aber Dankbarkeit kann nicht so verstanden werden, dass wir in Vasallentreue jeder Dummheit folgen.«

Friedbert Pflüger sei, so Ludger Volmer, nach dem Briefing im Auswärtigen Ausschuss durch den BND der Erste gewesen, der rauslief und anfing, mit der Presse zu plaudern, nach dem Motto: Das ist der Beweis! »Ich bin nachher auch raus und habe der Presse nur angedeutet, dass wir *keinen* überzeugenden Beweis haben. Mehr durfte ich nicht sagen. Ich hätte mich strafbar gemacht. Pflüger verstieß gegen die Spielregeln. Er hätte gar nichts sagen dürfen. Nur weil er mit einer unwahren Einschätzung in die Offensive ging, sah ich mich gezwungen, das Gegenteil zu behaupten.«

Danach folgte das typische Spiel: Die Union warf der Regierung Naivität, Blauäugigkeit und Untätigkeit vor. Rot-Grün musste abwiegeln und herumschwafeln. »Ich hätte Pflüger jederzeit widerlegen können, wenn ich die Details gebracht hätte«, sagt Volmer. »Aber es gehört eben zum Geheimhaltungskodex, dass man die Details nicht darlegt.«

Diplomatie auch nach der Show von Colin Powell. Obwohl die deutsche Regierung wusste, dass hier falsch gespielt wird, bezichtigte man die Amerikaner nicht der Kriegstreiberei. »Man kann in der internationalen Diplomatie und erst recht nicht den engsten Verbündeten vorwerfen, ein Verbrechen zu planen, wenn man es nicht nachweisen kann.«

Ein bisschen Wahrheit hatte es – von der Allgemeinheit fast unbemerkt – jedoch schon vorher gegeben. Dafür war Ludger

Volmer selbst zum Schauspieler geworden. Damit nicht sein Dienstherr Joschka Fischer angefeindet werden würde, wagte er sich Anfang 2002 aus der Deckung. Zu diesem Zeitpunkt wusste man intern bereits von dem Schreiben der Neokonservativen an Präsident George W. Bush. Im Morgenmagazin von ARD und ZDF wurde Volmer dazu befragt, was denn die außenpolitischen Herausforderungen des neuen Jahres seien. Unter anderem antwortete er, es gebe Indizien dafür, dass die Amerikaner den Irak angreifen wollen, weshalb er an dieser Stelle klipp und klar sagen müsse, dass Deutschland da nicht mitmachen würde.

Am nächsten Tag gab es heftige Attacken von der *FAZ*, wie er so etwas nur sagen könne! Das Blatt rief sogar im Auswärtigen Amt an und wollte wissen, wie sich der Staatsminister erdreisten könnte, so etwas zu sagen, und was die eigentliche Meinung des Amtes sei. Das führte dazu, dass sich Gerhard Schröder und Joschka Fischer halb von Volmer distanzierten, nach dem Motto: »Lass den doch reden.« In Wahrheit handelte es sich um ein vorab unter allen Beteiligten abgesprochenes Spiel: Es hatte eine Abmachung zwischen Fischer und Volmer gegeben. Der bot seinem Minister an: »Wenn es heikle Dinge gibt, die du nicht sagen kannst, sag ich die. Dann kannst du dich notfalls distanzieren.« Das Rollenspiel ging auf.

Ein zweites so drastisches Schmierentheater wie das von Powell vor den Vereinten Nationen hat Volmer nie wieder erlebt. Obwohl er weiß, dass derartige Inszenierungen in der Politik Usus sind: »Theaterstücke mit falschen Inhalten gehören zum Standard«, sagt der Grüne. »Ständig wird etwas vorgespielt, um damit eine Hidden Agenda, ein heimliches Programm, durchzudrücken.« Wer weiß also, was uns jetzt gerade in Berlin vorgegaukelt wird …

6
Du sollst Journalisten zensieren –
Pressefreiheit ist gefährlich

Die Gerüchte kursieren schon lange im Sommer 2003. Ole von Beust, Erster Bürgermeister der Freien und Hansestadt Hamburg in einer umstrittenen Koalition mit FDP und Ronald Schills rechter Partei Rechtsstaatlicher Offensive, habe, so wird getuschelt, ein Verhältnis mit Roger Kusch, dem CDU-Justizsenator.[1] Beust, der anders als sein Berliner Kollege Klaus Wowereit seine sexuelle Orientierung nie öffentlich zum Thema machte, lässt die Gerüchteküche einfach brodeln. Das ist einer seiner Wesenszüge – lass sie doch reden, die hören auch wieder auf. Bei einem Empfang wird er dann plötzlich vor Dutzenden von Ohren- und Augenzeugen provoziert.

Von Beust berichtet uns: »Ich erinnere mich an eine Begegnung mit Leuten von *Spiegel TV*. Da tauchte eine Reporterin mit laufender Kamera auf, die rückwärts vor mir herlief und fragte, ob an der Sache mit Kusch etwas dran wäre. Ich sagte: ›Nein, keine neuen Erkenntnisse.‹ Sie stellte dann dieselbe Frage fünf-, sechs-, siebenmal in unverschämtem Ton, immer wieder. Um uns herum jede Menge Leute. Ich kann verstehen, wenn ein Politiker in dieser Situation ausrastet und die Reporterin anschnauzt. Aber das ist genau der Moment, auf den die warten. Sie wollen, dass wir ausrasten. Nur diese Stelle wird dann später gesendet. In meinem Fall stolperte die Reporterin und fiel hin. Damit war die Sache dann vorbei.«

Wir sitzen in seinem Rechtsanwaltsbüro an der Esplanade

am Rande der Hamburger Innenstadt, als Ole von Beust diese Episode erzählt. Längst ist er zurückgetreten, hat vorerst keine politischen Ambitionen. Das ist die Situation, in der man solche Vorfälle wie den mit *Spiegel TV* gefahrlos berichten kann. Spricht man hingegen mit aktiven Politikern, herrscht, was das Verhältnis von Presse und Politik angeht, in ihren Darstellungen eitel Sonnenschein. Das muss so sein, denn die Politik braucht die Presse – und umgekehrt. Also gilt aufseiten der Politiker die unausgesprochene Regel: Verdirb es dir nicht mit den Journalisten, wer weiß, wann du sie brauchst – aber lass ihnen dabei ja nicht zu viele Freiheiten!

Aber weil Ole von Beust darüber hinweg ist, berichtet er von einem zweiten Vorfall: »Als die Sache mit meiner angeblichen Beziehung zu Kusch im Umlauf war, hat der *Spiegel* zwei Redakteure auf mich angesetzt. Die befragten sogar Handwerker, die meine Wohnung renoviert haben, wollten wissen, ob in meinem Schlafzimmer irgendwelche sexuell brauchbaren Installationen wären. Keine Ahnung, was die meinten, vielleicht einen Spiegel an der Decke oder einen Haken in der Wand. Die Handwerker haben mich völlig entgeistert angerufen. So was ist doch eine völlig unnötige Investigation.«

***

An dieser Stelle muss der Text persönlich werden, denn die Verfasser waren aufseiten der Presse jahrelang selbst Teil des Zirkus. Wir haben das Spiel teilweise mitgespielt, teilweise aber auch gegen seine zweifelhaften Regeln aufbegehrt. Das Schlafzimmer eines Politikers auszuspionieren ist, neutral betrachtet, eine Sauerei. Sitzt du aber in einer Redaktion, sieht für viele Redakteure die Welt ganz anders aus. Mülleimer filzen, »Abschüsse« mit dem Teleobjektiv, Aushorchen von Nachbarn, Provokationen – das alles sind im Namen und im Auftrag der

Pressefreiheit vorgeblich legitime Mittel, um das Volk über die vermeintlichen Machenschaften derjenigen, die von ihnen gewählt wurden, aufzuklären.

Wenn es sein muss, wird auch gedroht. Ole von Beust hat auch das erlebt: »Bei heiklen Dingen kommt es vor, dass einem ›freigestellt‹ wird, ein Interview zu geben, andernfalls müsse man mit negativer Berichterstattung rechnen, auf die man dann keinen Einfluss hat!«

Das funktioniert auch in einer härteren Version. Die Szene: Das Büro des mächtigsten Chefredakteurs Deutschlands mitten in den Neunzigerjahren. Seine Stellvertreter sind beinahe vollzählig anwesend. Der Mann wählt die Nummer eines deutschen Spitzenpolitikers. Es galt als sicher, dass der ein Verhältnis mit der Ehefrau eines Parteigenossen hatte, der just als DDR-Spion enttarnt worden war. Der Chefredakteur schaltet genüsslich den Lautsprecher seines Telefons ein und lässt seine Mannschaft mithören.

Der Angerufene bettelt und winselt, verspricht, jeden Gefallen zu erweisen, wenn diese Sache nicht am nächsten Tag enthüllt würde. Der Chefredakteur lässt ihn zappeln und erhöht den Foltergrad: Er werde sich das mal überlegen und später wieder anrufen. Dann legt er auf. Es fällt nicht schwer, sich vorzustellen, wie es dem Delinquenten in der Wartezeit ergangen ist. Er wurde nach allen Regeln der Kunst weichgekocht. Beim zweiten Anruf etwa zehn Minuten später war er nur noch ein Häufchen Elend. Die Sache wurde nicht enthüllt und der Delinquent stand ab sofort hüfthoch in der Schuld der Redaktion. So läuft das. Bis heute.

Wenn Politiker versuchen, den Spieß umzudrehen, geht das meistens schief. Siehe Christian Wulffs kopflose Handyattacke auf *Bild*-Chefredakteur Kai Diekmann, mit der sich der damalige Bundespräsident gegen unbequeme Recherchen zur Wehr setzen wollte. In einem Punkt jedoch sitzen Politiker tatsächlich am längeren Hebel. Dann nämlich, wenn die Medien unbedingt etwas von ihnen wollen: Interviews, Informationen, Hintergründe. Die Situation ist vertrackt. Die Redakteure stehen zumeist unter enormem Zeit- und Erfolgsdruck. Beim Vorgesetzten einzugestehen, das man den Fraktionschef, die Ministerin oder den Ausschussvorsitzenden nicht vor die Kamera oder ans Telefon gekriegt hat, kommt einer Bankrotterklärung gleich. Wenn du politischer Journalist bist, hast du gefälligst erstklassige Kontakte zu haben, basta. Nun ist es an den Politikern, die unbotmäßigen Schreiber weichzukochen. Der Satz: »Wenn Sie das bringen, brauchen Sie bei mir nie wieder anzurufen«, kann Wunder wirken.

***

Der legendäre *Tagesthemen*-Moderator Hanns Joachim Friedrichs formulierte einst den inzwischen ebenfalls legendären Satz: »Einen guten Journalisten erkennt man daran, dass er sich nicht gemein macht mit einer Sache, auch nicht mit einer guten Sache; dass er überall dabei ist, aber nirgendwo dazugehört.«[2] Die Realität in deutschen Redaktionen sieht aber zumeist völlig anders aus. Viele Journalisten machen aus ihrer politischen Orientierung keinen Hehl, manche gehören sogar Parteien an. Entsprechend ihrer Präferenzen und Auffassungen bauen sie sich ein Kontaktnetz bestehend aus Politikern auf, die ihren Überzeugungen nahestehen. So entwickeln sich im Lauf der Zeit bis ins Kumpelhafte gehende Beziehungen. Jeder Ressortleiter weiß: Wenn du ein Interview mit Minister XY haben willst, fragst du einen bestimmten Kollegen, denn der hat den besten Draht, wird bevorzugt behandelt und liefert deshalb zuverlässig.

Der international renommierte Kommunikationswissenschaftler Wolfgang Donsbach, Professor an der TU Dresden, stellte fest, dass sich die Motivation deutscher Journalisten nicht aus der Lust an einer guten Geschichte, sondern vor allem aus ihrem obskuren Sendungsbewusstsein speist. Während 71 Prozent der deutschen Journalisten angaben, sie wollten durch ihr Tun vor allem ihre eigenen Werte und Ideen vermitteln, sind es in den USA nur 21 Prozent. Die amerikanischen Kollegen sehen vielmehr den Wert und die Qualität einer gut recherchierten Geschichte als Maßstab ihres Könnens.[3]

In seiner im Jahr 2011 vorgelegten Dissertation zum Thema *Investigativer Journalismus in den Vereinigten Staaten und in der Bundesrepublik Deutschland*[4] erläutert der Literatur- und Sprachwissenschaftler Gerald Ulrich Schneider die Ursache für das so krass unterschiedliche professionelle Selbstverständnis: Während die Pressefreiheit in den USA seit 222 Jahren ununterbrochen zu den wichtigsten Bürgerrechten zählt (erteilt im legendären »First Amendment«, dem ersten Verfassungszusatz, im Jahr 1791),[5] wurde sie den Deutschen nach Jahrzehnten der strengsten Zensur und hemmungsloser Propaganda von den Siegern des Zweiten Weltkriegs quasi in den Schoß gelegt. Dies, so Schneider, habe zu mangelndem Selbstbewusstsein der Journalisten geführt, was wiederum in mangelnder Professionalität mündet: »Anstatt selbst zu recherchieren, verlassen sich deutsche Journalisten vor allem auf Pressemeldungen und die eigene Meinung.« Sogar aus den eigenen Reihen kommt diese Kritik. Hans Leyendecker, Koryphäe unter den deutschen Investigativjournalisten, höhnte, mancher würde es schon für Recherche halten, wenn es ihm gelänge, eine Telefonnummer ohne die Hilfe der Sekretärin herauszubekommen. Zugleich war er sich aber zu fein, gemeinsam mit Kollegen von *Bild* den Henry-Nannen-Preis entgegenzunehmen. Auch das eine Schwäche des deutschen Journalismus: Dünkel.

Gerald Ulrich Schneider zitiert den an der Universität Zürich lehrenden Medienforscher Frank Esser, der zu einem vernichtenden Urteil über den deutschen Journalismus kommt: »Weder die Verfassung noch die Organisation der Medien sind eine deutsche Eigenleistung. Dies hat auf politischer wie journalistischer Seite Unsicherheit über die Legitimität gesellschaftlicher Machtansprüche ausgelöst. So gibt es in Deutschland aus politikwissenschaftlicher und presserechtlicher Sicht – zu Recht – große Vorbehalte, die Medien als eine eigenständige Vierte Gewalt zu begreifen.«

Oder, um es mit unseren Worten zu sagen: Politik und Presse führen ein Possenspiel auf. Beide Seiten tun so, als gäbe es diese viel beschworene Vierte Gewalt tatsächlich. In Wahrheit aber wissen Politiker, dass viele ihrer journalistischen Gesprächspartner nicht das Format haben, eine Vierte Gewalt zu repräsentieren. Und viele Redakteure wissen ihrerseits (zumindest unterbewusst), dass sich hinter dem vorgeblichen Respekt vor ihrer Rolle im gesellschaftlichen Diskurs in Wahrheit Misstrauen und Zweifel an ihrer Professionalität verbergen. Auch das führt logischerweise zu mangelndem Selbstvertrauen. Schneider liefert auch gleich den Beweis für diese These: »Auswuchs des mangelnden Selbstbewusstseins ist etwa die in Deutschland gängige Praxis des Autorisierenlassens von Texten und Interviews.«

Seltsamerweise haben sich die Medien seit Langem auf ein Ritual eingelassen, das einer Demütigung gleichkommt. Kein Politikerinterview, das in Deutschland erscheint, ist unzensiert. Und das, obwohl es in Artikel 5 des Grundgesetzes im letzten Satz heißt: »Eine Zensur findet nicht statt.« Die Realität ist völlig anders, und Politiker haben keine Scheu, es offen zuzugeben.

Das Verfahren ist immer gleich: Hat der Redakteur das Interview niedergeschrieben, sendet er es zur Autorisierung an den Sprecher bzw. die Pressestelle des Interviewpartners oder an den Interviewpartner selbst. Dabei spielt es keine Rolle, ob das Interview per Rekorder aufgenommen und das Frage-Antwort-Spiel anschließend wortgetreu transkribiert wurde oder ob der Journalist während des Gesprächs Stichworte und Passagen notiert hat. Ohne Autorisierung läuft nichts. Wir selbst haben Fälle erlebt, in denen das Interview nach der Autorisierung bis zur

Unkenntlichkeit des Originals verändert wurde: Passagen gestrichen, Fragen umformuliert, neue Passagen hinzugefügt. Kein angelsächsischer Journalist würde sich das gefallen lassen. Erwachsene Frauen und Männer mit teils jahrzehntelanger Berufserfahrung müssen quasi ihre Hausaufgaben wie Drittklässler zur Korrektur einreichen. Ein an sich unwürdiges Verfahren.

Dirk Metz, ehemals Sprecher der Hessischen Landesregierung unter Ministerpräsident Roland Koch, verteidigte diese Praxis in einem Artikel vehement: »Autorisierung ist notwendig, damit im beiderseitigen Interesse Fehler, aber auch den Inhalt verändernde Verkürzungen, ja Verfremdungen vermieden werden. Wenn vom Interviewten komplizierte Vorgänge in Ausführlichkeit erläutert werden, bleibt es die schwierige Aufgabe der Redakteure, diese Sachverhalte verständlich und in verträglicher Länge im Interview darzustellen. Das Risiko von sinnverändernder Verkürzung oder gar Verfremdung lässt sich durch die Autorisierung beherrschen – und liegt daher im Interesse beider Seiten.«[6]

Metz tanzt hier um einen ganz heißen Brei herum. Was er vielleicht gern gesagt hätte, aber keinesfalls sagen durfte, schimmert allerdings durch: Manche Redakteure sind einfach nicht qualifiziert oder informiert genug, um zu begreifen, worüber geredet wurde, und deshalb anschließend nicht in der Lage, das Wesentliche korrekt rüberzubringen – obwohl doch genau das eigentlich der originäre Job der Presse ist. Um zu verhindern, dass dieser Unsinn ungebremst publiziert wird, ist eine Durchsicht samt Korrektur in vielen Fällen tatsächlich zwingend notwendig.

Das klingt hart und ist es auch. Es trifft nicht in allen Fällen zu, aber in zu vielen.

***

Wir sitzen im Besprechungszimmer des Bundes der Steuerzahler. Sein Präsident Reiner Holznagel, am Kopfende des langen Tisches platziert, wirkt selbstbewusst, entschieden – und sichtlich genervt von seinen Erfahrungen mit den Medien.

Wir fragen: »Bestehen Sie auf einer Autorisierung von Interviews?«

Holznagel: »Ja, wir lassen sie aus zwei Gründen autorisieren. Gerade bei Interviews, in denen es um Steuerrecht geht, als Qualitätscheck, damit Fakten oder Zahlen auf dem aktuellen Stand sind, auch wenn zwischen Interview und Veröffentlichung einige Zeit verstrichen ist. Und, zweitens, weil gewisse Sachzusammenhänge komplex sind und daher falsch dargestellt werden könnten.«

»Das heißt, dass viele Journalisten ein erhebliches Defizit haben, wenn es darum geht, Details und Fachinformationen korrekt wiederzugeben?«, wollen wir wissen.

Holznagel: »Einige, sicher nicht alle. Den Qualitätsmedien gelingt es sehr gut, auch komplexe Sachverhalte korrekt darzustellen. Probleme haben hingegen kleinere Zeitungen und Spartenmagazine, bei denen die Redakteure viele unterschiedliche Themen abdecken. Kritisch wird es aus meiner Sicht schnell beim Radio. Gerade bei vielen Privatradios merken Sie schon an der Eingangsfrage, dass manch ein Fragensteller keine Ahnung hat.«

Frage: »Haben Sie den Eindruck, dass viele Journalisten, schon bevor sie ihre Fragen stellen, eine Position haben, die sie dann nur noch irgendwie belegt haben wollen?«

Holznagel: »Manchmal sind sie durch ihre politische Auffassung oder ihre persönlichen Verhältnisse voreingenommen. So gebe ich gelegentlich zuerst ein Interview für den Journalisten, danach für sein Medium. Ich merke sehr schnell, wie viel Wissen mein Gesprächspartner mitbringt, wenn wir zum Beispiel über einen Steuerbegriff wie ›Kalte Progression‹ diskutieren. Obwohl der Begriff seit Monaten in den Nachrichten und Zeitungen präsent ist, haben viele Politiker und Journalisten keine genauen Vorstellungen davon, was sich hinter dem Begriff verbirgt.«

Frage: »Worin sehen Sie die Ursache für diese Missstände?«

Holznagel: »Häufig setzen Redaktionsleitungen Volontäre auf komplexe Themen an. Nehmen wir zum Beispiel das Steuerrecht. Da sollen Volontäre über einzelne Aspekte des Steuerrechts und deren Auswirkung auf die Steuerzahler berichten und haben selbst noch nie im Leben eine Steuererklärung ausgefüllt. Zudem liegt es immer auch am Anspruch und Ansporn des Einzelnen, gut und wahrheitsgetreu zu berichten.«

Diese offene Kritik wirkt umso schwerer, als sich Holznagel der Tatsache bewusst ist, dass Öffentlichkeitsarbeit und das Wohlwollen der Presse für das Erreichen seiner Ziele unabdingbar sind. Er riskierte es trotzdem. Wie stellte doch Gerhard Schröder treffend fest? »Wenn man gegen die Presse vorgeht, halten die Journalisten eben zusammen, auch wenn man den anderen gar nicht leiden mag.«

***

Im Berliner Büro von CDU-Urgestein Wolfgang Bosbach, selbst ein Virtuose auf der Medienklaviatur, hängt ein kleiner Zettel am Aktenschrank. Darauf steht: »Ich lasse mir meine Meinung nicht durch Fakten kaputt machen.« Er erinnert ihn an einen Fall, in dem der Handel mit Halbwahrheiten skurrile Blüten trieb. »Die Berichterstattung über die Novellierung des Bundesmeldegesetzes war – je nach Betrachtung – ein trauriges oder tolles Beispiel dafür, wie man in den Medien unter Weglassung wichtiger Fakten beim Publikum einen völlig falschen Eindruck erzeugen kann«, sagt er. »Plötzlich hieß es, dass durch dieses Gesetz erstmals die Möglichkeit eröffnet würde, dass gewerbliche Unternehmen aus den Melderegistern zu Werbezwecken persönliche Daten generieren könnten. Tatsächlich wurde jedoch der Datenschutz gegenüber der bisherigen Rechtslage seit 1949 deutlich verbessert – aber für diese Tatsache hat sich so gut wie niemand interessiert. Die seit Jahrzehnten geltende Rechtslage wurde datenschutzrechtlich verbessert – da muss man erst einmal auf die Idee kommen, das zu skandalisieren. Als Skandal konnte man das nur ansehen, wenn man von der bisherigen Rechtslage keine Kenntnis hatte. Darauf haben offensichtlich viele Berichterstatter vertraut.«

Uns kommt ein Verdacht: »Könnte es nicht sein, dass ein interessierter Politiker Journalisten vor seine Karre gespannt hat, um bewusst einen Skandal zu inszenieren, in der Absicht, der Bundesregierung zu schaden?« Bosbach nickt lebhaft und sagt: »Na klar, genau so war es. Da wird von Herrn Gabriel gesimst ›Datenhandel wird erlaubt‹, Thilo Weichert [Datenschutzbeauftragter in Schleswig-Holstein] regt sich medienwirksam auf, und weil den jeder kennt und für eigentlich vertrauenswürdig hält, fragt dann natürlich keiner: ›Wie war eigentlich bisher die geltende Rechtslage?‹«

Und weil das Thema so schön populär war, rief niemand aus den Reihen der kundigen Politiker »Halt, Fehler!«, sondern viele sprangen bewusst auf den falschen Zug auf, um mit geharnischten Protesten gegen diese angebliche Neuerung selbst Gegenstand der Berichterstattung zu werden. Die Tatsache, dass sich die Redakteure offenbar das Recherchieren gespart hatten und munter voneinander abschrieben, war in diesem Fall hochwillkommen.

Aber selbst wenn einer versucht hätte, den Irrtum aufzuklären, wäre der Versuch vermutlich gescheitert, meint Bosbach. Denn: »Heute ist in vielen Fällen die Geschichte eigentlich schon fertig, man braucht jetzt nur noch die passenden Zitate. Wenn man dann aber als Politiker sagt ›Moment, das ist jetzt aber nicht meine Meinung oder die Sach- und Rechtslage ist doch etwas anders‹, dann sagen die Journalisten oft: ›Nee, das passt mir jetzt aber nicht‹ So nach dem Motto: ›Bitte keine Argumente, die mir die ganze Geschichte kaputt machen.‹

Bosbach ist es auch, der vor einer unheilvollen Entwicklung warnt: »In Deutschland werden keine schlichten Fehler mehr gemacht. Es läuft auch nicht irgendetwas schief. Alles ist sofort ein Skandal. Unter dem Skandal tun wir es nicht mehr. Der große Unterschied zwischen der Bonner und der Berliner Republik ist die permanente politische wie mediale Skandalisierung von Vorgängen, die eigentlich kein großer Skandal sind. Dies birgt auch die Gefahr, dass wir die echten Skandale nicht mehr von den Scheinskandalen unterscheiden können. Ein führender FDP-Politiker macht kurz vor Mitternacht an irgendeiner Hotelbar zu einer Journalistin eine schräge Bemerkung, die er besser nicht gemacht hätte – und ein Jahr später diskutiert das ganze Land höchst erregt über das Thema Sexismus. Dann ist statt Rindfleisch Pferdefleisch in der Lasagne – und schon hat sich die riesige Aufregung beim Thema Sexismus komplett erledigt. Ähnlich ist es mit Problemen, Sorgen oder Herausforderungen. Heute ist schnell von Katastrophen die Rede, kaum noch von Problemen.«

Dieser Trend geht allerdings nicht allein auf das Konto der Journalisten. Vielmehr haben sich immer mehr Politiker angewöhnt, gleich verbal in den höchsten Gang zu schalten, wenn sie auf den politischen Gegner losgehen. »Totales Versagen«, »katastrophale Bilanz«, »Verantwortungslosigkeit« gehören inzwischen zu den gängigen Versatzstücken. Das Unselige daran ist, dass diese Übertreibungen kritiklos in Artikel und Meldungen übernommen werden, weil das knalliger ist als eine sachliche Kritik. Bosbach sieht das mit Sorge: »Es ist schon interessant zu beobachten: Während das Ausland aufgrund unserer wirtschaftlichen und sozialen Stabilität neidisch auf Deutschland blickt, eilen wir im Inland von Skandal zu Skandal und von Katastrophe zu Katastrophe. Hierdurch entsteht bei nicht wenigen der Eindruck, als würde in Deutschland eigentlich alles schieflaufen und nichts mehr klappen. Dadurch wird die Lücke zwischen Wählern und Gewählten immer größer. Hinzu kommt, dass es heute einen Wettlauf um die knalligste Meldung gibt und darum, wer als Erster mit einer angeblichen Sensation auf dem Markt ist. Und was morgens schon der Aufreger ist, interessiert abends kaum noch jemanden. Die Umlaufgeschwindigkeit hat dramatisch zugenommen, die Qualität leider nicht.«

***

Das ist die Sicht der Politik. Doch wie sehen es die Medienprofis? Im »Café Einstein« Unter den Linden treffen wir Malte Zeeck. Der Journalist war knapp 25 Jahre lang Hauptstadtkorrespondent für den NDR-Hörfunk. Er kennt die Mechanismen, die zwischen Politik und Presse herrschen, aus dem Effeff. Er stimmt Bosbach im Kern zu: »Alles wird personalisiert und skandalisiert. Dazu kommt die Neigung der Medien, selbst Politik zu machen. Wie die *Bild* gegen Christian Wulff. Wie der *Spiegel* gegen Horst Köhler. Früher ging es ums Problem, heute um die Unterhaltung. Ich glaube, dass wir Journalisten die Sache viel ernster sehen als die Menschen. Die Bevölkerung ist viel gelassener, als der ständige Hype in den Medien vermuten lässt.«

Unser zweiter Kronzeuge ist Christoph Steegmans, Sprecher des Bundesfamilienministeriums und selbst gelernter Journalist. Vor seinem Wechsel in die Politik schrieb er für die *Neue Ruhr Zeitung* und den *Bonner Generalanzeiger*. Seine Arbeit bietet ihm täglich Einblicke in die sich verändernde Beziehung zwischen Medien und Politik. Sein Fazit: »Die klassische Berichterstattung und das Infotainment sind in den vergangenen 15 Jahren zwei ganz unterschiedliche Wege gegangen. Die Berichterstattung stirbt aus, also das etwas längere Erklärstück, das notwendig ist, aber weniger spannend und keinen Aufreger in sich trägt. Wenn einer etwas Vernünftiges sagt, aber keiner widerspricht, also kein Streit entsteht, ist es oft keine Nachricht mehr. Wenn es jedoch einer versteht, mit einer wahnsinnigen inneren Überzeugung und viel Verve in der Stimme eine Idee in die Welt zu setzen, dann jazzt das plötzlich, und die Medien springen drauf an, ohne die Sache zu hinterfragen.«

***

Eine dieser »Sachen« war die Medienaufregung um immer neue »Fettnäpfchen« des SPD-Kanzlerkandidaten Peer Steinbrück. Nachdem das Thema seiner horrenden Nebeneinkünfte durchgekaut war, tauchten beständig neue angebliche Fauxpas auf. In ihrem Übereifer galoppierten manche Medien kopflos in die Falle gewiefter Politikprofis. Ein wunderbares Beispiel lieferte das *Morgenmagazin* des ZDF, bestens geeignet, um in der Volontärsausbildung als »So bitte nicht!«-Beitrag vorgeführt zu werden:[7]

Die »Enthüllungen« aus dem Umfeld des SPD-Kanzlerkandidaten sind an jenem Morgen mal wieder »Thema des Tages«. Nach einem einleitenden Film kündigt die Moderatorin ein Interview dazu an. Wen würde sie wohl befragen? Einen Wahlforscher? Einen Politikprofessor? Einen Wahlkampfstrategen? Jedenfalls doch jemanden, der kompetent und mit Überblick einschätzen kann, welchen Schaden die SPD und Steinbrück persönlich womöglich davontragen werden und wie dem zu begegnen sei? Denn davon hätten die Zuschauer womöglich einen Erkenntnisgewinn. Pustekuchen!

Allen Ernstes präsentiert die Redaktion Thomas Oppermann, den Parlamentarischen Geschäftsführer der SPD, als Interviewpartner! Der steckt wie alle SPD-Granden gerade mitten im niedersächsischen Wahlkampf. Schon der gesunde Menschenverstand – und erst recht die journalistische Professionalität – sagt einem doch, dass der Parlamentarische Geschäftsführer der SPD wohl kaum auf seinen Kanzlerkandidaten losgehen würde. Wozu also soll dieses Interview gut sein? Eine Farce sondergleichen, einen größeren Bock kann man nicht zum Gärtner machen.

Aber Oppermann hat sich natürlich dennoch zu dem Gespräch bereit erklärt, weil sich ihm hier eine wunderbare Chance bietet, und die nutzt er weidlich – vor Vergnügen breit grinsend.

Eingangsfrage der Moderatorin: »Wie leicht wollen Sie es eigentlich Merkel & Co. noch machen?«

Oppermann: »Wir werden es der Kanzlerin nicht leicht machen. Und wir haben nicht nur das bessere Programm, sondern mit Peer Steinbrück auch den besseren Kanzlerkandidaten. Peer Steinbrück steht dafür, dass wir in Deutschland weniger Schulden machen und mehr Geld für Bildung bereitstellen, wir wollen die Familien stärker fördern, und wir wollen die Mieter besser schützen, dafür steht Peer Steinbrück …«

So geht das sage und schreibe 5:47 Minuten munter weiter. Die Moderatorin stellt eine harmlose Frage nach der anderen, Oppermann spult daraufhin unwidersprochen pure Parteipropaganda ab.

Ein weiteres Highlight. Frage der Moderatorin: »In den Umfragen gehen seine persönlichen Beliebtheitswerte ganz klar in eine Richtung – und zwar nach unten. Wie sehr hat der Fall oder, sagen wir, die ganzen Fettnäpfchen der SPD schon auch geschadet? Sie können mir nicht erzählen, dass in der SPD alle glücklich sind über die Auftritte des Peer Steinbrück …«

Oppermann lächelt und antwortet in einem Ton, der an einen Lehrer erinnert, der einem begriffsstutzigen Schüler die Welt erklärt: »Ich bin hier in Niedersachsen seit Tagen im Wahlkampf ... Und ich kann Ihnen sagen: Was die Menschen hier bewegt, sind andere Themen als die, die in den Redaktionsstuben in der Hauptstadt diskutiert werden ...« Während die Moderatorin brav zuhört, haut Oppermann ihr und den Zuschauern in weiteren zwei Minuten (... und das ist im TV eine Menge Zeit) das gesamte Wahlkampfprogramm der SPD um die Ohren. Keine Nachfrage, keine Unterbrechung. Ohne die Fragen auch nur im Ansatz zu beantworten, darf Oppermann Wahlkampf vom Feinsten machen. Eine unglaubliche Verschwendung gebührenfinanzierter Sendezeit.

***

Am Ende stehen wir ernüchtert da. Geahnt haben wir es immer schon, aber aus der Nähe betrachtet ist die Wahrheit schmerzlich: Es mangelt in den Medien vielerorts an Qualifikation, Qualität, Unabhängigkeit und Selbstbewusstsein. Politiker, vor allem die an der Spitze, in unzähligen Grabenkämpfen geschult, nutzen diese Situation gekonnt für sich aus. Journalisten lassen sich willenlos von ihnen zensieren, werden als Propagandakuriere eingesetzt, dressiert und instrumentalisiert. Heraus kommen jämmerliche Inszenierungen wie das Interview von ARD und ZDF, in dem sich der damalige Bundespräsident Christian Wulff den gegen ihn erhobenen Vorwürfen stellen sollte. Wer je gesehen hat, wie der britische Talkmaster David Frost den abgetretenen Skandalpräsidenten Richard Nixon grillte, konnte angesichts der hilflosen Servilität der deutschen Fragesteller nur verzweifeln. Unvergessen der absurde Wortwechsel zwischen Wulff und der Leiterin des ZDF-Hauptstadtstudios, Bettina Schausten. Es ging um die kostenlosen Urlaube der Wulffs in Ferienhäusern von Freunden.[8]

Wulff: »Da erhebe ich auch keine Rechnung, wenn mich die Freunde hier in Berlin besuchen.«

Schausten: »Hm, aber da hätten Sie natürlich auch sagen können: ›Ich geb' euch mal pro Nacht 150 Euro!‹ Was spricht dagegen eigentlich?«

Wulff: »Machen Sie das bei Ihren Freunden so?«

Schausten: »Ja!«

Wulff: »Dann unterscheidet Sie das von mir in dem Umgang mit den Freunden.«

Schausten wurde daraufhin im Netz mit Spott überzogen (»Wann Schausten mal wieder vorbei?«) und musste den Unsinn kurz nach dem Interview zurücknehmen. Ein Highlight des gehobenen deutschen Politjournalismus.

Damit die Dressur gelingt, bedarf es aufseiten der Politiker besonderer Fähigkeiten – deren Qualität am Ende sogar über ihr politisches Schicksal entscheiden kann. Ole von Beust erläutert die Situation: »Als Spitzenpolitiker redet man so gut wie nie direkt mit den Wählern. Die Medien transportieren deine Ideen dorthin. Darum ist es im politischen Geschäft wichtig, einschätzen zu können, wie die Medien reagieren und was sie aus deinen Äußerungen machen. Wer das nicht lernt, scheitert.«

Um es deutlich zu sagen: Nicht alle Journalisten machen das Spiel mit. Wir kennen viele Kollegen und ehemalige Kollegen, die unabhängig, sehr kompetent und kritisch sind, Journalisten, die Hajo Friedrichs' Definition durchaus entsprechen. Nur leider zeigen unsere Recherchen und Erfahrungen, dass sie in der Minderheit sind. Eine Qualitätsoffensive in der Ausbildung und der Mut zu einer ständigen kritischen Selbstbetrachtung sind deshalb dringend notwendig. Nur so kann sich der Journalismus von dem in diesem Kapitel beschriebenen politischen Gebot emanzipieren und wieder – oder überhaupt erst – zur Vierten Macht im Staate werden.

***

Und weil es so schön ist, zum Schluss noch ein Schmankerl. »Fakten, Fakten, Fakten …«: Mit diesem Slogan warb der damalige Chefredakteur Helmut Markwort für sein Nachrichtenmagazin *Focus*. Wie wenig beliebt echte Fakten in der politischen Berichterstattung tatsächlich sind, hatte uns ja bereits Wolfgang Bosbach anschaulich geschildert. Vermeintliche Fakten hingegen halten sich erstaunlich hartnäckig. Das Medienwatchportal *Bildblog* hat dafür ein wunderbares Beispiel.[9] Im Jahr 1974 zitierte der *Spiegel* den Unternehmer Alwin Münchmeyer mit den Worten: »Das Vaterunser hat 56 Wörter, die Zehn Gebote haben 297 und die amerikanische Unabhängigkeitserklärung 300. Aber eine Verordnung der EWG-Kommission über den Import von Karamellen und Karamellprodukten zieht sich über 26 911 Wörter hin.« Die *Süddeutsche Zeitung*, *Spiegel Online*, die *Financial Times Deutschland*, der *Spiegel* selbst und andere zitierten diesen Ausspruch in verschiedenen Zusammenhängen mehr als 30 Jahre lang immer wieder unwidersprochen. Dabei variierte die Wortzahl der EU-Verordnung mal auf 25 911, aber im Kern blieb das Zitat unangetastet.

Nun zu den echten Fakten: Nur die *deutsche* Übersetzung der Zehn Gebote hat annähernd 300 Wörter – die hebräische Urform ist länger, ganz zu schweigen von Übersetzungen in andere Sprachen. Die amerikanische Unabhängigkeitserklärung besteht laut Wikipedia nicht aus 300, sondern aus mehr als 1300 Wörtern. Das Tollste aber ist dies: Hätte sich einer der (Ab-)Schreiber die Mühe gemacht zu recherchieren, wäre er mühelos auf eine simple Wahrheit gestoßen: Eine »Verordnung über den Import von Karamellen und Karamellprodukten« gibt es gar nicht.

7
Du sollst nicht denken –
die Partei regelt dein Leben schon

Sein Leben gehörte der Politik. Komplett. Dann kam der Nierenkrebs. Kaum war die Operation vorbei, stürzte er sich wieder in die Arbeit. Die Quittung: ein Schlaganfall, der zeitweise sogar sein Sprachzentrum lähmte, und das, obwohl er doch gerade einen Urlaub auf Usedom eingelegt hatte. Aber so furchtbar kann Politik sein. Als er das erkannte, mit Mitte 40, zog er endlich die Notbremse und stieg aus.

Wir fahren von Berlin aus anderthalb Stunden Richtung Norden, über prachtvolle Alleen, vorbei an einsamen Seen, durch verlassene Siedlungen bis nach Hetzdorf in der Uckermark, um diesen Mann zu treffen. Sein Name: Ulrich Kasparick.[1]

Dessen Lebensweg ist wahrlich ungewöhnlich. 1989, kurz nach dem Mauerfall, trat der studierte Theologe in die SDP ein, den DDR-Vorläufer der SPD. Neun Jahre später wurde er als Direktkandidat in den Bundestag gewählt. 2004 avancierte Kasparick zum Parlamentarischen Staatssekretär im Bundesforschungsministerium. Als die große Koalition 2005 mit Bundeskanzlerin Angela Merkel ihre Arbeit aufnahm, wechselte er in der gleichen Funktion ins Bundesverkehrsministerium. Vier Jahre später kamen die Warnschüsse, dann folgte der endgültige Abschied aus der Politik. Aus Ärger darüber, dass seine SPD nicht in der Lage war, einen »Ausländerfeind« wie Thilo Sarrazin *(Deutschland schafft sich ab)* rauszuwerfen, gab Kasparick 2011 auch noch das Parteibuch ab.

Wir treffen einen ergrauten, hageren Mann von Mitte 50, dessen Äußeres so gar nicht mit den Fotografien übereinstimmen will, die man im Internet noch aus seiner aktiven Zeit als Parlamentarischer Staatssekretär findet. Da trug er noch einen Schnauzer, hatte bestimmt 20 Kilo mehr auf den Rippen, das Gesicht war pausbäckig. Irgendwie, sagen wir ihm, wirke er heute gesünder, glücklicher. Kasparick empfängt uns im Gemeindehaus, denn seit 2011 ist er Pastor in dem 100-Seelen-Dorf. Gegenüber liegt auf einer kleinen Anhöhe sein Arbeitsplatz. Eine wuchtige, aus Feldstein gebaute, 750 Jahre alte Wehrkirche. Hier predigt Kasparick, anstatt Reden zu halten.

Indem er über seine Zeit als Abgeordneter spricht, beleuchtet er eine Seite des Abgeordnetendaseins, über den die aktiven Parlamentarier nicht gerne reden. Man will in der Öffentlichkeit und vor allem bei Parteifreunden nicht als schwach oder nur mäßig belastbar erscheinen. Obwohl körperliche und seelische Leiden die logischen Konsequenzen ständiger Fremdbestimmung, ständigen Drucks, ständigen Stresses, ständigen Unterwegsseins sind und deshalb zu den ständigen Begleitern jedes Vollblutpolitikers gehören.

»Es war der Lebenswandel eines getriebenen Menschen«, sagt uns Kasparick. »Wenn ich früh morgens aus dem Haus ging, stand der Fahrer schon davor. Der war im Besitz meines Terminkalenders, der mit meinen drei Büros abgeglichen war, Wahlkreisbüro, Abgeordnetenbüro, Ministerium. Meine erste Frage an ihn: ›Wo muss ich heute zuerst hin?‹ Also nicht: Wo *will* ich hin? Sondern: Wo *muss* ich hin? Man steigt dann irgendwo aus, hält eine Rede, macht danach zehn Minuten Smalltalk, springt wieder ins Auto, schmeißt die Akte auf den Sitz und zieht die Akte für den nächsten Termin heraus. Oder zwischendurch mal Asien in drei Tagen, wo man hinterher nicht mehr weiß, wo man überhaupt gewesen ist. Dieses Tempo ist Standard. Ich hatte für mich die Regel: vor Mitternacht ins Bett, um sechs in der Früh spätestens raus. Der Druck war extrem. Ich konnte auch im Freundeskreis nicht mehr entspannt sein. Ich konnte nicht mehr über unpolitische Dinge reden.«

Dann der Zusammenbruch und die Erkenntnis: »Ich war drei Wahlperioden mit dabei, saß immer als Direktkandidat im Bundestag. Sechs Jahre im Forschungsministerium und Verkehrsministerium. Spätestens, wenn man krank im Bett liegt, fragt man sich: Sag mal, ist dein Lebenswandel noch vertretbar? Gehst du noch das richtige Tempo? Oder fängst du an, dich selbst zu überholen?« Seine Antwort auf diese Frage: Schluss mit dem Leben im Hamsterrad! Ulrich Kasparick holte sich die Kontrolle über sein Leben wieder zurück.

***

Welch ein Gegensatz! Eben noch die brandenburgische Dorfidylle, jetzt stehen wir mitten im Berliner Großstadttrummel hinter dem Reichstag. Wir möchten einen Mann besuchen, der täglich in diesem Hamsterrad lebt: Jürgen Hardt, Bundestagsabgeordneter der CDU. Wie 60 Prozent seiner Kollegen hat er sein 52-Quadratmeter-Büro im riesigen Jakob-Kaiser-Haus an der Dorotheenstraße. Hier kommt nicht jeder rein.

Panzerglas, Wachpersonal, Ausweiskontrolle. Zwei dicke Glastüren führen ins Innere, eine rechts, die andere links. Wir wenden uns nach rechts. »Dett is nich' der Einjang!«, scheppert es befehlsgewohnt in breitem Berliner Akzent aus dem Lautsprecher, »links!« Wir tun wie geheißen und ziehen an der Türstange. »Dett nützt jarnüscht, öffnet automatüsch«, sagt der Mann, und sein Tonfall signalisiert allenfalls mildes Verständnis für die Provinztölpel aus Hamburg. Dann eine Gepäckkontrolle wie am Flughafen. »Sie wer'n abjeholt. Nehm'se Platz«, sagt eine Frau, die das Röntgengerät bedient.

Wer auch immer seinen gewählten Volksvertreter persönlich in dessen Berliner Büro besuchen will, durchläuft genau diese Prozedur. Einerseits dient sie sinnvoll dem Schutz der in dem Haus Beschäftigten, andererseits signalisiert sie aber auch Status. Hier kommt nicht jeder rein. Ohne Anmeldung, Termin und die Torwächter läuft hier gar nichts. Es ist interessant zu beobachten, wie verschieden diese ganz besondere und wohl nur in Berlin vorkommende Spezies der Wachmänner einerseits mit Besuchern und andererseits mit den Menschen verfährt, die ihnen einen Abgeordnetenausweis präsentieren. Während Besucher wie wir mit Obrigkeitsattitüde durch den Einlassprozess gesteuert werden, wechseln Stimmlage und Gesichtsausdruck ins vertraut Kollegenhafte, sobald ein MdB (Mitglied des Bundestages) Einlass begehrt. Ihr da draußen, wir hier drinnen. Keine Frage, dies ist eine Welt für sich. Sie erinnert diejenigen, die dazugehören, jeden Tag daran, dass sie sich als etwas Besonderes fühlen dürfen – und sollen. Aber nach der Begegnung mit Ulrich Kasparick sind wir kuriert von dem Glauben, dass es denen da drinnen unbedingt besser geht als denen da draußen.

Wir stehen in einer riesigen Halle mit breit ausladenden hölzernen Treppenaufgängen und einer glasumrandeten Balustrade. Ein modisches Ledersofa ist die einzige Sitzgelegenheit. Eine Glasvitrine an der Wand präsentiert Pokale der Abgeordnetensportvereine: Fußball, Golf, Handball ... Die teils schauerlichen Trophäen bilden einen krassen Kontrast zur reduzierten Moderne der Eingangshalle. Wenig später stehen wir im Büro von Jürgen Hardt.

Ist der Abgeordnetenjob wirklich eine solche Mühle? Wie fremdbestimmt sind Sie tatsächlich? »Abgeordneter zu sein, ist kein familienfreundlicher Job. In der Woche sitzt man hier in Berlin, und wenn man dann am Wochenende nach Hause fährt – was passiert? Dann geht die Wahlkreisarbeit los! Selbstverständlich wird erwartet, dass Sie am Sonntagmorgen um 11 Uhr Termine wahrnehmen. Und das in der Christlich Demokratischen Union. Wenn Sie sagen, Sie würden in dieser Zeit lieber in die Kirche gehen, wird ganz genau hingeschaut, ob Sie auch wirklich da gewesen sind«, räumt Jürgen Hardt ein.

Und wie viel Selbstbestimmtheit bleibt einem deutschen Abgeordneten? Das Grundgesetz, Artikel 38, gibt scheinbar die Antwort. Dort steht, Abgeordnete seien »Vertreter des ganzen Volkes, an Aufträge und Weisungen nicht gebunden und nur ihrem Gewissen unterworfen«. So weit die Theorie. Aber jeden Dienstag ist Fraktionssitzung. Wer da mit dem Grundgesetz wedelt, wenn ihm eine Entscheidung nicht passt, kann schnell einpacken. Die Fraktion ist das Über-Ich eines einzelnen Abgeordneten. Formal handelt es sich nur um einen Zusammenschluss gleichgesinnter Parlamentarier. Tatsächlich ist die Fraktion Richtstätte, Schmelztiegel, Strafkammer und Kuschelgruppe in einem. Im österreichischen Bundestag heißen die Fraktionen deshalb treffenderweise »Klubs«.

Jürgen Hardt nennt die Fraktion »das schärfste Schwert der Demokratie«. Warum? »Wenn ein Bundeskanzler die Sitzung seiner Fraktion am Dienstag überlebt, ist schon mal sicher, dass er die nächste Woche unbeschadet übersteht. Aber wenn der Fraktionsvorsitzende deutlich macht, dass der Kanzler die Mehrheit der Fraktion nicht mehr hinter sich hat, ist es vorbei. Ich bin überzeugt, dass Kanzler Schröder damals so plötzlich Neuwahlen ausrief, weil er merkte, dass er den Rückhalt in der Fraktion verloren hatte. Bevor er sich demütigen ließ, preschte er vor.«

Aber wir haben doch gelernt, dass Widerstand in der Fraktion zu leisten dem politischen Suizid gleichkommen kann. Wer ist also so mutig (oder so dämlich), das zu wagen? »Solche Aufstände werden zumeist von denen gestartet, die wissen, dass sie bei der nächsten Wahl keinen Listenplatz mehr brauchen oder bekommen. Denen kann es ja dann egal sein.«

Das heißt im Klartext: Nicht das Gewissen, sondern der Fraktionsvorstand entscheidet, was ein Abgeordneter zu denken und zu tun hat? So schwarz-weiß könne man das nicht sehen, wehrt Jürgen Hardt ab. »Die CDU/CSU-Fraktion hat 237 Mitglieder. Jedes von ihnen hat eine eigene Meinung und eigene Vorstellungen darüber, was richtig und wichtig für dieses Land ist. Selbstverständlich schaltet da niemand sein Gewissen aus. Allerdings ist es natürlich ein Unterschied, ob es um Verkehrspolitik oder um Sterbehilfe geht. Jeder muss für sich entscheiden, wie weit er geht. Das gilt in der Sache, aber auch im Umgang mit seinen Fraktionskollegen. Schließlich sind wir eine Wertegemeinschaft, die gemeinsam für bestimmte gesellschaftliche und politische Ziele steht. Darum sind wir hier. Also muss es die Bereitschaft geben, sich einzureihen, auch wenn die eigenen Vorstellungen nicht hundertprozentig umgesetzt werden. Mehrheiten zu bilden ist die Kunst der Politik. Wenn stattdessen unbedingte Individualität und Selbstverwirklichung an erster Stelle stehen sollen, müssten Fraktionen und Parteien abgeschafft werden. Das wäre das Ende der Parlamentarischen Demokratie, so wie wir sie kennen. Und das hieße Chaos.«

Der renommierte Politikwissenschaftler Arnulf Baring hat zur Rolle des Abgeordneten innerhalb einer Fraktion eine interessante These, die den Parlamentariern gar nicht schmecken dürfte. Baring sieht die Fraktionen weniger als Schauplatz von Gewissensentscheidungen denn vielmehr als Schutzraum für Inkompetenz: »Jeder Parlamentarier ist in der Schwierigkeit, dass die meisten Materien, über die er befinden soll, sich seiner Beurteilung entziehen, weil sie zu kompliziert sind. Er wird sich daher praktischerweise der Fraktionsmeinung anschließen. In der Politik sind die Spezialisten der Nichtspezialisierung am Werke.«

Diese Einschätzung wird von unserem Pfarrer Ulrich Kasparick bestätigt. Er erinnert sich daran, wie die Abgeordneten noch beim Mittagessen saßen und plötzlich zur Abstimmung geläutet wurde. Was macht man da als hungriger Parlamentarier? »Dann gehen Sie schnell ins Plenum und fragen den Parlamentarischen Geschäftsführer, wie wir denn jetzt abstimmen. Man weiß den Sachverhalt gar nicht, sondern holt sich nur das Votum. Das hat zu tun mit der unglaublichen Fülle von Sachverhalten, über die ständig abgestimmt werden muss. Das geht in einer Regierung am Fließband. Weil die Fülle der Themen keiner überblicken kann, gibt es ja die Arbeitsgruppen in einer Fraktion. Man schaut also erst einmal, wie die Arbeitsgruppe votiert. Und die gibt dann im Grunde die Meinung der Fraktion vor und dann entsprechend für das Plenum. Dieses System ist angesichts der Masse an und der Schnelligkeit von Entscheidungen einerseits vernünftig, andererseits nicht mehr angemessen, weil ein Abgeordneter mehr überblicken muss als nur seine »eigenen« politischen Themen. Entschleunigung wäre nötig. Das Gegenteil aber findet statt: Das Tempo nimmt weiter zu.«

Gregor Gysi, Fraktionschef der Linken, hat eine wunderbare Anekdote parat, die die Einschätzungen von Baring und Kasparick eindrucksvoll belegt:

»Es ging um eine Steuerreform unter Rot-Grün. Es wurde über eine Veräußerungserlösgewinnsteuer gesprochen, die Kapitalgesellschaften bisher in voller Höhe zu zahlen hatten und inhabergeführte Unternehmen zur Hälfte. Das sollte nun dahingehend geändert werden, dass Kapitalgesellschaften von dieser Steuer befreit werden und inhabergeführte Unternehmen künftig den vollen Satz, also das Doppelte wie bisher zu zahlen haben.« Verstanden? Macht nichts. Da sind Sie nicht alleine. Gregor Gysi weiß, dass bei derartigen Erklärungen auch im Bundestag die Rollläden runtergehen und die Gehirne abgeschaltet werden. Also griff er im Parlament zu einem rhetorischen Trick, ging ans Rednerpult und meinte: »Also, damit ich richtig verstehe, um was es hier geht. Unter Kohl war es so: Wenn die Deutsche Bank einen Kaufpreis kassierte, musste sie eine volle Steuer bezahlen. Und wenn der Bäckermeister einen Kaufpreis bekam, wurde eine halbe Steuer fällig. Heute erleben wir eine sozialökologische Reform, die darin besteht, dass die Deutsche Bank nix mehr bezahlen und der Bäckermeister das Doppelte bezahlen muss. Das habe ich doch richtig verstanden, oder?« Gregor Gysi fragt uns: »Wissen Sie, was dann passierte? Es rannten zwanzig SPD-Abgeordnete nach vorne zu ihrem Fraktionsvorsitzenden Peter Struck und fragten, ob das stimmt, was der Gysi da gerade erklärt hat!« Struck habe da nur noch abwehrend mit den Armen rudern können und gemurrt, dass man das jetzt aber so machen müsste, erinnert sich Gysi.

***

In einer aktuellen Umfrage[2] sagten 60 Prozent der Wählerinnen und Wähler, Bundestagsabgeordnete seien weder sachkundig noch engagiert. Was Gysi, Kasparick und Baring berichten, scheint diese Ansicht zumindest teilweise zu bestätigen. Keine Ahnung vom Thema – aber wenn die Fraktionsspitze es so wünscht, wird mit »Ja« gestimmt. Erlebt das auch Jürgen Hardt so? »Es ist unrealistisch zu glauben, jeder sei in allen Themen kompetent. Das gilt für den Bundestag genauso wie für die Arbeit außerhalb der Politik. Eigentlich logisch, doch mir ist klar, dass es nicht zum Idealbild passt, dem wir entsprechen sollen. Als Abgeordneter müssen Sie Vertrauen in die Sachkenntnis und die Arbeitsmethoden Ihrer Kollegen haben. Anders ist die Arbeit hier nicht möglich.«

Übersetzt heißt das: Der Europaexperte Jürgen Hardt muss seinem Parteikollegen XY, Experte für Innenpolitik, glauben und zutrauen, dass er einen Gesetzentwurf oder eine Gesetzesänderung nach bestem Wissen und Gewissen so vorbereitet hat, dass er ohne Zweifel zustimmen kann, wenn es im Bundestag zur Entscheidung kommt. Gleiches gilt umgekehrt.

Das haben wir verstanden. Doch selbst wenn Sie Fachmann sind, ist es Ihnen doch kaum möglich, die Flut an Informationen zu kanalisieren und die richtigen Schlüsse daraus zu ziehen. Wenn Ihnen die Bundesregierung 1000 Seiten über die Griechenlandhilfe schickt, wie wollen Sie das in ein oder zwei Tagen bewältigen? Wir hatten Gesprächspartner, die offen zugeben, dass sie das nicht schafften.

Jürgen Hardt: »Die Behauptung, man könne den Wust an Papieren gar nicht bewältigen, halte ich für falsch. Von den 1000 Seiten, die da kommen, sind zehn wichtig, denn dort steht das Wesentliche drin. Der Rest ist nur die Beweisführung und die Dokumentation. Anhand dieses Materials prüfe ich stichprobenartig, ob das, was die Regierung mir in der Sache sagt, auch durch die schriftlichen Informationen gedeckt ist. Man muss eben nur wissen, wo die zehn entscheidenden Seiten zu finden sind. Diese Arbeitsweise ist hier die gängige Methode.«

***

Solingen, Remscheid und ein paar Wuppertaler Stadtteile. Diese drei Städte mit ihren 320 000 Bürgerinnen und Bürgern bilden den Wahlkreis des Abgeordneten Jürgen Hardt. Aus der Berliner Hauptstadtperspektive sind es Provinzstädte. Doch hier leben die Menschen, die ihn nach Berlin geschickt haben. Also bestimmen auch sie das Wirken und Leben ihres Abgeordneten. Wie lebt man damit, das laut der soeben zitierten Umfrage 80 Prozent der Bundesbürger, darunter eben auch die eigenen Wähler, sagen, Bundestagsabgeordnete seien »überfordert«? Noch schlimmer: Mehr als die Hälfte der Befragten ist davon überzeugt, dass sie locker einen besseren Job in Berlin machen würden als ihr gewählter Volksvertreter. Hardt hat sich damit abgefunden. »Im Kölner Karneval gibt es den Nubbel. Das ist eine Figur, der die ganze Verantwortung für die Verfehlungen übertragen wird, die an Karneval passiert: Seitensprünge, Trinkgelage … Am Ende wird der Nubbel dafür verbrannt. Im gewissen Sinn ist ein Abgeordneter solch ein Nubbel. Anders ausgedrückt: Abgeordnete sind häufig die Projektionsfläche für den diffusen Ärger der Wähler.«

Aber Hardt ist nicht bereit, das einfach widerstandslos hinzunehmen. »Man muss den Mut haben, den Leuten bei komplexen Themen zu sagen: ›So einfach ist es nicht.‹ Es gibt Politiker wie Gregor Gysi, die suggerieren, es gäbe einfache Antworten auf schwierige Themen. Nein, das ist nicht so. Grobe Simplifizierungen sind gefährlich, denn oft können die Bürger gar nicht beurteilen, ob die verkürzte Darstellung den Sachverhalt korrekt wiedergibt. Wir haben eine Vertrauensdemokratie und keine Basisdemokratie. Die Bürger müssen darauf vertrauen, dass ich meinen Job gut mache.«

Als EU-Experte bekam er aus seinem Wahlkreis zahlreiche Mails mit teils herber Kritik an der Griechenlandhilfe. »Ich habe reagiert und eine Infoveranstaltung zum Thema in Solingen organisiert«, sagt Hardt. »Eine prima Gelegenheit, alle Fragen zu stellen.« Wir sollen raten, wie viel Leute kamen. Wir ahnen, dass es wohl wenige gewesen sind. Zehn, tippen wir, maximal zwanzig. Hardts Auflösung: »Keiner.« Nur ein Reporter der Lokalzeitung. Der habe dann in einem Kommentar geschrieben, dass die Bürger eine Chance verpasst hätten, sich aus erster Hand zu informieren.

***

In Berlin drückt die Fraktion, im Wahlkreis drücken die Bürger, selbst am Wochenende drückt der Terminkalender. Geschubst, geschoben, gedrängt. Warum, um Himmels willen, tut sich das einer freiwillig an? »Für Politik muss man eine Leidenschaft haben«, hatte uns Hardts Parteifreund Wolfgang Bosbach gesagt. Dessen Leidenschaft geht so weit, dass er trotz Prostatakrebsdiagnose und anschließender Therapie der Politik nicht Lebewohl sagen will und 2013 erneut für den Bundestag kandidiert hat. Und das, obwohl sein ebenfalls an Krebs erkrankter Freund Fritz Roth, mit dem er im November 2012 noch im Talk von Günther Jauch munter über das Leben mit dem Leiden plauderte, im Dezember 2012 verstarb.

Ja, Leidenschaft, die habe auch er, sagt der Abgeordnete Hardt, aber er sorgt sich um den Nachwuchs. »Das ist ein Riesenproblem. Wer will denn schon freiwillig auf solch einen Schleudersitz? Mieses Image, öffentlich ständig exponiert und nur einen Vierjahresvertrag in der Tasche. Ein solches Risiko würde in der Wirtschaft mit einer Risikoprämie von mindestens 100 000 Euro im Jahr zusätzlich belohnt. Aber hier bekommen Sie so etwas nicht. Wir haben eine ordentliche Vergütung, vergleichbar einem hohen Beamten, aber er dient eben auf Lebenszeit.«

In der Tat: Der Job des Abgeordneten wird mit 8 252 Euro pro Monat[2] eigentlich ganz gut bezahlt, finden wir.

Hingegen: Das, was auf der Website des Deutschen Bundestags steht, klingt in der Tat nicht gerade nach einer Werbekampagne, um politisch Interessierten einen Arbeitsplatz als Parlamentarier schmackhaft zu machen:[3] »Wer ein Bundestagsmandat annimmt, gibt regelmäßig für eine ungewisse Zeit seinen bis dahin ausgeübten Beruf auf. Die Tätigkeit als Abgeordneter fällt oft in einen Lebensabschnitt, der bei anderen der Förderung der eigenen beruflichen Karriere dient. Ein Abgeordneter verzichtet darauf, ohne zu wissen, ob er in der nächsten Wahlperiode überhaupt wiedergewählt wird. Scheitert seine Wiederwahl, kann er nur in seine vorherige Position zurückkehren. Existiert sein Betrieb aber nicht mehr, hat er nach dem Ausscheiden aus dem Bundestag keinen Anspruch auf Arbeitslosengeld I. Auch wer vorher selbstständig oder freiberuflich tätig war, muss häufig wieder ganz von vorne anfangen«.

Konkreter wird es bei Wikipedia: »Nach dem Ende des Mandats erhalten die ehemaligen Abgeordneten ein zu versteuerndes Übergangsgeld, welches der Wiedereingliederung in ihren früheren Beruf dienen soll. Für jedes Jahr der Mandatsausübung wird das Übergangsgeld einen Monat lang ausgezahlt, höchstens jedoch für 18 Monate. Ein ehemaliger Abgeordneter erhält momentan für ein Jahr im Bundestag ein Übergangsgeld von 7668 Euro. Für 18 Jahre und mehr stehen ihm insgesamt 138024 Euro zu (zu zahlen in 18 Monatsraten à 7668 Euro).Ab dem zweiten Monat nach dem Ausscheiden werden alle sonstigen Einkünfte auf das Übergangsgeld komplett angerechnet.«[4]

Diese Darstellung macht schon mehr Appetit auf einen Politikerposten und bietet denen, die im Betrieb um ihre Wiederwahl bangen, eigentlich doch ein komfortables Polster. Das allerdings dürften klassische Berufspolitiker, die keine ordentliche Ausbildung haben und nie in einem Beruf ihr Geld verdienten, anders sehen. Wir erinnern uns an unseren Gesprächspartner Herbert Rusche. Der Ex-Grüne sagte über seinen einstigen Parteikollegen Volker Beck, heute Parlamentarischer Geschäftsführer der Grünen-Fraktion: »Volker Beck ist der typische Berufspolitiker. Er hat drei Semester Kunstgeschichte studiert, nie einen Abschluss gemacht, nie in einem Beruf gearbeitet, nie Sozialhilfe oder Arbeitslosengeld beantragt. Wenn der aus irgendeinem Grund nicht mehr aufgestellt werden würde, hätte er ein Problem.«

***

Wir stellen fest: Ein Abgeordneter wird von seiner Partei, seiner Fraktion und seinen Wählern dirigiert, kontrolliert und notfalls diszipliniert. Aber da war doch noch was ...? Genau! Die ureigene Aufgabe des Abgeordneten ist doch, dass *er selbst* kontrolliert – und zwar die »exekutive Staatsgewalt«, also zum Beispiel die Ministerien. Genau die finden das aber lästig, berichtet Ulrich Kasparick.

Er war selbst Staatssekretär in zwei Ministerien, also kennt er die Usancen und Tricks ganz genau. Für ihn ist klar: Der Bundestag und seine Abgeordneten werden systematisch daran gehindert, ihren Kontrollauftrag erfüllen zu können. »Früher glaubte ich, dass Politik im Parlament gemacht wird. Das trifft nur zum Teil zu. In Wirklichkeit wird sie von den Ministerialbeamten bestimmt. Wer definiert denn inzwischen, wer von politischen Entscheidungen profitiert? Das sind zunehmend internationale Gremien. Und wen schicken wir dorthin? Keine Abgeordneten, sondern ministeriale Spitzenbeamte. Die machen die Industriepolitik, denn sie entwerfen die Papiere. Ein Abgeordneter wäre total überfordert. Das Problem dabei ist, dass sich die Abgeordneten viel zu spät informieren, was in diesen Facharbeitsgremien passiert, wann die nächsten Termine dafür sind, welche Themen auf deren Agenda stehen«, sagt Kasparick.

Der Austausch zwischen Abgeordneten und Ministerium sei mangelhaft. Und oft ist dieser Austausch auch gar nicht gewollt. Er nennt Namen: »Ganz restriktiv machen das die Ministerien von Wolfgang Schäuble und Thomas de Maizière. Es findet praktisch keine unkontrollierte Kommunikation zwischen den Ministerialbeamten und den Abgeordneten statt. Lediglich über den Parlamentarischen Staatssekretär ist ein Austausch möglich. Es liegt im Interesse der Hausleitung, dass gewisse Gespräche mit den Beamten nicht stattfinden, weil sie Abgeordnete mit bestimmten Informationen munitionieren könnten. Es gibt etliche Abteilungsleiter auch in anderen Ministerien, die auf dem Standpunkt stehen: ›Das Parlament stört uns!‹«

Ist das nicht grotesk? Diejenigen, die eigentlich kontrollieren sollen, kontrollieren nicht bzw. werden daran gehindert. Stattdessen werden sie selbst vom System kontrolliert. Was müsste passieren, damit sich dieser Missstand bessert? »Was wir brauchen, sind mündige Abgeordnete, die fordern: ›Her mit den Papieren!‹«, sagt Pfarrer Kasparick. »Denn wann kommen denn die Schweinereien raus? Oft erst, wenn Journalisten etwas recherchieren. Eigentlich sollten das die Abgeordneten erledigen, die laut Grundgesetz die Regierung zu kontrollieren haben. An diesen selbstbewussten Abgeordneten fehlt es, dabei brauchen wir Parlamentarier, die sich gerade machen und sagen: ›Ich bin gewählt, nicht du!‹«

***

Während wir mit Kasparick sprechen, wandert der Blick aus dem Fenster des Gemeindehauses auf einen offenbar in der Entstehung begriffenen Garten. Wir trinken unseren Kaffee aus und gehen mit dem Pfarrer ein paar Schritte über den Rasen. Was wie eine alltägliche Verschönerungsmaßnahme wirkt, ist in Wahrheit ein nicht alltägliches Projekt. Politaussteiger Kasparick hatte sich bewusst die Uckermark als neue Wirkungsstätte ausgesucht. Eine idyllische Landschaft, beliebt bei Touristen – weniger beliebt bei den Einwohnern. Sie fliehen in Scharen nach Berlin oder in andere, belebtere Gegenden. Trotzdem – oder gerade deshalb – hier etwas aufzubauen sah Kasparick als Herausforderung und als Pendant zu seiner selbstverordneten Entschleunigung.

Das Projekt fiel ihm morgens unter der Dusche ein: per Computer einen Rosengarten wachsen lassen. So könnte er möglicherweise wieder mehr Menschen in die Kirchengemeinde locken. Über Facebook bat er um Spenden. Nein, nicht um Geld, sondern um Rosenstöcke! Innerhalb kürzester Zeit bekam er zig Exemplare, die er im Kirchgarten einpflanzen konnte. Und das Engagement reißt nicht ab. Sogar aus dem Ausland bekommt Kasparick exotische Pflanzen geschickt. Gemeinsam mit Helfern aus der Nachbarschaft verziert er damit eine ehemalige Brachfläche, die nun zu einem blühenden Rosengarten wird. »Internet@Garten« nennt er ihn. »Ohne meine Erfahrung im politischen Projektmanagement hätte ich mich nie getraut, diese Idee zu realisieren«, gibt er zu.

Der Rosengarten von Hetzdorf. Eine wunderbare Botschaft an all jene, die im Berliner Hamsterrad strampeln, um ihre Wiederwahl kämpfen, tausendseitige Beschlussvorlagen wälzen, von ihren Fraktionen ferngesteuert werden, den wöchentlichen Terminmarathon laufen und bei all dem vergessen, dass wir eigentlich doch selber das Kommando über uns haben sollten: Politik kann furchtbar sein. Aber auch sehr fruchtbar.

8
Du sollst die Steuern verschwenden – es ist ja nicht dein Geld

Normalerweise kann man in einem Smalltalk mit dem Thema Kino nichts falsch machen. Man spricht über die letzten Filme, die man gesehen hat, taucht vielleicht mal ein ins Historische, um mit Expertenwissen über James Bond oder Clint Eastwood zu glänzen, wunderbar. Bei Reiner Holznagel ist das anders.

Wenn der Mittvierziger den Namen Brad Pitt hört, schwillt ihm der Kamm. Wenn er dann auf Bernd Neumann, den Staatsminister für Kultur und Medien im Kanzleramt, angesprochen wird, gerät er in Rage. Und auf rote Teppiche, über die die Hollywoodstars für gewöhnlich flanieren, reagiert Holznagel überhaupt hochallergisch. Zumindest dann, wenn es um die Politiker geht, die die frisch gesaugte Auslegeware des Berliner Showgeschäfts als Egobühne nutzen.

»Das Auftreten von Bernd Neumann ärgert mich gelegentlich«, versichert uns Reiner Holznagel. »Auf einigen Galas präsentierte er sich nach dem Motto: ›Ich und die Kunst!‹ Dabei ist es anders, er präsentiert unser Geld! Ich kann nicht nachvollziehen, dass bei Hollywood-Produktionen, die am Ende Millionen einspielen, der Staat seine Finger im Spiel hat, indem er die Filme mit Steuermillionen fördert. Ich meine, hier kauft sich Politik ein, um bei diesem Spektakel dabei zu sein.«

Wir sitzen am Konferenztisch in der Zentrale des Bundes der Steuerzahler, dessen Präsident Holznagel seit 2012 ist. Um zu einem der größten politischen Mahner der Republik zu gelangen, mussten wir in der Französischen Straße 9 in Berlin-Mitte eine seltsame Tür durchschreiten: Im oberen Drittel laufen hastig die roten Ziffern einer digitalen Uhr. Sie zeigt eine dreizehnstellige Zahl, die sich Sekunde für Sekunde exakt um den Wert 1335 erhöht. Es ist die mahnende Schuldenuhr des Bundes der Steuerzahler. Die Zahl auf der Uhr zeigt an, wie tief die Bundesrepublik verschuldet ist – ein Billionen-Euro-Betrag, der sekündlich um eben jene 1335 Euro wächst. Wer so einen beklemmenden Blickfang über den Eingang montiert, kann bei bestimmten Themen keine gute Laune haben.

Und in der Tat, wir merken schnell: Reiner Holznagel verfolgt eine andere Strategie als sein betulich agierender Vorgänger Karl Heinz Däke. Vor den Kulissen versteht es Holznagel aufzufallen, zu provozieren, anzuprangern. Hinter den Kulissen sucht er im Stile eines Lobbyisten verstärkt den Kontakt zu Politikern und Verwaltungsbeamten, um für das Problem der Steuerverschwendung zu sensibilisieren und schon in der Phase der Haushaltsaufstellung Druck zu machen und Sparvorschläge zu unterbreiten.

Geht es um die größten Untiefen deutscher Steuergeldvergeudung, verbeißt sich Holznagel leidenschaftlich gern in die seiner Meinung nach völlig überzogenen Förderungen für deutsche und internationale Filmprojekte, für die rund zwei Dutzend Institutionen auf Bundes- und Länderebene jährlich über 200 Millionen Euro überweisen.

»Subventionsirrsinn« nennt das Holznagel öffentlich. So hatte er beispielsweise Mitte 2009 Quentin Tarantinos Nazi-Groteske *Inglorious Basterds* mit Brad Pitt in der Hauptrolle – sie wurde u. a. in Berlin-Babelsberg und Görlitz gedreht – zum Anlass genommen, darauf hinzuweisen, dass mit 6,8 Millionen Euro der deutsche Steuerzahler rund 20 Prozent der Gesamtkosten eines solchen Streifens trägt. »Die Regierung hätte das Geld eigentlich direkt an Brad Pitt überweisen können«, spottet Holznagel. Zwei Tage nach seiner Kritik erhielt er einen Anruf aus dem Bundeskanzleramt. »Der zuständige Referent wollte mich sprechen und teilte mir dann in einem sehr unschönen Ton seine Sichtweise mit. Er wollte mir klarmachen, dass ein Euro Filmförderung fünf Euro Investitionen nach sich ziehen würde.« Wunderbar, parierte Holznagel, wieso würde die Bundesregierung dann nicht eine Milliarde investieren? »Natürlich ziehen Subventionen oft private Investitionen nach sich«, sagt er uns. »Die Frage ist nur, ob die nicht auch ohne die Subvention gekommen wäre. Vielleicht wäre Herr Tarantino auch nach Babelsberg gekommen, um die gute Infrastruktur, die guten Kulissen oder die guten deutschen Schauspieler zu nutzen?«

Deutschlands erster Steuerschützer kann sich der Vermutung nicht entziehen, dass hinter der Filmförderung zu einem guten Teil auch symbolische Politik steckt und die Geltungssucht mancher Protagonisten. »Überall, wo öffentliches Geld verwendet wurde, müssen natürlich anschließend – am besten zur Premiere – der Staatssekretär, der Minister und die Abgeordneten hin«, sagt Holznagel. »Nicht umsonst ist einer der begehrtesten Ausschüsse des Parlaments der Kulturausschuss. Da will jeder rein. Kultur ist für einen Politiker immer gut. Damit kann man eigentlich nur punkten. Und natürlich gibt es da Freikarten, vielleicht auch mal einen Flug zum Filmfestival nach Cannes, wenn ein Wettbewerbsbeitrag staatlich gefördert wurde. Kultur erfüllt sicher eine Funktion, dennoch wurde der Bereich in den letzten Jahren überdimensioniert gefördert. Wir brauchen in Deutschland pro Jahr allein eine Milliarde, um die Betriebskosten kultureller Einrichtungen abzudecken. Seit den Siebzigerjahren gingen gigantische Investitionen in diesen Bereich. Wenn ich mir im Gegenzug die Abnahme der Besucherzahlen anschaue bzw. des Interesses für gewisse Kunstsparten, dann erwarte ich von den Künstlern eine gewisse Demut gegenüber den Steuerzahlern. Manche Dinge können einfach nicht mehr öffentlich finanziert werden.«

Sämtliche Kulturförderungen einstellen zu wollen, so weit ginge er nicht. »Nur empfinde ich persönlich es als frech, wenn ein Politiker vor einem Festivalpublikum steht und Urkunden, Trophäen und Schecks überreicht, als wäre er der große Mäzen. Er geht hier mit Geld um, das er treuhänderisch für die Steuerzahler verwalten soll! Derselbe Politiker sitzt nächste Woche im Plenum des Bundestages und entscheidet mit darüber, ob die Hartz-IV-Sätze um fünf Euro angehoben werden. Wir müssen einfach wieder die Relationen zurechtrücken.« Dazu gehöre, die großen Galaveranstaltungen in Berlin von der Branche selbst finanzieren zu lassen, ohne Hilfe des Steuerzahlers. Oder auch die Wagner-Festspiele in Bayreuth, die seit Jahren üppig von der öffentlichen Hand subventioniert werden. Und zumindest gehörte es sich, so Holznagel, an den Anfang und ans Ende jedes geförderten Filmes – und es wird nahezu jeder Kinofilm in irgendeiner Weise gefördert – fünf Worte einzublenden: »Wir danken dem deutschen Steuerzahler.«

***

Die übertriebene Filmförderung erhält regelmäßig mindestens einen Eintrag im jährlichen Schwarzbuch des Bundes der Steuerzahler, einer Fibel des Schreckens, die der Verband unter dem Titel *Die öffentliche Verschwendung* herausbringt. Das Schwarzbuch ist eine der stärksten Waffen, die Holznagels Truppe bereithält. Denn es sorgt für zwei Dinge, die die sonst unsichtbaren Steuerverschwender fassbar machen: Öffentlichkeit und Transparenz.

Regelmäßig sorgt der Bund der Steuerzahler so für kollektive Empörung. Ein paar Beispiele aus den letzten Jahren:[1+2]

- In **Mühlheim am Main** wurde eine Biogasanlage für 6,7 Millionen Euro gebaut. Kurz vor der Fertigstellung stellte sich heraus, dass diese Anlage nicht wirtschaftlich zu betreiben ist, sondern jedes Jahr 215 000 Euro Zuschüsse benötigen würde. Sie wurde nicht in Betrieb genommen und lag jahrelang brach. Laut Meldungen vom Oktober 2012 soll sie nun doch angefahren werden – mit Pferdemist und Biomüll anstatt mit Mais und Zuckerrüben.

- In **Hagen** investierte die Stadt 15 000 Euro, um die Fassade einer Schule vor Schmierereien zu schützen.[3+4] Als das zwei Meter hohe und 120 Meter lange Metallgitter stand, merkte man, dass es nicht nur äußerst hässlich aussieht, sondern bloß die Vorderseite der Schule abschirmt und für die Vandalen an den Seiten riesige Lücken lässt. Ein für diesen Schwachsinn Verantwortlicher war nicht zu ermitteln. Der Zaun wurde für 5 000 Euro wieder demontiert und dem städtischen Tierheim übereignet. Nebenbei: Hagen gehört mit einer Verschuldung von über eine Milliarde Euro zu den Städten in NRW, denen es am dreckigsten geht.

- In **Offenburg** wird bei schönem Wetter gerne im Gifizsee gebadet. Um den maroden Kinderbereich aus bröckelndem Beton wieder nutzbar zu machen, stellte man ein Edelstahlbecken für über 100 000 Euro ans Ufer. Nach zwei Jahren wurde das Becken dichtgemacht. Denn man hatte bemerkt, dass beim Bau die Technik vergessen wurde, die die Qualitätswerte des Wassers erfasst. Das Becken hätte für 180 000 Euro erneuert werden müssen. Zu teuer. Das Stahlbecken bekam einen Holzboden und wird seitdem als Sitzgelegenheit genutzt. Ein neues Schwimmbecken für Kinder musste her. Dieses Mal wurde eines aus schwimmfähigem Kunststoff im See verankert. Kosten: 33 000 Euro. Doch auch dieses ist heute eine Sitzgelegenheit, da man merkte, dass es wegen Algenbildung täglich hätte gereinigt werden müssen. Dritte und hoffentlich finale Idee, das Planschen für Kinder attraktiver zu machen: eine Flachwasserzone.

- In **Schwentinental** bei Kiel wunderte man sich, dass der Wasserverbrauch der Toiletten eines kleinen Bahnhofs für das Jahr 2010 unglaubliche 3,7 Millionen Liter betrug. Nachdem die Bahn 1990 den Fahrkartenverkauf eingestellt hatte, hatte sich die Gemeinde bereiterklärt, zumindest den Toilettenbetrieb auf eigene Kosten aufrechtzuerhalten. Über Jahre hinweg fielen dafür monatlich rund 300 bis 400 Euro an. Nun der Schock und eine Rechnung von über 17 000 Euro. Doch man hätte schon im Vorjahr, als der Wasserverbrauch auf eine Million Liter hochgeschnellt war, darauf kommen können, dass da etwas nicht stimmt. Und tatsächlich: Die Fehlersuche ergab, dass seit einiger Zeit ein Bewegungsmelder defekt war, der die Spülung auch ohne die Notdurft eines Passanten auslöste.

- In **Celle** fährt seit 2009 ein sogenannter Entdeckerbus die schönsten Ecken, bedeutendsten Sehenswürdigkeiten und historischen Mahnmale der Region an. Darunter die südlichen Zipfel der Lüneburger Heide, das Deutsche Erdölmuseum, die Gedenkstätte des ehemaligen Konzentrationslagers Bergen-Belsen, ein Kloster. Klingt interessant. Nur: Im Jahr 2011 wurden an 40 Betriebstagen ganze 2057 Fahrscheine gekauft bei einem Ticketpreis von gerade mal drei Euro. Wer einen Taschenrechner hat, kommt schnell zu dem Ergebnis, dass die Einnahmen 6171 Euro betragen haben. Die Ausgaben lagen aber bei 88 000 Euro. Macht rund 40 Euro, die der Steuerzahler rein rechnerisch auf jede Fahrkarte drauflegen musste. Nun könnte man meinen, dass die Buslinie im Folgejahr wegen Unwirtschaftlichkeit eingestellt wurde. Keineswegs. Der Celler Kreistag genehmigte für 2012 sogar 121 000 Euro, um den Entdeckerbus noch häufiger fahren zu lassen und ihn stärker zu bewerben.

- In **Berlin** kauften sich 115 Bundestagsabgeordnete für 68 800 Euro knapp 400 Schreibgeräte der teuren Nobelmarke Montblanc.[5] Die Stifte wurden weder vom monatlichen Salär (knapp 7800 Euro) noch von der steuerfreien Kostenpauschale (rund 4000 Euro) bezahlt, sondern über ein separates Konto für Sachleistungen, von dem jeder Abgeordnete jährlich 12 000 Euro wegbuchen kann. Immerhin: Die Kritik des Bundes der Steuerzahler führte dazu, dass hochpreisige Füller und Kugelschreiber nicht mehr aus dem Sachleistungsbudget erstattet werden.

- Und noch ein letzter Fall aus **Berlin**: Mitte 2011 gab das Bundesbauministerium eine 55 300 Euro teure Studie in Auftrag, um die Leerstände in deutschen Kleingartenanlagen untersuchen zu lassen, um anschließend Handlungsempfehlungen auszusprechen. Dass es zu dem Thema überhaupt eine Studie geben muss, überrascht schon einmal. Richtig ärgerlich wird es, wenn man weiß, dass es bereits 2008 eine ganz ähnliche vom Bund beauftragte Studie gegeben hat, die sogar 100 000 Euro teuer war und vom selben Institut durchgeführt worden war, das die Ausschreibung zur zweiten Studie gewann.

Sieben Fälle von jährlich Hunderten. Kniet man sich tief in die Materie, kommt man aus dem Staunen nicht mehr heraus. Wobei wir da untertreiben. Man kann nur immer wütender werden. Unnötige Anschaffungen, teure Fehlplanungen, dreiste Selbstbedienung allerorten.

Die hochmütigen Spötter, die sich über die zum Teil vergleichsweise läppischen Ausgaben lustig machen sollten, warnt Steuerzahlerchef Holznagel: »Angesichts der Staatsschuldenkrise werden Summen aufgerufen, die sich ein normaler Mensch nicht mehr vorstellen kann«, schreibt er im Geleitwort des Schwarzbuches 2012. »Ausgaben von 10 000 Euro für verkehrsberuhigende Matten, die dann nicht zum Einsatz kommen, erscheinen da wie Peanuts. Zäune, die keinen Nutzen haben, sind zwar ärgerlich, aber der Schaden fällt doch kaum auf, oder? ... Vorsicht, diese Einstellung nährt den Fatalismus, der die Organisation des Staates grundlegend gefährdet. Jeder Euro Steuergeld muss zunächst durch uns verdient werden, bevor wir ihn zur treuhänderischen Verwendung in die Kassen des Staates geben. Deshalb sind Verschwendungssummen irrelevant. In Sachen Steuergeldverschwendung darf es kein ›egal‹ oder ›nicht so schlimm‹ geben.«

Das sagen die Wächter der Steuergelder gerade auch in Anbetracht der riesigen Verschwendungsskandale, die inzwischen fast täglich die Schlagzeilen dominieren und alle anderen, weniger teuren Verfehlungen ins Abseits zu drängen drohen.[6+7] Und die Liste der bundesdeutschen Großbauprojekte, die viel unerschwinglicher wurden und werden als ursprünglich gedacht, gerät immer länger (Stand Januar 2013):

Der **Flughafen Berlin-Brandenburg** wird aufgrund diverser Baumängel wohl rund fünf Milliarden Euro anstatt zwei Milliarden kosten und fünf Jahre später als geplant in Betrieb gehen können. Der Umzug der **Zentrale des Bundesnachrichtendienstes** vom bayerischen Pullach nach Berlin-Wedding wird statt 500 Millionen Euro rund anderthalb Milliarden verschlingen. Der Umbau des **Nürburgrings zu einer Erlebniswelt** inklusive Achterbahn mit superschneller Beschleunigung, der u. a. wegen ausbleibender Besucher in die Insolvenz führte, schlug mit 350 Millionen Euro Steuergeld zu Buche. Beim 2008 noch mit rund drei Milliarden Euro taxierten Neubau des **Stuttgarter Tiefbahnhofes** ist man inzwischen bei rund sieben Milliarden Euro angelangt, wobei die Bahn einen Teil der Kosten, der durch eigene Planungsfehler entstand, übernehmen wird. Aber wird die Bahn selbst nicht auch vom Steuerzahler bezahlt? Die **U-Bahn-Strecke unter**

der Kölner Altstadt hindurch wurde ursprünglich auf 600 Millionen Euro berechnet. Bekanntlich stürzte bei den Bauarbeiten das Kölner Stadtarchiv ein (zwei Tote), eine Kirche neigte sich bedenklich, Anfang 2013 spürten Betende und Touristen im Kölner Dom gefährliche Vibrationen. Längst ist die Milliardengrenze auch für dieses Unternehmen gesprengt. Die Hamburger ärgern sich beim Anblick der **Elbphilharmonie**, die 2005 noch rund 77 Millionen Euro kosten sollte und – nach schweren Querelen zwischen der Stadt, den Architekten und dem Bauunternehmen, der u. a. zu einem einjährigen Baustopp führte – möglicherweise mehr als 600 Millionen Euro auffressen wird. Und in Saarbrücken – um noch ein etwas kleiner dimensioniertes, aber nicht minder grausames Übel zu erwähnen – stiegen die Kosten für die Erweiterung des **Saarlandmuseums** um einen weiteren Pavillon von ursprünglich neun Millionen Euro auf vermutlich rund 40 Millionen.

Auch diese Liste der Schande ließe sich ohne Probleme weiterführen. Die große Frage ist, ob hinter diesen regelmäßig explodierenden Baukosten nicht ein Prinzip steckt, nach dem der Wähler genauso regelmäßig für dumm verkauft wird. Es gibt tatsächlich Forscher, die dieser Frage nachgegangen sind und die populistisch klingende Frage bejahen. Der Karlsruher Wirtschaftswissenschaftler Werner Rothengatter fand heraus, dass den megateuren Prestigeprojekten tatsächlich ein betrügerischer Mechanismus innewohnt, der gerade in Demokratien zu beobachten ist. Demnach wüssten Politiker schon beim ersten Spatenstich, dass die Kosten für das entstehende Bauwerk in die Höhe schnellen werden. Die Investitionen würden aber bewusst kleingerechnet, um die politische Zustimmung zu erhalten. Verknüpft würde diese bewusste Schönrechnerei, so Rothengatter, mit der Hoffnung der Initiatoren, dass sie am Ende nicht mehr die Verantwortung trügen, während das Prunkmal später jedoch immer noch mit ihrem Namen in Verbindung gebracht werden würde.

Der dänische Wirtschaftsgeograf Bent Flyvbjerg, der zusammen mit Rothengatter das Buch *Megaprojects and Risk* schrieb und dafür auch andere europäische Großbaustellen wie den Kanaltunnel zwischen Frankreich und England oder die Vasco-da-Gama-Brücke in Portugal untersuchte, kommt gar zu dem Schluss, dass oft nicht das beste Szenario den Zuschlag bekommen würde, sondern das, was mit den falschesten Zahlen hantierte.[8]

Reiner Holznagel vom Bund der Steuerzahler geht allerdings nicht von Vorsatz aus, wenn Projekte wie der neue Hauptstadtflughafen im Desaster enden. »Das Problem, das wir bei unserem Flughafen sehen, ist, dass wir auf der einen Seite eine viel zu knappe Kalkulation hatten und auf der anderen Seite ein totales Versagen des politisch besetzten Aufsichtsrates. Das Versagen liegt darin, dass der Aufsichtsrat nicht rechtzeitig für Transparenz gesorgt hat, sondern eher darauf bedacht war, Bänder durchzuschneiden.«

***

Natürlich fragten wir für dieses Kapitel auch ein Gespräch mit Dieter Engels an, dem Präsidenten des Bundesrechnungshofes in Bonn. Denn kein anderer ist so dicht dran an den Steuergeldtöpfen und sieht das System der Misswirtschaft so deutlich wie er. Wir bekamen eine sehr freundliche Absage. Wir sollten doch bitte Verständnis dafür haben, dass man sich zu dieser Thematik nicht äußern wollte. Interessant.

Interessant ist jedoch auch, was Steuerzahlerpräsident Holznagel zum Bundesrechnungshof zu sagen hat: »In der Regel sind die Rechnungshöfe sehr zurückhaltend, wenn es darum geht, den Begriff Steuergeldverschwendung zu verwenden, zumal sie ihn nur in juristischen Zusammenhängen nutzen.« Was meint er damit? Holznagel bringt ein Beispiel: »Wenn ein Radweg gesetzeskonform ausgeschrieben wurde, wenn er nach den Vorschriften angelegt und das Budget eingehalten wurde, ist vonseiten des Bundesrechnungshofes alles in Ordnung. Wenn wir uns als Bund der Steuerzahler aber an den Radweg stellen und die Anzahl der Radfahrer messen – und zwar null –, dann können wir von Steuergeldverschwendung reden, der Bundesrechnungshof nicht.«

Und jetzt kommt's: Vor diesem Hintergrund gibt es jedoch eine informelle Zusammenarbeit zwischen den Rechnungshöfen und dem Bund der Steuerzahler. So berichtet uns Reiner Holznagel, dass er und seine Mitarbeiter durchaus immer mal wieder Hinweise von den Rechnungshöfen erhalten und sogar ganze Fälle zugespielt bekommen mit der Bitte, die Sache doch mal nach den Maßstäben der Steuerschützer zu hinterfragen, um eine politische Diskussion anzustoßen.

***

Uns interessiert, welches Bewusstsein der politisch Handelnden hinter den verschwenderischen Idiotien liegt. Wir treffen uns mit Björn Raupach, Dozent an der Hamburger Universität für das hierzulande noch recht junge Fach Public Management. Wie Holznagel ist auch Raupach entrüstet. Aus fast jedem seiner Sätze spricht die emotionale Betroffenheit des Wissenschaftlers, der gleichzeitig gelernter Diplomkaufmann ist, also mit Zahlen umzugehen weiß.

»In Politik und Verwaltung herrscht sehr oft organisierte Verantwortungslosigkeit«, erklärt uns Raupach. »Die meisten Handelnden haben weder ein Verständnis für die Nachhaltigkeit ihrer Entscheidungen, noch die nötige Ausbildung. Wer wird denn Amtsleiter? Fast ausschließlich Juristen, in den seltensten Fällen sitzen da Ökonomen. Ein Jurist schaut nicht auf die Ressourcen. Das führt dazu, dass Verwaltungsprozesse und Verwaltungsakte so gut wie nie auf die ökonomische Verhältnismäßigkeit hin überprüft werden. Ich will Verwaltungen oder den Staat nicht komplett ökonomisieren, man soll jedoch effizient mit den Mitteln der Steuerzahler umgehen. Darum geht es in unserem Fach Public Management.«

Tja, diese Juristen. Inzwischen sitzen sie zu hohen Prozentsätzen in sämtlichen Verwaltungen und machen einen Großteil der Parlamentarier im Deutschen Bundestag aus. »Das Juristenmonopol sollte verstärkt in Frage gestellt werden: In welchen Funktionen benötigt die Verwaltung tatsächlich Mitarbeiter, die als Volljuristen ausgebildet wurden?«, wird in einem Aufsatz der Uni Potsdam über Reformen in der Ministerialverwaltung gefragt.[9] Und weiter: »Für welche Funktionen ... wäre es von Vorteil, wenn diese von Mitarbeitern mit einer wirtschaftlichen oder sozialwissenschaftlichen Ausbildung wahrgenommen würden?« Schon der große Soziologe Niklas Luhmann hatte in den Sechzigerjahren kritisiert, dass die Rechtsprechung dafür sorgt, dass Juristen einer »Routineprogrammierung« unterliegen, die Entscheidungen klar regelt. Die Juristen selbst kämen dadurch allerdings in Schwierigkeiten, sich zu entscheiden, und würden zu Bedenkenträgern.[9] Werner Thieme, emeritierter Rechtswissenschaftler von der Universität Hamburg, formuliert es anders: »Im Mittelpunkt des Denkens des Juristen steht das Recht mit seinen vielen, vielen Paragraphen, die die Verwaltungsjuristen von der Wirklichkeit trennen.«[9]

Der Wirklichkeit des übermächtigen Juristenmonopols müssen sich die wenigen Kämpfer des aus Amerika herübergeschwappten Public Managements täglich erwehren. Sein Fach sei ein »Orchideenfach«, so Raupach, also eine Rarität. Im deutschsprachigen Raum gebe es gerade mal eine Handvoll Universitätslehrstühle, die sich mit dem Ausgabeverhalten der Bürokratie beschäftigen. »Vor dem Hintergrund einer Staatsquote von 50 Prozent, das heißt, dass jeder zweite Euro durch den Staat verwaltet wird, ist es eigentlich unfassbar, wie wenig Wert auf Nachhaltigkeit und Ressourcensparsamkeit gelegt wird«, meint der Hamburger Dozent.

Man könnte fast Absicht unterstellen, dass das so ist, vermuten wir. »Ja, wer hat denn schon Interesse daran, Transparenz in den öffentlichen Sektor reinzubekommen?«, bestätigt uns Raupach. »Würde man bei seiner Stadtverwaltung mal nachfragen, wie viel Steuergeld ausgegeben wird, um eine Baugenehmigung auszustellen, würde niemand darauf eine Antwort geben können. Man weiß es nicht. Es spielt im öffentlichen Dienst ja auch gar keine Rolle. Die Logik im öffentlichen Dienst ist rein input-orientiert, also gesteuert über die Gelder, die reinkommen. Der Output-Gedanke, welche Leistungen also für den Bürger erbracht werden, spielt in der Rationalität der Verwaltung eine untergeordnete Rolle, was wiederum zu einer Verschwendung der öffentlichen Mittel einlädt.«

Raupach fällt dabei ein scheinbar simples, aber doch vielsagendes Beispiel aus einer kleinen Gemeinde im Schwabenland ein. Da hatte ein Hausbesitzer vor, von seinem leicht abfallenden Grundstück Regenwasser abzuleiten, das aufgrund eines harten Lehmbodens kaum versickerte. Die Drainagerohre auf seinem eigenen Grund konnte er ja noch selbst verlegen, aber zwischen seinem Stück Erde und dem Bach, in den er das Wasser leiten wollte, verlief ein kleiner Weg. Also wandte er sich als braver Bürger ans Amt. Er ahnte nicht, dass er damit ein Bürokratiemonster zum Leben erweckte. Das Rohr, das unterhalb des Fußwegs Richtung Bach verlegt werden musste, bekam er zwar genehmigt. Doch bis dahin füllten sich sieben Aktenordner mit Unterlagen aus insgesamt fünf verschiedenen Ämtern. Der Effekt war nicht im Sinne der Bürokratie: Weil die Nachbarn, die das gleiche Problem mit dem Wasser hatten, von dem Behördenmarathon erfuhren, erledigten sie das mit dem Rohr lieber selbst, ohne das Amt zu unterrichten. Sie taten quasi aus Angst etwas Illegales.

Für Dozent Raupach ein Paradestück, das vorführt, wie allein die Transparenz von zum Teil sogar parallel in Gang gesetzten Entscheidungsprozessen viel Geld sparen könnte. »Wahrscheinlich«, vermutet er, »waren alle Mitarbeiter der Meinung, dass sie einen guten Job gemacht haben.«

Bei der riesigen Kluft, die zwischen vergeudetem Steuergeld und der letztlich kleinen Leistung regelmäßig aufreißt, scheint Transparenz – also Beobachtbarkeit – die einzige Möglichkeit zu sein, mehr Vernunft in den Umgang mit Steuermitteln zu bekommen. Doch bislang, das merkt Björn Raupach, wenn er als Berater und Trainer in Stadtverwaltungen sitzt, würden Maßnahmen, die für mehr Transparenz sorgten, von vielen zuerst einmal als störend empfunden. Eigentlich logisch. Denn dadurch wird das eigentliche Handeln von Politik und Beamtentum plötzlich messbar, berechenbar und vor allen Dingen öffentlich sichtbar. »Heute kann ich mich als Politiker im Nebel der Ressourcenverbräuche im öffentlichen Sektor sehr schön verstecken«, sagt Raupach. »Bisher gibt es einmal im Jahr einen Bericht des Bundesrechnungshofs und der Landesrechnungshöfe, dazu das Schwarzbuch des Bundes der Steuerzahler, alle regen sich zwei Tage lang auf, und das war's. Wenn ich aber permanent Transparenz in den öffentlichen Ressourcenverbrauch bringe, setze ich die Handelnden jeden Tag der Gefahr aus, dass allzu laxes Geldausgeben bekannt wird und Empörung hervorruft. Politiker kriege ich im Prinzip ja nur über deren eigene Rationalität gesteuert – und die sieht als wichtigstes Ziel nicht das Gemeinwohl, sondern die Wiederwahl. Einem Politiker ist ja im Endeffekt egal, ob die Verschuldung steigt oder nicht, dem ist wichtig, dass er wiedergewählt wird. Wenn Staatsversagen aber dauerhaft sichtbar wird, dann ist die Wiederwahl gefährdet. Meines Erachtens ist das der Hebel.«

Das Problem dabei: Wer außer den in der Kritik stehenden Politikern und Beamten selbst soll bzw. darf denn, bitte schön, diese Transparenzgesetze formulieren? Eben. Experten wie Raupach sehen daher zwei Szenarien kommen, die endlich dazu motivieren könnten, das System (dazu würde auch das nicht immer zu Recht hoch gelobte Beamtenrecht gehören) auf Nachhaltigkeit umzubauen: Entweder wird die Schuldenkrise so verheerend, dass Bund, Land und Gemeinden in griechische Verhältnisse schlittern und quasi durch das Kollabieren des Systems wachgerüttelt werden. Oder, zweites Szenario, der Befehl zum Umbau kommt aus Brüssel.

Was allerdings schon jetzt – wenn auch teilweise gegen den Willen der Betroffenen – funktioniert, sind die Bemühungen der Public-Management-Gilde, betriebswirtschaftliche Mechanismen wie die Doppelte Buchführung (Doppik) in die Abläufe von Verwaltungen einzubauen. Vor allem in den vom Schuldenkollaps bedrohten Städten und Gemeinden Nordrhein-Westfalens öffnen sich immer mehr Amtstüren für Reformen. Der Stadtstaat Hamburg bilanziert bereits seit 2006 sein Vermögen und seine Schulden auf kaufmännische Weise – und das für jeden einsehbar im Internet. Außerdem ist man über die »strategische Neuausrichtung des Haushalts« dabei, jede einzelne Leistung, die für den Bürger erbracht wird, endlich als teures, kostbares Produkt zu sehen. Dieser sensible Blick fehlte bisher. Allerdings sind bis 2013 nur Bremen und Hessen dem Hamburger Vorbild gefolgt.

***

Zurück noch einmal nach Berlin in die Französische Straße. Dort drückt uns Reiner Holznagel eine schlichte, weiße, gebundene Broschüre von 98 Seiten in die Hand. Drauf steht *Unverzichtbare Gesetzgebungsmaßnahmen zur Bekämpfung der*

Haushaltsuntreue und der Verschwendung der öffentlichen Mittel.[10] Dieses Schriftwerk ist ein Gutachten. Verfasst hat es im Auftrag des Bundes der Steuerzahler der Münchner Straf- und Prozessrechtsprofessor Bernd Schünemann. So harmlos es in unseren Händen liegt, so viel Sprengstoff beinhaltet es. Denn Schünemann fordert darin nicht weniger als Haftstrafen und Geldstrafen für parlamentarische bzw. verbeamtete Steuersünder.

Interessant ist hierbei das Wort »Steuersünder«, das wir an dieser Stelle ganz bewusst gewählt haben. Wird der Begriff doch im medialen und öffentlichen Sprachgebrauch vor allem verwendet, um Steuerhinterzieher und Steuerflüchtlinge zu beschimpfen. Wir meinen – ganz im Sinne der Argumentation von Schünemann –, dass Steuergeldverschwendung von Amtsträgern genauso hart und gnadenlos geahndet werden muss wie Steuerhinterziehung. Das ist bisher keinesfalls so. Im Gegenteil: Während man in den letzten Jahrzehnten die Verfolgung von Steuerhinterziehern verschärft hat und im Zuge dessen sogar – wie beim Ankauf von CDs aus der Schweiz mit Daten von Steuerflüchtlingen – Geschäfte mit Kriminellen gemacht werden, sind offenbar sämtliche bundesdeutschen Regierungen nicht in der Lage, den Steuerverschwendern in den eigenen Reihen Strafen anzudrohen und sie bei Nachweis tatsächlich einmal vor Gericht zu stellen.

Konkret plädiert Professor Schünemann für einen neuen Paragraphen 349 im Strafgesetzbuch und formuliert in geschliffenem Juristendeutsch:

»Ein Amtsträger oder ein für den öffentlichen Dienst besonders Verpflichteter, der die Ausgabe öffentlicher Mittel bewilligt oder vornimmt und dabei wesentliche haushaltsrechtliche Vorschriften missachtet, die zur Sicherung des Entscheidungsmonopols der für die Aufstellung des Haushaltsplanes zuständigen Stelle oder der Wirtschaftlichkeit und Sparsamkeit der öffentlichen Haushalte dienen, ohne durch ein unabweisbares Bedürfnis hierzu gezwungen zu sein, wird mit Freiheitsstrafe bis zu fünf Jahren oder mit Geldstrafe bestraft.«

Und so geht es in mehreren Abschnitten munter weiter. Politikern gefriert bei solchen Worten das Blut in den Adern. Einmal dürfen Sie raten, liebe Leser, was passierte, als der Bund der Steuerzahler den von Professor Schünemann entwickelten Gesetzesentwurf an Kanzleramtschef Ronald Pofalla (CDU) schickte. Na? Richtig. Nichts!

»Wir haben mit dieser schwarz-gelben Koalition erstmals eine politische Einheit, die Verschwendung von Steuergeld thematisiert. Im 2009 geschlossenen Koalitionsvertrag steht erstmals, dass die drei Regierungsparteien gegen Steuergeldverschwendung kämpfen wollen«, sagt Steuerwächter Holznagel. »Doch leider ist überhaupt nichts passiert. ›Leider‹ sage ich auch deswegen, weil wir konkrete Vorschläge gemacht haben darüber, wie die Verschwendung von Steuergeld bestraft werden kann. Unsere Initiative stellten wir Anfang 2012 vor. Die Reaktion aus der Politik war gleich null.«

Aus den Reihen der Amtsträger schlägt Holznagels Leuten immer wieder der Satz entgegen, dass man sich als Politiker bei einer derartigen Verschärfung des Rechts doch stets mit einem Bein im Knast fühlen und darum aus Angst nicht mehr gehandelt werden würde. Der Verbandspräsident: »Diese Argumentation kann ich nicht ganz nachvollziehen. Unter Annahme einer solchen Haltung gäbe es zum Beispiel keine Krankenhäuser. Danach würde jeder Arzt ja quasi eine Körperverletzung begehen, sobald er einen Patienten behandelt. Nein, dieses Argument ist eine reine Schutzbehauptung fürs Nichtstun.«

***

Ist der Leidensdruck also noch nicht groß genug für Reformen? Können sich die uns Regierenden und uns Verwaltenden die tägliche Verschwendung von Milliarden noch leisten? Ist das neue Bewusstsein trotz katastrophalster Beispiele aus dem wahren Leben immer noch nicht in den Gehirnen der Protagonisten angekommen? Offenbar: ja. Dabei müsste sich doch in Anbetracht der längst nicht überwundenen Staatsschuldenkrise jeder darüber im Klaren sein, dass politische Reformen gerade in den finanziellen Bereichen dringend geboten sind – und man im Zuge dessen von vielen Jahrzehnte alten Gewohnheiten und Bequemlichkeiten Abschied nehmen muss.

Dazu gehört womöglich auch, dass Blockbuster aus Hollywood zukünftig ohne deutsche Steuermillionen auskommen müssen.

9
Du sollst dich dumm stellen –
der U-Ausschuss ist nur Theater

»Haben Sie noch eine Erinnerung daran, was Sie gelesen haben?« Joschka Fischer, damals Außenminister, beugt sich vor, fixiert den Fragesteller und giftet in höhnischem Ton: »Ob ich das noch in Erinnerung habe? Ja, bin ich hier beim Arzt, der mein Erinnerungsvermögen testet?« Lautes Gelächter im Saal. Fischer hämisch: »Was geht hier eigentlich vor?«[1]

Fischer stellte sich bewusst dumm, denn er wusste ganz genau, was da gerade vor sich ging: eine Sitzung des parlamentarischen Untersuchungsausschusses in der sogenannten Visa-Affäre. Es ging dabei um gelockerte und deshalb sehr umstrittene Bedingungen für die Erteilung von Einreisebewilligungen durch deutsche Botschaften.

Erstmals in der Geschichte der Bundesrepublik wurde die Vernehmung eines Zeugen vor einem Untersuchungsausschuss – in diesem Fall Fischer – live im Fernsehen übertragen. Mit insgesamt mehr als sechs Millionen Zuschauern verbuchte der Dokukanal Phoenix eine Rekordquote.[2] Die Zuschauer erlebten mit, wie Fischer seine Vernehmung als Bühne nutzte, um die vermeintlichen Inquisitoren wie Schuljungen vorzuführen.

Damit machte er deutlich, welchen Stellenwert er dem angeblich »schärfsten Schwert der Opposition«[3] beimaß: gar keinen.

Diesen gefährlich klingenden Beinamen bekam dieses Instrument parlamentarischer Kontrolle, weil bereits die Zustimmung von 25 Prozent der Bundestagsabgeordneten ausreicht, um ein solches Gremium zu erzwingen. Das heißt, eine Regierung hat im Grunde keine Chance, einen unliebsamen »U-Ausschuss«, wie er im Abgeordnetendeutsch heißt, zu verhindern, wenn die Opposition ihn will.

Vordergründig sind U-Ausschüsse mit erheblicher Macht ausgestattet. Unter anderem darf sogar die Strafprozessordnung bemüht werden. »Auf die Beweiserhebungen finden die Vorschriften über den Strafprozess sinngemäß Anwendung. Gerichte und Verwaltungsbehörden sind zur Rechts- und Amtshilfe verpflichtet … Der Untersuchungsausschuss hat das Recht, das Erscheinen von Zeugen zu erzwingen; er kann im Falle einer ungerechtfertigten Zeugnisverweigerung ein Ordnungsgeld festsetzen bzw. beim Ermittlungsrichter des Bundesgerichtshofes beantragen, die Person in Haft nehmen zu lassen …«, heißt es in einem Informationsblatt der Wissenschaftlichen Dienste des Deutschen Bundestages[4]. Das klingt wirklich gewaltig – doch ganz am Ende des Textes kommt das Kleingedruckte: »Die Gerichte sind nicht an die Ermittlungsergebnisse gebunden und in der Würdigung des dem Verfahren zugrunde liegenden Sachverhalts frei.« Das heißt: Egal, was ein Untersuchungsausschuss zutage fördert – kein deutsches Gericht müsste deshalb automatisch ein Verfahren eröffnen. Nein, sämtliche Ermittlungen müssten mit einem Staatsanwalt an der Spitze neu geführt werden.

Und damit wären wir bei einem zweiten, gravierenden Manko der Untersuchungsausschüsse. Die Opposition darf einen solchen Ausschuss zwar erzwingen – doch nicht leiten. Denn »für den Vorsitz sind die Fraktionen im Verhältnis ihrer Stärke zu berücksichtigen«, heißt es im bereits erwähnten Dokument des Wissenschaftlichen Dienstes. Bedeutet im Klartext: Da die amtierende Regierung logischerweise über die größte Fraktion verfügt, darf sie den Chef des Untersuchungsausschusses stellen.

Der Opposition bleibt im besten Fall der Stellvertreterposten. Wer ist so naiv zu glauben, die Regierungspartei würde ausgerechnet einen Wackelkandidaten oder gar einen Illoyalen aus ihren Reihen zum Vorsitzenden bestimmen, der es am Ende darauf anlegt, seine eigenen Leute in die Pfanne zu hauen? Theoretisch soll er unparteiisch sein. Und im Sommer schneit es, oder?

***

Schon einer der ersten U-Ausschüsse hätte ahnen lassen können, wie stumpf das angeblich scharfe Oppositionsschwert im Grunde ist.

1948. Die deutschen Metropolen liegen in Trümmern. Berlin, die ehemalige Reichshauptstadt, ist – entsprechend den vier Besatzungszonen – in vier Sektoren aufgeteilt, es muss also für die künftige Bundesrepublik eine neue Hauptstadt her. Bonn, Frankfurt, Stuttgart und Kassel bewerben sich. Das Ergebnis ist bekannt: Ausgerechnet Bonn, das Kaff am Rhein, gewinnt. Aber warum? Der *Spiegel* behauptet in seiner Ausgabe vom 27. September 1950:[5] durch Bestechung. Es seien rund zwei Millionen Mark geflossen. Der daraufhin eingesetzte »*Spiegel*-Ausschuss« kommt 1951 nach 36 Sitzungen zu dem Ergebnis: »Zu den Behauptungen über die Geldzuwendungen an Abgeordnete – im Zusammenhang mit der Hauptstadtabstimmung Bonn/Frankfurt – sind aus 2000 Seiten Vernehmungsprotokoll nur schwache Indizien herauszuholen«.[6] Geld sei wohl geflossen, aber was es bewirkt habe, könne nicht nachvollzogen werden. Eine Farce wie das Hornberger Schießen.

Parteispenden, Waffenlieferungen, angebliche Lügen der Regierung – seit 1949 beschäftigten sich 39 Untersuchungsausschüsse mit einem bunten Strauß von Themen.[7]

Der pompös inszenierte Visa-Ausschuss endete ebenso kläglich wie der Hauptstadt-Auschuss vor 55 Jahren. Fischer wurde zehn Stunden lang verhört. Später kam Innenminister Otto Schily dran. Der geschickte Taktiker, ein von Haus aus gewiefter Jurist, folterte die Ausschussmitglieder mit einer fünfstündigen Eingangsrede, wohl in der Absicht, sein Publikum so zu ermüden, dass anschließend keiner mehr zu einer ausführlichen Befragung Lust hatte.[8] Fischer hatte zuvor den gleichen Trick probiert, brachte es laut Protokoll aber nur auf zwei Stunden und 18 Minuten.[9] Aber es half nichts, auch Schily musste zehn Stunden lang Fragen vor laufenden Kameras beantworten. Nach 32 Sitzungen, in denen 58 Zeugen aussagten und 1600 Aktenordner gesichtet worden waren,[10] lautete das Fazit: Außer Spesen nichts gewesen.

Und diese Spesen sind gewaltig: Tausende von Aktenseiten müssen gescannt und gedruckt werden, Reisekosten für Zeugen fallen an, eventuell Honorare für beratende Anwälte, Stenografen, Personal, Überstunden … Nach unseren Recherchen belaufen sich die Gesamtkosten eines Untersuchungsausschusses, je nach Dauer, auf mindestens 150 000 Euro und mehr. Viel Geld für heiße Luft.

Und, was lernen die Parlamentarier daraus? Nichts. Nur ein Jahr später ging der nächste Untersuchungsausschuss an die Arbeit: Untersucht wurden die Aktivitäten des Bundesnachrichtendienstes im Irak. Kaum wurde die Arbeit nach drei Jahren für beendet erklärt, startete U-Ausschuss Nummer 37. Diesmal ging es um die Rettung des bankrotten Immobilien-Riesen Hypo Real Estate (HRE) durch die Bundesregierung während der weltweiten Finanzkrise.

Am Schluss eines jeden Untersuchungsausschusses steht der Sachstandsbericht, der sich in Amtsdeutsch »Beschlussempfehlung und Bericht« nennt. Im Fall HRE lautete die Beschlussempfehlung wie folgt: »Der Bundestag möge beschließen: Der Bericht des 2. Untersuchungsausschusses nach

Artikel 44 wird zur Kenntnis genommen.« Nicht zu fassen! Also auch hier: lesen, lachen, lochen. Das war's. Sechs Monate lang wurden Zeugen vernommen, unter ihnen auch der damalige Finanzminister Peer Steinbrück. Am Ende, im September 2009, waren sich die 24 Ausschussmitglieder einig – nämlich darüber, dass sie sich (überraschenderweise!!) überhaupt nicht einig waren. Schon die Einleitung der Schlussbewertung durch den Ausschussvorsitzenden macht klar, wo der Hase lang läuft:[11] »Mit ihrem Versuch, der Bundesregierung durch die Einsetzung eines Untersuchungsausschusses Verfehlungen bei der Bewältigung der seit Jahrzehnten größten internationalen Finanz- und Wirtschaftskrise anzulasten, ist die Opposition gescheitert.« Diese Bewertung war aus den eben genannten Gründen so berechenbar wie die Tatsache, dass am 24. Dezember Heiligabend ist: Die SPD stellte den Ausschussvorsitzenden, die Christdemokraten entsandten seine Stellvertreterin. Also die zu dieser Zeit amtierende große Koalition en miniature.

In einem sogenannten Sondervotum haben die Mitglieder des U-Ausschusses die Möglichkeit, sich zu äußern, falls sie anderer Meinung sind als der Vorsitzende. Kein Wunder also, dass FDP, Grüne und Linke geschlossen und ausführlich davon Gebrauch machten: »Gravierende Kommunikationslücken zwischen Bundesfinanzministerium und Bankenaufsicht usw., geben sie zu Protokoll.« Dies wiederum brachte die SPD-Abgeordnete Nina Hauer so in Rage, dass sie ihrerseits eine fünf Seiten lange Replik verfasste: »Erkenntnisresistenz der Opposition«, »Zahlentricksereien als letztes Mittel«. Schluss? Mitnichten! Ganz am Ende rechtfertigte sich der offenbar beleidigte Ausschussvorsitzende in einem vierten Sondervotum dafür, dass er das Recht hatte, jeweils die erste Frage an einen Zeugen zu richten. Der 372 Seiten starke Bericht ist der (er-)schlagende Beweis für die weitgehende Wirkungslosigkeit der zum »Schwert« aufgebauschten U-Ausschüsse, die in den weitaus meisten Fällen nicht einmal stumpfe Obstmesser sind.

***

Die Architektur des Saals E600 des gewaltigen Paul-Löbe-Hauses in Berlin ist eine beeindruckende Manifestation parlamentarischer Macht. Die runden Decken ragen zwei Stockwerke hoch, durch die großen Fenster hinter dem Stuhl des Vorsitzenden strömt Tageslicht hinein. Rund um den Saal verläuft auf Höhe des ersten Stocks eine Galerie für Zuhörer, die hier Platz nehmen können, sofern die Sitzungen öffentlich sind. Sie bilden dann die »Saalöffentlichkeit«, die nach Artikel 44 des Grundgesetzes bei jeder Beweisaufnahme gegeben sein muss – es sei denn, Geheimhaltungsgründe sprechen dagegen. Edles dunkles Holz kontrastiert mit dem nicht minder edlen, aber hellen Holz eines Halbrunds in der Mitte des Saals. Hier sitzen die Zeugen der Untersuchungsausschüsse oder geladene Experten.

Doch die Säle sind nicht nur der Inquisition vorbehalten, sondern hier, in diesen Räumlichkeiten, wird Deutschland wirklich regiert: denn hier tagen die Ausschüsse. »Den Ausschüssen kommt die zentrale Rolle bei der Vorbereitung der Gesetzentwürfe zu«, sagt Ines Mockenhaupt-Gordon, Leiterin der Unterabteilung Ausschüsse in der Bundestagsverwaltung. »Sie sind die vorbereitenden Beschlussorgane ...«[12]

Wer angesichts vieler leerer Plätze bei Bundestagsdebatten in Rage gerät, wird bei der Feststellung, dass der Deutsche Bundestag ein »Arbeitsparlament« ist, in Hohngelächter ausbrechen. Halt, zu früh gelacht! Denn während beispielsweise im britischen Unterhaus Gesetze in teils hitzigen Redeschlachten im Plenum debattiert werden (»Debattenparlament«), geschieht dies in Deutschland außerhalb des Plenums in den Ausschusssitzungen. Der Bundestag stimmt später über die hier ausgearbeiteten und beschlossenen Gesetzentwürfe ab. Umso erstaunlicher ist das augenscheinliche Desinteresse der Wählerinnen und Wähler an diesem zentralen Element der Demokratie: Ein Filmbeitrag auf Youtube über »Die Rolle der Ausschüsse im Deutschen Bundestag«[13] kam drei Monate, nachdem er online gestellt wurde, gerade mal auf 125 Klicks. Die Anleitung, wie man den Gangnam-Style authentisch tanzt, verzeichnet hingegen elf Millionen Aufrufe ...

**

Dabei werden in den derzeit 22 »ständigen Ausschüssen« weitreichende Entscheidungen getroffen bzw. vorbereitet, die im Endeffekt das tägliche Leben vieler Millionen Bundesbürger beeinflussen. Mit dem Jahreswechsel 2012/2013 traten zum Beispiel u. a. diese neuen Gesetze in Kraft: Wegfall der Praxisgebühr, mehr Geld für Hartz-IV-Empfänger, Portoerhöhung für Briefe, Einführung des Betreuungsgeldes ... Die aktuellen Tagesordnungen der Ausschusssitzungen sind unter www.bundestag.de einzusehen. Ein Blick hinein lohnt sich unbedingt, denn sie verraten, welche Vorhaben demnächst womöglich auf uns zukommen.

Die Entscheidungen der Ausschüsse sind zum einen sicherlich das Ergebnis fachlicher Beratung, politischer Notwendigkeiten und des Bestrebens, den Wählerinnen und Wählern das eine oder andere Bonbon zu genehmigen – man will ja schließlich wiedergewählt werden. Aber sie sind auch das Ergebnis eines internen Interessenpokers. Wie das funktioniert, erläutert uns Jürgen Hardt (CDU), Mitglied des Ausschusses für die Angelegenheiten der Europäischen Union und des Verteidigungsausschusses:

»In der Arbeitsgemeinschaft Verteidigung der Unionsfraktion haben wir uns das Einsatzversorgungs-Verbesserungsgesetz angesehen. Darin wird die Versorgung von Soldaten geregelt, die im Einsatz zu Schaden gekommen sind. Wir haben neun

Punkte identifiziert, in denen dieses Gesetz im Sinne der betroffenen Soldaten optimiert werden kann. Die Innenpolitiker hatten Bedenken. Ihr Argument: Diese Verbesserungen müssten dann auch auf Polizei und Bundesgrenzschutz angewendet werden, und das würde teuer. Wir haben dagegengehalten und gesagt, es bestünde ja wohl ein Unterschied zwischen dem Risiko eines Soldaten im Kampfeinsatz und dem eines Polizisten im Streifendienst. Schließlich haben die Innenpolitiker zugestimmt, und unsere Vorschläge wurden umgesetzt. Wenig später ging es um eine Veränderung des Meldegesetzes. Wir waren dagegen, weil darin vorgesehen ist, dass sich unverheiratete Soldaten mit erstem Wohnsitz in der Kaserne anmelden müssen. Aber wir haben trotzdem zugestimmt in dem Bewusstsein, dass uns die Innenpolitiker auch entgegengekommen waren. Solch ein Deal ist ein Beispiel für Tausende ähnliche Entscheidungen. Es gibt eine sehr weitgehende Solidarität. Ich stimme deshalb also auch schon mal Dingen zu, die ich selbst anders regeln würde.«

Aus Sicht des Duisburger Politikwissenschaftlers Karl-Rudolf Korte ist der Interessenausgleich, wie ihn Jürgen Hardt beschreibt, absolut legitim: »Man muss in der Politik Interessen managen und für seine Mehrheiten kämpfen. Das kann ich nicht nur vor laufender Kamera. Das finde ich legitim. Die Balance zwischen Formalität und Informalität muss gewahrt bleiben, und alles, was dabei herauskommt, muss durch einen parlamentarischen Prozess legitimiert werden. Dass dem immer ein Prozess vorhergeht, der das Terrain sondiert, ist absolut notwendig und richtig.«

Nur sagen einem die Abgeordneten natürlich nicht hinterher, welche Tauschgeschäfte sie machen mussten, um zum Ziel zu kommen.

***

Zumeist verläuft die Arbeit in den Ausschüssen weitgehend geräuschlos. Vermutlich ist auch dies ein Grund für ihre mäßige Popularität. Doch hin und wieder nutzen die Parteien Ausschüsse bewusst als Bühne, auf der sie dann Eklats inszenieren. Als die SPD-Landeschefs von Berlin und Brandenburg, Klaus Wowereit und Matthias Platzeck, im Januar 2013 einer Sitzung des Finanzausschusses fernblieben, bei der sie sich zum Chaos um den neuen Hauptstadtflughafen äußern sollten, setzen die Vertreter von CDU und FDP den sofortigen Abbruch der Veranstaltung durch. »Eklat im Finanzausschuss!«, hallte es durch den Medienwald. Wowereit habe wohl lieber die Berliner Fashion Week eröffnet, ätzte der FDP-Fraktionschef Rainer Brüderle.[14]

So geriet der Finanzausschuss des Bundestags zu einem Nebenkriegsschauplatz des Untersuchungsausschusses, den das Berliner Abgeordnetenhaus bereits im Oktober 2012 eingesetzt hatte, um den Skandal um den Hauptstadtflughafen zu durchleuchten.

***

Nicht selten geraten ständige und auch Untersuchungsausschüsse zu Bühnen kalkulierter parteipolitischer Inszenierungen. So platzte dem Vorsitzenden des Untersuchungsausschusses zur »Terrorgruppe Nationalsozialistischer Untergrund« der Kragen, als der ehemalige Vizechef des Bundesverfassungsschutzes, Klaus-Dieter Fritsche, zu den Vorgängen um den NSU befragt wurde. Anstatt sich den Fragen der Ausschussmitglieder zu stellen, attackierte Fritsche das Gremium in scharfer Form, verbat sich die Kritik an der Arbeit seiner ehemaligen Behörde und lehnte Zwischenfragen ab. »Es gibt Grenzen dessen, was man hier hinnehmen muss«, tobte Ausschussvorsitzender Sebastian Edathy (SPD), unterbrach die Sitzung und schickte dann das Publikum von der Empore nach Hause.[15]

Oder: Als Altkanzler Helmut Kohl vor dem Untersuchungs-ausschuss zur CDU-Spendenaffäre erschien, knallte es auch hier schon kurz nach Beginn. In der Sitzung kam heraus, dass zwei Ausschussmitglieder der CDU vor seiner Befragung einen Termin bei Kohl gehabt hatten – um ihn mit Insiderwissen entsprechend zu präparieren. Das vermuteten zumindest die übrigen Ausschussmitglieder. Die Sitzung wurde deshalb abgebrochen.[16]

Droht Ungemach, versuchen Regierungen auch schon mal, die oft mühsame Abstimmung in den Ausschüssen zu umgehen. Beispiel: Zwei Tage vor der Abstimmung im Bundestag präsentierten CDU und FDP im Oktober 2011 plötzlich einen lang erwarteten Entwurf zur Erneuerung des Telekommunikationsgesetzes, 117 Seiten dick. Es regelt die Bedingungen für Internet- und Telefonprovider in der Bundesrepublik. Die verdutzten Ausschussmitglieder der Opposition sahen den umfangreichen, schon zuvor umstrittenen Gesetzentwurf zum ersten Mal und reagierten entsprechend empört: Dieses Verhalten sei »unterirdisch«, das Gesetz solle »im Schweinsgalopp« durchgepaukt werden.[17] Geschlossen verließen sie daraufhin den Sitzungssaal. Das Gesetz wurde zwar beschlossen – doch schon kurz danach wieder geändert.

***

Resümieren wir kurz: Die Arbeit in den Ausschüssen bestimmt unser tägliches Leben entscheidend mit. Dennoch kennt kaum jemand ihre Vorsitzenden, geschweige denn ihre Mitglieder. Es mangelt an Transparenz, wir wissen nichts über die politischen Deals, die im Hintergrund gemacht werden, um bestimmte Vorhaben durchzusetzen. Immer wieder werden Ausschüsse zur Arena politischer Schaukämpfe, besonders im Fall der Untersuchungsausschüsse. Letztere kosten irrsinnig viel Zeit, Arbeit und Steuergeld – ohne wirklich verwertbare Ergebnisse zu bringen. Kein Protagonist der in einem der U-Ausschüsse verhandelten Sachverhalte kam je vor Gericht, auch wenn seine Verfehlungen oder sein vorsätzliches Fehlverhalten zweifelsfrei zutage gefördert wurden.

Das sei im Prinzip wahr, dennoch erfüllten die Untersuchungsausschüsse einen gewissen Zweck, sagt Reiner Holznagel, Chef des Bundes der Steuerzahler: »Sie sind natürlich unbequem. Dort erscheinen zu müssen gehört nicht gerade zu den vergnügungssteuerpflichtigen Veranstaltungen.« Das gilt aber leider zumeist nur für die kleinen Lichter. Die Großen, das zeigen Beispiele wie der patzige Auftritt Fischers, treten – von ihren Fachleuten und Anwälten gut vorbereitet – vor die Corona und werden zudem durch den Amtsbonus geschützt.

Verteidigungsexperte Jürgen Hardt (CDU) war Mitglied des Kunduz-Untersuchungsausschusses. Hier sollte geklärt werden, unter welchen Umständen afghanische Zivilisten durch ein von einem Oberst der Bundeswehr befohlenes Bombardement zu Tode kamen. Er erinnert sich: »Für die kleinen Dienstgrade war die Befragung sehr hart. Sie wurden regelrecht gegrillt.« Ergebnis des Ausschusses, man mag es kaum noch erwähnen: »Wir waren hinterher kaum schlauer als vorher.«

Die Beweisaufnahme wurde wegen mangelnder Perspektive vorzeitig abgebrochen, der damalige Oberst ist heute General.

***

Obwohl der Kunduz-Ausschuss wie viele andere äußerst bescheiden verlief: Der Abgeordnete Johannes Kahrs (SPD) widerspricht uns in der Behauptung, dass die Investigationen nichts taugen. »In einem U-Ausschuss geht es im Prinzip darum zu schauen, wo etwas schiefgelaufen ist, um dann Strukturen zu ändern, damit solche Sachen nicht mehr vorkommen. Die Schlussfolgerung muss ja sein: Wenn so ein Fall bekannt geworden ist, gibt es viele andere Fälle, die nicht bekannt geworden sind.«

»Sie glauben also wirklich, dass sich aufgrund der Ausschüsse riesige und träge Strukturen ändern?«, fragen wir.

»Ja, im Untersuchungsausschuss um die NSU wird die ganze Polizei- und Verfassungsschutzstruktur durchleuchtet. Es treten reihenweise Leute zurück. Selbst wenn Sie nachher niemanden vor Gericht bringen – was auch nicht Ziel eines Untersuchungsausschusses ist –, haben Sie aber sehr viele Menschen, die gemerkt haben, wo es in den Strukturen nicht gestimmt hat. Was passiert also? Die Regierenden werden, ohne dass sie es an die große Glocke hängen, weil sie es ja selber vorher hätten merken müssen, Strukturen ändern.«

U-Ausschüsse, so Kahrs, seien wie Eisberge. »Die Wähler sehen die kleine Spitze dessen, was öffentlich passiert, aber die große Masse dessen, was im Verborgenen abläuft, sehen Sie als Wähler nicht. Abläufe ändern sich, Personen werden versetzt. Strafrechtlich jedoch kommen Sie an vieles gar nicht ran, weil Sie ein Wollen nachweisen müssen. Ein U-Ausschuss ist lehrreich für alle Beteiligten.«

Warum hat man dann Johannes Kahrs noch nie als Inquisitor in einem Untersuchungsausschuss erlebt? Eigentlich, so vermuten wir, würde er mit seiner konsequenten und scharfzüngigen Art doch wunderbar dort hinein passen. »Wenn ich eines von meinen Eltern, die beide in der Politik waren, gelernt habe, dann niemals als Abgeordneter in einen U-Ausschuss zu gehen«, erklärt Kahrs. »Denn so ein Engagement blockiert alles. Ich bewundere jeden, der das macht. Was der Sebastian Edathy unter anderem im NSU-Ausschuss leistet, ist unglaublich. Dass er noch zur Wahlkreisarbeit kommt oder zu seiner Facharbeit, ist ein Wunder an Koordination und harter Arbeit.«

***

Johannes Kahrs lobte soeben seinen Parteigenossen Sebastian Edathy. Schauen wir uns den zum Schluss dieses Kapitels also mal etwas genauer an. In der Tat: Die Liste von Edathys Funktionen ist beeindruckend.[18] Er war stellvertretender Vorsitzender des Untersuchungsausschusses »Gorleben«, leitet den U-Ausschuss zur NSU-Affäre. Vier Jahre saß er als Vorsitzender im Rechtsausschuss des Deutschen Bundestages, dann wurde er Mitglied des Innenausschusses.

Edathy, energisch im Auftreten, so scheint es, ist ein Mann des Rechts, der die Würde der Ausschüsse repräsentiert. Doch ein Blick hinter die Kulissen zeigt: Das »scharfe Schwert« wird auch Abgeordneten anvertraut, die zur Abwechslung mal gern den Knüppel schwingen und mit zweierlei Maß messen bzw. das rechte Maß verloren haben, weil sie von ihrer eigenen Bedeutsamkeit so eingenommen sind, dass das Recht aus ihrer Sicht nicht für alle gleich gilt.

Was wir damit meinen? Auf seiner Facebook-Seite präsentiert Edathy gern Fotos und Filmchen, die er mit lustigen Sprechblasen oder launigen Kommentaren versieht.[19] Diese Fotos stammten bis vor Kurzem allerdings nicht von ihm, sondern von Agenturen, aus Zeitungen und Zeitschriften. Ein Berufsfotograf nahm das zum Anlass, um Edathy online zu fragen: »Sie nutzen hier eine Reihe von Bildern für Ihre politischen Aktivitäten, die nicht von Ihnen sind. Haben Sie eigentlich die Nutzungsrechte erworben?« Edathys flapsige Antwort: »Ich schlage vor, Sie verklagen mich oder lassen mich verklagen.« Der Fotograf gab nicht auf: »Sehen Sie eigentlich einen Unterschied in der Copyrightverletzung durch Textpassagen bei der Erstellung von Promotionen und der Nutzung von Fotos, an denen man keine Rechte hat?« Jetzt wurde Edathy deutlicher: »Sie können mich mal. Kreuzweise!« Daraufhin stellte der unliebsame Kritiker Links zu den geposteten Fotos online, die deren Herkunft bewiesen. Sebastian Edathy – honoriges Mitglied oder sogar Chef parlamentarischer Gremien, die das Recht wahren und schützen sollen – bewies daraufhin, dass ihm eben dieses Recht offenbar egal ist. Und dass er als Magister der Sprachwissenschaft Wert auf geschliffene Formulierungen mit hohem Niveau legt. Seine Antwort auf Facebook: »… Sie können mich, wie gehabt, am Arsch lecken.«[20]

Wie sagte er doch selbst so schön: »Es gibt Grenzen dessen, was man hier hinnehmen muss.«

10
Du sollst die Verfassung nicht so ernst nehmen – benutze sie, wie du sie brauchst

Was sich im Jahr 2012 in Baden-Württemberg zutrug, ist normalerweise ein Stoff, der sämtliche Klischees für einen deutschen Wirtschaftsthriller erfüllt – nur ohne Leiche. Ansonsten war alles dabei: ein machtbesessener Politiker, ein Buddy im Bankenbusiness, ein Milliardendeal inklusive Verfassungsbruch. Am Ende musste der Politiker seine Amtsstube räumen, weil das zornige Volk ihn abwählte – und stand zu guter Letzt noch im Verdacht, mögliches Beweismaterial vernichtet zu haben. Aber von Anfang an.

10. November 2010, Paris. Das traditionsreiche Nobelrestaurant »Le Taillevent« in der Rue Lamennais unweit des Triumphbogens, ein weißes Stadtpalais, holzgetäfelte Wände, zwei Sterne, hier geht man am Abend nach einem Menü plus Wein kaum unter 500 Euro raus. Kenner französischer Politik und Wirtschaft erspähen hier regelmäßig die Hierarchen ihres Landes. Soll es diskret zugehen, kann man sich im Taillevent selbstverständlich zum Speisen auch in Separées zurückziehen.

In einem solchen hat wohl auch der baden-württembergische Ministerpräsident Stefan Mappus (CDU) am besagten Abend diniert.[1] Und das, wo der so volksnahe Politiker doch nichts mit »Edelfraß« anfangen könne, wie er mal sagte, um seine Bodenständigkeit zu unterstreichen. Aber auch ein Mappus macht mal Ausnahmen. Besonders dann, wenn es um ein Milliardengeschäft bzw. seine Wiederwahl geht: den Rückkauf des einstmals landeseigenen Energiegiganten EnBW vom französischen Unternehmen Electricité de France (EdF). Sein Amtsvorvorgänger Erwin Teufel hatte im Jahre 1999 den Franzosen einen Aktienanteil von 25,01 Prozent verkauft, wodurch der Anteil von EdF am Unternehmen EnBW auf 45,01 Prozent aufgestockt wurde.

Nun sitzt Stefan Mappus an jenem Mittwoch um 21 Uhr mit Henri Proglio, dem Chef der EdF, dessen Zwillingsbruder René Proglio sowie seinem alten Studienfreund Dirk Notheis zusammen beim Essen. Bemerkenswert: Notheis und René Proglio arbeiten für die Investmentbank Morgan Stanley. Proglio ist deren Frankreich-, Notheis deren Deutschland-Chef. Mit den Worten »Everything is on the table« soll Henri Proglio die Begegnung eröffnet haben, erinnerte sich der deutsche Politiker später.

Ob erst dieses Dinner Mappus dazu veranlasste, den Energieriesen zurückzukaufen, oder ob er schon vorher mit dem Gedanken liebäugelte, ist bis heute nicht ganz klar. Fest steht nur, dass Mappus diesen Mega-Deal einfädelte, ohne das Landesparlament vorab darüber zu informieren. Angeblich wollte er verhindern, dass durch öffentliche Debatten Mitbieter auf den Plan gerufen werden, die seinen Deal kurz vor dem Ziel gefährden könnten. Wohl eher jedoch, um sich kurz vor den nächsten Wahlen als Wirtschaftspolitiker zu profilieren. Dabei wurde er von seinem Bankiersfreund Notheis nach Belieben ferngesteuert – zu diesem Ergebnis kam ein Untersuchungsausschuss, der später eingesetzt wurde, um den ungeheuerlichen Vorgang aufzuklären. Als Nachweis dafür veröffentlichte dieser Ausschuss den E-Mail-Verkehr zwischen Mappus und Notheis. Er belegt, dass sich Mappus von Notheis sogar Formulierungen wörtlich diktieren ließ – ein Vorgang, der an Peinlichkeit kaum zu überbieten ist. »Das war vielleicht das wichtigste Dinner Deiner Karriere«[2], schrieb Notheis beispielsweise in einer der Mails an Kumpel Mappus am Morgen nach dem deutsch-französischen Gipfeltreffen in Paris. Als Mappus und Notheis in Bedrängnis gerieten, nahmen die Mails des Bankers an Schärfe zu. Würden ein Mitarbeiter oder ein Parteikollege in so einem Befehlston mit einem Ministerpräsidenten sprechen, würden sie große Probleme bekommen, möglicherweise ihren Arbeitsplatz verlieren. Der Staatsgerichtshof Baden-Württemberg urteilte ein Dreivierteljahr nach dem Kaufbeschluss: Die Umgehung des Parlaments war ein klarer Verfassungsbruch.[3]

Wie verschiedene Publikationen im Nachhinein berichteten, soll der Aktienrückkauf in Höhe von 4,67 Milliarden Euro (laut späterem Gutachten 840 Millionen Euro zu viel) bei der EdF als Jahrhundertdeal bejubelt worden sein.[4] René Proglio hingegen behauptet, er hätte Stefan Mappus sogar davon abgeraten. Wie auch immer. Der damalige Ministerpräsident hat durch sein Verhalten im Amt grundlegendste demokratische Abmachungen für nichtig erklärt. Er hat sich über die in westlichen Demokratien übliche Gewaltenteilung von Legislative und Exekutive hinweggesetzt und sowohl die Judikative als auch den großen Souverän – das Volk – zum Narren gehalten. Immerhin: Die unangenehmen Ermittlungen werden Stefan Mappus viele Monate seines Lebens begleiten. Ausgang: offen.

Mit der Affäre hat kein Geringerer als ein Ministerpräsident einmal mehr demonstriert, wie sich die Politik der Wirtschaft vollkommen ausliefert, wie persönliche Machtinteressen vor das Allgemeinwohl gestellt und gesetzliche Bestimmungen arrogant missachtet werden. Insofern gibt es doch ein paar Leichen bei diesem Schauspiel: die Moral, das Recht und schließlich den Wähler, der sich nur als hintergangener Idiot fühlen kann.

***

Ein Verfassungsbruch wie in Baden-Württemberg stellt in der Bundesrepublik leider keinen Einzelfall dar. Unser Grundgesetz, auf das die Politik sonst so stolz ist und wie eine Monstranz vor sich herträgt, sowie die Verfassungen der einzelnen Bundesländer sind regelmäßig heftigsten Angriffen aus der Politik selbst ausgesetzt.

Äußerst entlarvend und beschämend ist, wie das Bundesverfassungsgericht (BVerfG) in Karlsruhe vom Parlament beschlossene Gesetze wieder einkassiert. Die Liste der Vorfälle aus den letzten Jahren ist lang geworden.[5]

Im März 2004 erklärt das Bundesverfassungsgericht das Gesetz zum »Großen Lauschangriff« in großen Teilen für verfassungswidrig. Ein stärkerer Schutz beim Abhören von Wohnungen wird angemahnt.

Im Februar 2006 scheitert das Luftsicherheitsgesetz in Karlsruhe. Die Richter urteilen, dass entführte Passagierflugzeuge, die als Waffe benutzt werden, nicht wie im Gesetz vorgesehen auf Befehl des Verteidigungsministers abgeschossen werden dürfen, auch nicht zur Abwehr eines Terroranschlags. Das sei unvereinbar mit dem Grundrecht auf Leben und der Menschenwürde.

Im Dezember 2008 erklären die Richter die Kürzung der Pendlerpauschale für verfassungswidrig. Fahrten zum Arbeitsplatz konnten plötzlich nicht mehr ab dem ersten, sondern erst ab dem 21. Kilometer steuerlich geltend gemacht werden. Konsequenz: Rolle rückwärts. Es gilt wieder die alte Fassung. Millionen Pendler bekommen Geld zurück.

Im Februar 2010 urteilt das Bundesverfassungsgericht, dass die Hartz-IV-Sätze für Kinder und Erwachsene neu berechnet werden müssen. Sie würden gegen Artikel 1 des Grundgesetzes verstoßen, ein menschenwürdiges Existenzminimum könne nicht gewährleistet werden. Bis Jahresende muss die Regierung nachbessern.

Im Februar 2012 monieren die Karlsruher Richter, dass die Koalition dringende Entscheidungen zum Europäischen Rettungsschirm nicht einfach auf ein kleines Sondergremium (bestehend aus neun Mitgliedern des Haushaltsausschusses) übertragen könne. Das verletze die Rechte aller anderen Abgeordneten.

Im Juni 2012 wird festgestellt, dass die Regierung das Parlament im Falle des Europäischen Rettungsschirms nicht ausreichend und nicht rechtzeitig informiert habe. Laut Grundgesetz sei sie dazu jedoch verpflichtet.

Im Juli 2012 erklärt das Bundesverfassungsgericht die seit 1993 unveränderten Leistungen für Asylbewerber für verfassungswidrig. Die Regierung muss sie der Realität anpassen: von 225 Euro auf 336 Euro. Und ebenfalls im Juli 2012 wird mal eben das von der schwarz-gelben Regierung veränderte Bundestagswahlrecht einkassiert.

Hinzu kommen viele Fälle, in denen das Bundesverfassungsgericht noch gar nicht entschieden hat oder angerufen worden ist. Fälle, in denen Rechtsgutachten oder die Prüfung durch Experten ergaben, dass es hier und da verfassungswidrig zugehen dürfte. Wie im Falle des »Herdprämie« genannten Betreuungsgeldes,[6] wie im Falle des Einsatzes von Spähsoftware durch die bayerische Staatsregierung, wie im Falle der Auszahlung von Extrahonoraren an führende Fraktionspolitiker.[7]

Vor allen Dingen die Auseinandersetzung ums Wahlrecht zeigt, mit welcher Arroganz die Regierung dem Bundesverfassungsgericht gegenübertritt. Bereits 2008 hatte Karlsruhe das Wahlrecht für teilweise verfassungswidrig erklärt und der Regierung drei Jahre Zeit gelassen, die Unwuchten auszubessern. Es ging dabei vor allem um die Vergabe von Überhangmandaten, die nach Ansicht der Richter den Wählerwillen verzerre. Zur Erklärung: Überhangmandate erweitern die Fraktion einer Partei im Bundestag dann, wenn die Abgeordneten in ihren Wahlkreisen mehr Direktmandate gewonnen haben, als ihnen Sitze im Bundestag (per Zweitstimme) zustehen. So kann es sein, dass manche Fraktionen plötzlich viel stärker werden.

Trotz einer »großzügig bemessenen, dreijährigen Frist für den Wahlgesetzgeber, eine verfassungsgemäße Neuregelung zu treffen, ist das Ergebnis – das ist übereinstimmende Auffassung im Senat – ernüchternd«,[8] befand der oberste Verfassungsrichter Andreas Voßkuhle. Umgehend sorgten sich alle Parteien um Schadensbegrenzung und kündigten an, schnell zu handeln. Auch Bundestagspräsident Norbert Lammert sah sich in der Pflicht, die Parteien im Bundestag dazu aufzufordern, eine einvernehmliche Regelung zu finden. Dies sei ratsam, »um auch nur den Anschein einer Begünstigung oder Benachteiligung einzelner Parteien oder Kandidaten zu vermeiden«.[9] Wir stellen uns die Frage: Warum sagte der sonst so dienstbeflissene Norbert Lammert das nicht eher? Warum brauchte er erst den Impuls aus Karlsruhe? Fehlte der Wille, fehlte die Zeit oder gar der Durchblick?

Vertreter der Regierungskoalition versuchten gleich, das Problem herunterzukochen. Die Änderungswünsche des Gerichts seien doch nur technischer Natur, hieß es beispielsweise vonseiten des FDP-Abgeordneten Stefan Ruppert. Endlich werde »in vielen Punkten Rechtssicherheit hergestellt«. In den Ohren des Wählers dürften solche Äußerungen wie purer Zynismus klingen. Denn für die Rechtssicherheit hätten eigentlich die sorgen sollen, die für das Gesetz zuständig sind. Insgesamt eine Steilvorlage für die Opposition. Die SPD, die bereits im Vorjahr einen Vorschlag zur Neuregelung gemacht hatte, sprach davon, dass der Versuch unternommen worden sei, das Wahlrecht als Machtrecht zu missbrauchen. Und Gregor Gysi attackierte: »Mit der Entscheidung des Bundesverfassungsgerichtes, auch das neue Wahlrecht für grundgesetzwidrig zu erklären, war so eindeutig zu rechnen, dass man

Union und FDP hinsichtlich des Verfassungsbruchs Vorsatz unterstellen darf.«[10]

***

»Die Tendenz, die Rechte des Parlaments beim Regieren zu übergehen, gibt es nicht erst, seit Angela Merkel an der Macht ist. Auch Bundeskanzler Gerhard Schröder waren bei der Verabschiedung der Hartz-IV-Gesetze die Rechte der Abgeordneten so ziemlich schnurz«, erinnert sich unser Kollege Philip Grassmann, ehemaliger Chefredakteur des Wochenmagazins *Der Freitag* in einer seiner Kolumnen.[11] Angela Merkel aber habe diese Haltung auf die Spitze getrieben. »Das Bundesverfassungsgericht hat gegen die entfesselte schwarz-gelbe Exekutive immer wieder Brandmauern errichtet. Sei es bei den Auslandseinsätzen der Bundeswehr, sei es bei der Rettung der deutschen Banken, sei es beim europäischen Krisenmanagement. Aber Gerichtsurteile nützen wenig, wenn es keine selbstbewussten Abgeordneten gibt, die ihre Rechte auch einfordern. Und daran fehlt es – leider.«

Interessant sind in diesem Falle auch die Leserkommentare im Netz. Jemand, der sich Baszlo nennt, schreibt unter Grassmanns Meinungsstück: »Warum sollte die Regierung auch das Bundesverfassungsgericht für voll nehmen? Das sind doch nur Quatschköpfe, die keine echte Macht haben. Die Regierung konnte die Zwangsarbeit mit den Hartz-IV-Gesetzen wieder einführen, obwohl diese laut Grundgesetz verboten ist, die Regierung beteiligt sich auch an Angriffskriegen, die eigentlich vom Grundgesetz verboten sind, die Regierung entmachtet das Parlament und verschiebt Entscheidungsprozesse nach Brüssel, und niemand kann dagegen etwas tun. Ich nehme das Bundesverfassungsgericht daher schon lange nicht mehr ernst und ich bezweifle sehr, dass Merkel das tut. Warum auch?« Das höchste deutsche Gericht als Erfüllungsgehilfe und zahnloser Tiger? Despektierlicher geht es kaum. Dennoch: So kommt es beim Bürger an. Also ist es ernst zu nehmen und Anlass, die politische Praxis zu hinterfragen.

***

Für viele Abgeordnete unvergessen ist die Bundestagsdebatte vom 29. März 2012. Der Plenarsaal ist überdurchschnittlich voll, die Kabinettsbank komplett belegt. Etwas Besonderes liegt in der Luft. Heute morgen tauschen sich Finanzminister und Fraktionsführer zu einem der umstrittensten Themen der letzten Jahre aus: über die Einführung des Europäischen Stabilitätsmechanismus (ESM), jener Institution, die in Zukunft maroden EU-Mitgliedsstaaten unter die Arme greifen soll – über Bürgschaften und Notkredite, aufgebracht von den Staaten, denen es besser geht. Deutschland wäre im Fall der Fälle laut ESM-Vertrag mit über 190 Milliarden Euro in der Pflicht.

Wolfgang Schäuble, Frank-Walter Steinmeier und Rainer Brüderle haben bereits gesprochen, als um 9:56 Uhr der Fraktionsvorsitzende der Linken, Gregor Gysi, ans Pult tritt. Er beginnt mit einer kurzen Replik auf Brüderle, um dann eine seiner denkwürdigsten Reden zu halten, eine Rede, die im Gegensatz zu denen seiner Vorredner kaum durch Zwischenrufe gestört wird.

Das Besondere an dem Fiskalpakt sei, beginnt der praktizierende Anwalt Gysi, dass er außerhalb des EU-Rechts stehe und jenseits des Grundgesetzes. In detailreichem Juristendeutsch und unter Benennung zahlreicher Grundgesetzartikel und Prozentsätze – also nicht unbedingt etwas für den normalen Bürger – zerrupft Gysi den ESM-Vertrag und warnt die Regierung vor dessen Unterzeichnung. »Hier wird nicht nur europäisch in die Haushaltshoheit der Staaten eingegriffen, sondern die Regierungschefs werden auch noch über die Parlamente gestellt, was unser Grundgesetz ebenfalls ausschließt!«,[12] bilanziert er. Kurz: versuchter Verfassungsbruch! In der Folge fordert er Angela Merkel auf, den Wählern endlich die volle Wahrheit darüber zu sagen, was auf Deutschland durch den ESM zukommen könnte. Der Bürger zahle alles, die Banken kämen wieder einmal davon.

Gysis Redebeitrag dauert gerade mal 18 Minuten und ist für seine Verhältnisse außergewöhnlich nüchtern. Aber in seiner anklagenden Klarheit beleuchtet er eine höchst fragwürdige Praxis, wie sie die Politik nunmehr regelmäßig anwendet: es einfach mal mit einem Verfassungsbruch zu versuchen oder die Gesetze zumindest mal wieder kräftig zu dehnen. Im Falle des ESM übt Gysi sogar den seltenen Schulterschluss mit den FDP-Rebellen Frank Schäffler und Burkhard Hirsch, die ebenso warnten, mit der Ratifikation des Vertrags stehe es nicht mehr in der Macht Deutschlands, Entscheidungen zulasten der Bundesrepublik zu verhindern. Auch sie sagen über den Fiskalpakt: »Weil er deutsches Verfassungsrecht verletzt, darf er somit nicht ratifiziert werden.«[13] Wie wir heute wissen, wurde er ratifiziert. Aber erst nachdem das Bundesverfassungsgericht nach einer Klage von über 25 000 Bürgern doch noch schnell eingreifen konnte und mit einem »Ja, aber« zumindest Korrekturen anmahnte.

***

Wir besuchen Gregor Gysi im Jakob-Kaiser-Haus, einem der riesigen Bauten, in denen die Fraktionen und Ausschüsse untergebracht sind. Sein Büro ist geschmackvoll eingerichtet, kunstbehangen, schalldämmendes Leder an den Innenseiten der Türen. Wir sprechen ihn auf seine vielbeachtete Rede an. Gysi kokettiert: »Ich will natürlich immer nachhaltig in die deutsche Geschichte eingehen – was mir leider nicht jeden Tag gelingt.«

Dann wird er ernst: »Das Grundgesetz ist geschrieben worden für eine Bundesrepublik Deutschland. Es ist nicht geschrieben worden für eine wie auch immer geartete europäische Struktur. Deshalb sage ich: Wir müssen jetzt nachholen, was wir bei der deutschen Einheit hätten machen sollen. Wir kommen nicht umhin, eine neue Verfassung für die Bundesrepublik Deutschland zu schreiben, die durch Volksentscheid angenommen wird. Einen anderen Weg gibt es nicht. Diese neue Verfassung muss alle wichtigen Teile des Grundgesetzes übernehmen, zweitens müssten soziale Grundrechte aufgenommen werden, die bisher fehlen, und drittens müssen wir die zulässige europäische Struktur klären. Das ist eine große Herausforderung, und bisher gibt es nur zwei Politiker, die das gesagt haben – Schäuble und ich. Die anderen drücken sich noch davor.«

Bliebe alles so wie bisher, käme das Bundesverfassungsgericht in eine Situation, so Gysi, in der es nicht mehr weiterwissen könne. »Denn noch nie hat das BVerfG einen völkerrechtlichen Vertrag aufgehoben. Nicht mal den Grundlagenvertrag zwischen der DDR und der Bundesrepublik, den es gar nicht mochte.« Gysi fügt an, dass die Europäische Union von allen nationalen Regierungen missbraucht worden sei: als Trick, um nationales Recht zu umgehen. »So wie die Regierungschefs beim Essen zusammensitzen, verständigen sie sich darüber, was sie wollen, was sie aber in ihren nationalen Parlamenten nicht durchkriegen. Und dann machen sie daraus in der EU-Kommission Europarecht. Dann gilt es für die Länder ohne Parlament. Das ist eine schwere Kollision mit unserem Demokratieverständnis. Das ist die eine Methode, die mir sehr missfällt.«

Die andere Methode, die längst nicht nur Gregor Gysi aufregt, ist das Abschieben von unliebsamen Entscheidungen der Politik an das Bundesverfassungsgericht, eine Methode, die in den letzten Jahren auf allen staatlichen Ebenen in Mode gekommen ist und für immer mehr Problemfälle gesorgt hat. Das ist der Grund, warum ARD und ZDF in ihren Nachrichtensendungen immer häufiger nach Karlsruhe schalten und der Fernsehzuschauer diesen eigentümlichen Sitzungssaal zu sehen bekommt, von dem Journalistenkollegen sagen, dass er eine ganz besondere Ruhe ausströmt: lichtdurchflutet, holzgetäfelt, am Boden ein lindgrüner Teppich, hinter den acht rot gewandeten Verfassungsrichtern hängt schwer eine mannshohe Schnitzerei des Bundesadlers. Hier residiert das Notkommando für unentschiedene Politiker.

***

Beispiel Waldschlösschenbrücke Dresden. 1994 verabschiedet der Stadtrat ein neues Verkehrskonzept, darin wird auch eine neue Elbquerung erwähnt. 1996 beschließt der Rat den Bau einer neuen Brücke. Zwar ändern sich die Mehrheitsverhältnisse im Stadtparlament, doch im Jahr 2005 kommt ein Bürgerentscheid zu dem Schluss, dass die Brücke gebaut werden soll. Bauaufträge werden vergeben.

Nur hatte 2004 die UNESCO das Elbtal zum Weltkulturerbe erklärt. Das Unglück war damit programmiert: drei Jahre Hickhack zwischen Umweltschützern und Stadtplanern, zwischen Fans des Weltkulturerbes und der baubegierigen sächsischen Landesregierung. Die Situation ist so verfahren, dass der Dresdner Stadtrat im März 2007 beschließt, gegen den Bau der Brücke vor das Bundesverfassungsgericht zu ziehen. Doch die Kommunalpolitiker haben die Rechnung ohne die Karlsruher Richter gemacht, die mit 5000 bis 7000 Verfassungsbeschwerden pro Jahr sowieso genug zu tun haben: Sie lehnen die Annahme der Verfassungsbeschwerde ab. In der Begründung heißt es u.a., dass sich der Bürgerwille innerhalb des völkerrechtlichen Rahmens (Welterbekonvention) durchaus durchsetzen kann. »Als Folge müssen dann die möglichen Nachteile aus der Entscheidung – wie etwa der Verlust des Welterbestatus und ein damit einhergehender Ansehensverlust – in Kauf genommen werden.«[14] Genau so kommt es. Die Brücke ist gebaut, der begehrte Welterbetitel ist futsch.

»Mit der Entscheidung des Bundesverfassungsgerichts zum Bau der Waldschlösschenbrücke hat das Bundesverfassungsgericht ›die heiße Kartoffel‹ an die Politik zurückgegeben«,[15] hatte damals die Fraktionsvorsitzende der sächsischen Grünen, Antje Hermenau, das beliebte Pingpongspiel beschrieben.

**

Auch der streitbare Historiker Arnulf Baring benutzt den Terminus von der heißen Kartoffel. Uns gegenüber begrüßt er das Verhalten der obersten Richter. »Ich habe schon in meinem Habilitationsvortrag darauf hingewiesen, dass ich nicht sicher bin, ob Verfassungsgerichte gut beraten sind, wenn sie alle Fragen, die ihnen auf den Tisch gelegt werden, zu beantworten versuchen. Ein kluges Verfassungsgericht wird immer die Heiße-Kartoffel-Doktrin beachten und sagen, dass diese oder jene Frage zu politisch sei und damit der richterlichen Beurteilung entzogen bleiben müsse. Wenn die Verfassungsgerichte dazu neigen, sich in alles einzumischen, läuft das auf eine Art Nebenregierung hinaus, die keiner gewählt hat.«

Die Überforderung des Verfassungsgerichts werde laut Baring zu dem Versuch führen, es zu beeinflussen. »Indem man schwache Leute ins Verfassungsgericht wählt. Säße ich im Parlament, würde ich sagen, dass das so nicht weitergeht. Wenn die uns so in die politische Suppe spucken, müssen wir da Politiker reinstecken, die einen Sinn dafür haben, was geht und was nicht geht.«

Auch Gregor Gysi warnt vor einem Missbrauch des Bundesverfassungsgerichts durch die Politik. Die Abschiebetaktik untermauert er mit einem – wie er sagt – harmlosen Beispiel: »Bürgerinnen und Bürger haben Verfassungsbeschwerde eingelegt, weil Grundstücke bei einer Erbschaft hinsichtlich der Erbschaftsteuer nach einem Einheitswert besteuert würden. Der Schmuck, den sie erbten, musste allerdings nach dem Verkehrswert besteuert werden. Es ist doch nicht einzusehen, dass einer, der ein Grundstück erbt, gegenüber einem, der Schmuck kriegt, bevorzugt wird. Die Sache lag viele Jahre beim Bundesverfassungsgericht.« Die Bundesverfassungsrichterinnen und -richter beklagten sich laut Gysi zu Recht darüber, dass die Politik solche Fragen an sie abschiebt. »Warum kann sie es denn nicht selbst entscheiden?«, fragte eine Richterin. »Das macht die Politik ganz gerne, und ich erkläre Ihnen mal, warum: Da haben Sie eine Fraktion, die sagt, dass sie Ärger mit ihrer Klientel kriegt, wenn sie Grundstücke höher besteuert. Das würde Stimmen kosten. Und wenn du andererseits überlegst, den Einheitswert auf alle Erbsachen anzuwenden: Wie soll das denn gehen? Wie willst du denn ein Sparguthaben nach Einheitswert bewerten? Außerdem schreit dann der Bundesfinanzminister, dass das gar nicht ginge. Dann lassen sie es eben das Bundesverfassungsgericht entscheiden, weil sie dann immer sagen können, leider hat das Bundesverfassungsgericht diese Entscheidung getroffen. Das ist der Weg der Ausrede, weil es starken Fraktionen unangenehm ist, etwas Bestimmtes im Bundestag zu entscheiden. Der Bundestag delegiert weg.«

***

Wir wollen von einem Politologen wissen, was er von dem aktuellen Trendsport der Politik hält, und fragen einmal mehr Professor Karl-Rudolf Korte in Duisburg um seine Meinung.

Für ihn ist diese Praktik nichts weiter als ein »Outsourcing schlechter Nachrichten«, um Mehrheiten zu behalten. »Wenn die Politik unentschieden ist, gibt es den Hilfeblick nach Karlsruhe und damit auch nach einer Art politischem Richteramt. Ich kann aus meiner wissenschaftlichen Sicht nachvollziehen, warum das so entstanden ist, finde es aber falsch. Es liegt an der Politik selbst, das zu ändern, nämlich Gesetze eindeutiger zu machen. Es liegt an der Politik, nicht an den Richtern.«

Was sagt das über unsere Volksvertreter? »Dass Entscheidungen an die Verfassungsgerichte abgeschoben werden, passt zur politischen Kultur in diesem Lande«, antwortet er. »Man lebt hier in der politischen Romantik, dass es eine Instanz geben muss, die gordische Knoten durchschlägt, etwas Überparteiliches als Ausstieg aus dem Parteihader. Die Richter mit ihren roten Roben haben dieses Überparteiliche. Aber es gibt in der Verfassung keinen Punkt, an dem gesagt wird, dass dieses Verfassungsorgan wichtiger sei als der Bundestag.«

Gregor Gysi berichtet uns, dass die Karlsruher Justiz inzwischen darüber nachdenkt, Sanktionen einzuführen, um die Masse der Klagen einzudämmen. Das will er in einer ganz speziellen Runde erfahren haben. »Einmal pro Legislaturperiode gibt es die Tradition eines Treffens der Bundesverfassungsrichterinnen und -richter mit dem Präsidenten, den Vizepräsidenten und den Fraktionsvorsitzenden des Deutschen Bundestages. Erstens ist das Essen ganz gut, das ist schon reizvoll. Zweitens, und das ist das eigentlich Wichtige, wird für deren Verhältnisse relativ offen miteinander gesprochen. Sie wissen ja, die 16 Richterinnen und Richter sind Halbgötter. Dennoch kommt es bei dieser seltenen Begegnung zu einem interessanten Austausch, bei dem sich die Herrschaften auch schon mal darüber beschweren, dass vieles auf sie abgeschoben wird. In dem Zusammenhang sprachen sie über einen Vorschlag, der mir nicht so behagt: dass es eine Strafgebühr geben soll für unbegründete Verfassungsbeschwerden. So kriegt man die Probleme nicht gelöst.«

***

Kehren wir aber die Affären der letzten Monate und Jahre zusammen, ergibt sich ein erschreckendes Bild. Es lässt die Prediger der Demokratie in einem entlarvenden Licht dastehen, in einem Licht, das die Heuchelei und Scheinheiligkeit fürs Auge sichtbar macht und damit den Wählerglauben an rechtschaffende und rechtstreue Volksvertreter in seinen Grundfesten erschüttert.

Das Fatale dabei: Affären erschüttern nicht nur deren Protagonisten in ihren Karrieren. Affären erschüttern ein ganzes System. In diesem Falle: ein Land, das bisher aus gutem Grund ein anderes Image trug als beispielsweise das Italien unter Silvio Berlusconi oder das Russland unter Wladimir Putin. Die deutsche Politik muss aufpassen, dass sie dieses Image nicht leichtfertig verspielt.

Vor allem aber muss sie sich der Gefahr bewusst sein, was durch die ständigen Skandale mit einem Volk geschieht, von dem man genau diese Rechtstreue erwartet. Es ahmt nach. Und genauso muss sie sich drüber bewusst sein, was durch die lethargische Entscheidungsangst mit einem Volk geschieht. Es geht auf die Straße und nimmt der Politik die Entscheidung ab.

Diese Sorge vertritt auch unser Kronzeuge Arnulf Baring, der in Frank Plasbergs Talkshow *Hart aber fair*, mit dem Thema »Rechthaber oder Rechtsausleger – Deutschland streitet über Sarrazin.« die Fassung verlor und meinte: »Die etablierten Parteien schrecken aus Ängstlichkeit vor politischen Entscheidungen zurück und lassen im Grunde einen Großteil der schwierigen Probleme des Landes liegen.«[16] In Anbetracht des Jahres 2010, das von der Debatte um Thilo Sarrazins Buch *Deutschland schafft sich ab*, geprägt war, sprach Baring von einer Unruhe in der Bevölkerung, die nicht zu unterschätzen sei. »Was uns Sorge machen muss, ist die Abkoppelung der Bevölkerung von den demokratischen Parteien. Und wenn die Parteien nicht stärker auf die Bevölkerung hören und mit der Bevölkerung reden und Dinge umsetzen, wird die Demokratie in einer ernsten Gefahr sein.«

Nachwort – Plädoyer für eine neue politische Kultur

Auf unseren Reisen durch das politische Deutschland erlebten wir einige Überraschungen – negative wie positive. Gesprächspartner, die beharrlich verneinten, dass es überhaupt zu korrigierende Missstände im politischen System der Bundesrepublik gebe. Gesprächspartner, die wütend unsere Unterhaltung abbrachen, wenn wir sie auf unliebsame Themen ansprachen. Andere wiederum ließen erkennen, dass sie sich genau mit jenen Gedanken und Ideen beschäftigen, die uns zu diesem Buch ermutigt haben. Auch sie sehen die große Gefahr, dass sich die Wählerinnen und Wähler zunehmend genervt und enttäuscht von der Politik abwenden. Griechenland und Italien zeigen, welche Folgen das haben kann: Es entwickeln sich Parallelwelten, hier die Politik, dort das Volk. Die einen spielen Staatsmann, die anderen machen sich derweil das Leben passend, egal was ihre Politiker entscheiden.

Die weit um sich greifende Politikverdrossenheit ist hausgemacht. Denn wer in die Politik geht – so haben wir es immer wieder gehört –, internalisiert sehr schnell die Regeln dieses Berufs, die sich am Ende auf eine Grundregel reduzieren lassen: Wer nicht mitmacht, fliegt raus. Wir erinnern uns: Nerv deine Fraktion nicht! Stimme brav ab, wenn du dazu aufgefordert wirst! Lass Fünfe gerade sein, auch wenn du anderer Meinung bist, dann tun dir deine Parteifreunde bei Gelegenheit denselben Gefallen! Stopf deinen Terminkalender voll, damit dir keiner sagen kann, du seiest faul – egal, ob die Termine sinnvoll sind oder nicht! Nimm dich vor deinen Parteifreunden in Acht, denn wenn du Schwäche zeigst, nutzen sie jede Chance, um dich zu Fall zu bringen! Suche jede Gelegenheit, deine Macht auszubauen! Denn nur wer Macht hat, kann in der Politik etwas bewegen. Und wenn dich einer fragt, ob das alles wirklich so ist, dann sag Sätze wie: »Die Wählerinnen und Wähler haben zurzeit ganz andere Sorgen: sichere Arbeitsplätze, bezahlbare Wohnungen ...« Mit 90-prozentiger Sicherheit klappt diese Masche – noch.

Bei unseren Recherchen haben wir aber eben auch Politiker getroffen, die inzwischen nachdenklich geworden sind, die sich nicht mehr mit Null-Antworten aus der Affäre ziehen. Denn sie haben verstanden, dass immer mehr Menschen außerhalb des Politikbetriebs wissen, was drinnen wirklich vorgeht, nach welchen Regeln gespielt wird, welche unausgesprochenen Gebote dort gelten. Aber weil sie keine kollektive Veränderungsbereitschaft spüren, wenden sie sich gelangweilt, genervt oder frustriert ab.

Man müsse langsam den Mut aufbringen, den Wählerinnen und Wählern auch mal unangenehme Dinge zu sagen, wenn es nötig ist, sagte uns ein Abgeordneter. Es sei falsch, sich hinter Floskeln zu verstecken, abzuwiegeln und zu leugnen. Wir meinen: Er hat recht! Der Schlüsselbegriff für die dringend notwendige politische Kultur in unserem Land lautet: Authentizität. Denn Politiker zu sein heißt doch nicht, plötzlich in einem Staat im Staat zu arbeiten, in dem andere Gesetze gelten als außerhalb. Doch genau das scheint zu geschehen.

Im Zivilleben ist üble Nachrede ein Straftatbestand. In der Politik ist es ein beliebtes Stilmittel. Geld sinnlos zu verpulvern führt im Zivilleben zu Schadensersatzklagen. In der Politik kräht kein Hahn nach den Schuldigen. Druck durch Drohungen nennt man im Zivilleben Nötigung. In der Politik heißt es »Fraktionsdisziplin«. Talent und Kompetenz führen im Zivilleben zu Karrieren. In der Politik werden kompetente Talente hingerichtet, wenn ihnen der Stallgeruch fehlt. Im Zivilleben werden Unternehmen von Topmanagern geleitet. In der Politik darf jeder Chef werden, der sich hochgedient hat.

Diese Aufzählung ließe sich fortsetzen. Sie beweist: Es gibt sie zweifellos, diese zwei parallelen Welten, die unterschiedlichen Ordnungen gehorchen. Diese Tatsache wird immer mehr Nicht-Politikern bewusst. Und der Wähler fragt sich: Warum ist dort erlaubt, was hier verboten, verpönt und verachtet ist? Wenn es der Politik nicht gelingt, diesen Zustand zu beenden, werden beide Welten weiter auseinanderdriften und damit Spannungen erzeugen, wie wir sie uns heute kaum vorstellen können. Der daher eigentlich nicht sehr überraschende Erfolg der Piratenpartei in den Jahren 2011 und 2012 zeigte, dass es eine Sehnsucht nach authentischer Politik gibt. Das schnelle Verglühen dieses Erfolges war die Quittung dafür, dass auch die Piraten in Windeseile vom zivilen in den politischen Bewusstseinsmodus umschalteten, man sich zerfleischte und die bunte Vielfalt unter dem Grauschleier des etablierten Politikbetriebs verschwand.

Keine Frage, die Erwartungen an Politiker sind sehr hoch in Deutschland. Das Mandat gilt als Privileg, dessen sich der Gewählte durch sein tadelloses Verhalten und sein unermüdliches Wirken als würdig erweisen muss. Politiker wissen das. Doch sie haben nicht den Mut, die Wahrheit auszusprechen: Politik, so wie sie aktuell funktioniert, ist in Wirklichkeit nur ein Job. Ein Job mit besonderen, oft komplizierten und meist harten Regeln. Ein Job, an dem so mancher zerbricht, weil er den dauernden Spagat zwischen Schein und Realität nicht mehr aushält. Für Heilige, Weise, Kluge, Visionäre war hier bisher kaum Platz. Doch weil die Politiker befürchten, dass ihnen die Wähler dieses Eingeständnis eigener Unzulänglichkeit übel nehmen würden, verkaufen sie uns lieber für dumm. Dabei sind sie längst entlarvt.

Nein, wir brauchen Politiker, die bereit sind, mit Ritualen zu brechen, die bereit sind, die Gesetze und Gebote der realen Welt endlich auch für sich gelten zu lassen. Wie könnte eine neue, positiv veränderte politische Kultur in Deutschland aussehen? Wir hoffen, sowohl den desillusionierten Wählern als auch den vielen Engagierten und Unzufriedenen im Politikbetrieb mit folgenden Vorschlägen aus dem Herzen zu sprechen und möglicherweise den einen oder anderen zum Aufstehen zu ermutigen, der seine Empörung bisher nur im Fernsehsessel zum Ausdruck gebracht hat:

- Steuern sind kein Spielgeld, sondern das Kapital, das die Bürgerinnen und Bürger ihrem Staat zur Verfügung stellen. So, wie sie ihre Pflicht gegenüber dem Land erfüllen, müssen Politiker im Gegenzug ihren Job gewissenhaft machen. Wer mit fremdem Geld umgeht, trägt große Verantwortung. Wer damit schlecht wirtschaftet, darf nicht länger ungeschoren davonkommen. Ein entsprechender Gesetzentwurf des Bundes der Steuerzahler liegt vor. Wer ihn einfach ignorieren und wegschweigen will, zeigt damit nur, dass Verantwortlichkeit im politischen Betrieb im Grunde nicht erwünscht ist. Bekennt euch endlich zu eurer Verantwortung! Die Liste der aus dem Ruder gelaufenen Großprojekte wird immer länger. Wieder und wieder das gleiche Schema: Mangelnde Professionalität aufseiten der beteiligten Politiker führt zu Steuerverschwendung in astronomischen Dimensionen. Geltungsdrang in Kombination mit Inkompetenz ist eine der gefährlichsten Konstellationen im politischen Handeln. Das Desaster um den Berliner Flughafen BER ist der in Beton gegossene Beweis für die Richtigkeit dieser These. Holt endlich Fachleute in die Aufsichtsgremien! Sie sind dann den

Parlamenten Rechenschaft schuldig, die Politik gibt also die Kontrolle nicht aus der Hand.

- Gegenseitiger Respekt gehört im Alltag zum Rüstzeug des guten Umgangs miteinander. Verbales Einprügeln, Lautsprecherei und Abfälligkeiten gelten im bürgerlichen Ehrenkodex zu Recht als Zeichen mangelnder Kinderstube, als Zeichen der Schwäche und der intellektuellen Hilflosigkeit. Warum glauben Politiker, das sei in ihrem Beruf anders als in der realen Welt? Dabei wäre es – frei nach Jesus Christus und Philosophen wie Immanuel Kant – so einfach: Behandele andere so, wie du selbst behandelt werden möchtest! Wahrt die Würde der Politik und macht kein Kneipenspektakel daraus!

- Hohe politische Führungskräfte müssen gute Manager bzw. Krisenmanager sein. Diese Fertigkeit allein ist die unbedingte Voraussetzung, um beispielsweise das Amt eines Ministers annehmen und ausüben zu dürfen – nicht der Parteienproporz. Darum müssen Parteien endlich gezielt um qualifizierte und fähige Mitglieder werben, so wie es Betriebe in der Wirtschaft seit Langem tun. Zugleich muss sich die innerparteiliche Kultur nachhaltig verändern: Kompetenz soll die Messlatte sein – und nicht die Frage, wie viel Dreck jemand auf der Ochsentour geschluckt hat. Mit dieser seltsamen und unverständlichen Einstellung vergraulen Parteien Menschen, die sie und das Land voranbringen könnten, wenn man sie nur ließe.

- Anstatt das Medientheater von der »Vierten Gewalt« weiter zu spielen, wäre es an der Zeit für eine Zäsur. Journalisten zu zensieren ist keine Lösung – vielmehr brauchen wir mehr kompetente Journalisten mit einem klaren beruflichen Ethos. Nur wenn die Politik dies bei den Sendern und Verlagen aktiv einfordert, besteht die Chance auf Veränderung. Sich hinter der Pressefreiheit zu verschanzen, wenn mal wieder Mist gebaut wurde, ist erbärmlich. Wenn dieses Gut so wertvoll ist, warum darf sich dann jeder in Deutschland »Journalist«

nennen, auch ohne eine entsprechende Ausbildung? Der ehemalige Vorstandsvorsitzende von Bertelsmann, Thomas Middelhoff, entsandte seinen Pressesprecher zu einem Vorabgespräch, wenn er um ein Interview gebeten wurde. Erwies sich der journalistische Gesprächspartner bei diesem Qualitätscheck als zu leichtgewichtig, gab es kein Interview. Eine gute Idee auch für Minister, Partei- und Fraktionschefs oder Ausschussvorsitzende.

- Politiker sind vom Volk in Ämter und damit in ganz bestimmte Strukturen gewählt worden. Ämter und Strukturen legitimieren sie, in ganz bestimmten Bahnen zu wirken und zu gestalten. Elitäre Grüppchenbildung innerhalb des politischen Systems sowie die Einflussnahme von außen – also Klüngel und Korruption – sind nicht vom Wähler veranlasst und führen sämtliche Lektionen, die unsere Zivilisation eigentlich hätte lernen müssen, ad absurdum. Damit stellen sie die größten Bedrohungen für die Stabilität unserer Demokratie dar.

Sollte sich die politische Elite nicht zu einer Systemsanierung aufraffen können, die sie von wirtschaftlichen Einflüssen unabhängig macht und wieder im Sinne des Wählers entscheiden lässt, müsste man versuchen, das System von außen zu verändern: mit einem politischen Verhaltenskodex, der ganz eindeutig die Spielregeln vorgibt. Dafür bräuchte es ein unabhängiges und überparteiliches Kontrollgremium, eine Art politischen Ethikrat weiser, kreativer und kritischer Vordenker. Solch ein Gremium könnte durch eine bürgerschaftliche Initiative gegründet werden und rechtlich als eingetragener Verein funktionieren. Die Initiatoren hätten freie Hand, völlig unverdächtige Personen in den politischen Ethikrat zu berufen.

Kandidaten könnte man sich auf Anhieb einige vorstellen: Jakob von Uexküll, Erfinder des alternativen Nobelpreises,

Gerhard Knies, Physiker und Erfinder des Solarstromprojekts Desertec, Wolfgang Huber, Bischof und ehemaliger Ratsvorsitzender der evangelischen Kirche, Reiner Holznagel, Präsident des Bundes der Steuerzahler, Ulrich Müller, Vorstand der Antikorruptionsorganisation Lobbycontrol, Hans-Jürgen Papier, ehemaliger Präsident des Bundesverfassungsgerichts, Astrid Frohloff, Vorstand der Menschenrechtsorganisation »Reporter ohne Grenzen«, oder Michael Konken, Bundesvorsitzender des Deutschen Journalistenverbandes.

Dieser Ethikrat sollte öffentliche – also für jedermann hörbare – Rügen aussprechen können, vergleichbar mit dem scharfen Auge und den medienkritischen Verlautbarungen des seit 1956 existierenden Deutschen Presserates. Das könnte bereits ein sehr hilfreiches Instrument sein, um Bewegung in das geschundene Politiksystem zu bringen und ihm so womöglich zu neuem Ansehen zu verhelfen. Denn welcher Politiker, der in seinem Wahlkreis wiedergewählt werden will oder Rückhalt in der Bevölkerung spüren muss, um weiter ein hohes politisches Amt auszuüben, ließe sich gerne an den Pranger stellen durch bewunderte Mitglieder eines Ethikrates, der rein nach moralischen und humanistischen Gesichtspunkten bewertet?

Diese weiche Maßnahme müsste allerdings einhergehen mit diversen Gesetzesänderungen bzw. neuen Vorschriften, die vor allen Dingen darin bestehen, politisches Handeln transparent, nachvollziehbar, berechenbar zu machen. Nur der gläserne Politiker kann wieder um Vertrauen für seinen Berufsstand werben. Einen gläsernen Politiker zu schaffen, klingt erst einmal radikal. Doch wie sonst soll es gehen, wenn Authentizität bisher nur ein frommer Wunsch gewesen ist? Vertrauen schafft man nur durch eine totale Öffnung: »Seht her, ich habe nichts zu verbergen!«

***

Uns ist klar, viele Volksvertreter – auch namhafte Topakteure – würden damit aufgrund ihrer Verfehlungen, Klüngeleien und Vorteilsnahmen sofort durchs Sieb fallen. Erst einmal. Aber nach Einführung dieser Regeln und Gesetze – in Kombination mit einer werteorientierten Zusatzausbildung, durch die jeder Nachwuchspolitiker gehen müsste – würden ganze Generationen mit weißer Weste und einwandfreier Ethik nachkommen. Das muss und kann nur die Forderung sein.

Unmenschlich? Übermenschlich? Keineswegs. Politik kann eben nicht – so wie es bisher läuft – einfach nur ein Job sein. An einen Politiker müssen zwingend andere Maßstäbe gesetzt werden als an einen Manager in der freien Wirtschaft, der maximal ein Unternehmen zu verantworten hat. Der Wähler muss in den politischen Etagen eine bessere Moral vermuten können als die, die sich in alle Bereiche der Gesellschaft geschlichen hat. Er muss davon ausgehen können, dass das vorrangige Kriterium sämtlicher Entscheidungen das Allgemeinwohl – das heißt soziale und ökologische Nachhaltigkeit – ist, denn nur sie bilden die stabile Basis für alles andere. Wie weit wären wir, wenn diese Forderungen als irreal eingestuft werden würden?

Wenn auch nur ein Politiker oder eine Politikerin sich durch unsere Forderungen ermutigt fühlen sollte, den ersten Schritt in Richtung dieser neuen politischen Kultur zu gehen oder gar eine breite Debatte darüber anzustoßen, hätte sich dieses Buch schon gelohnt.

So durchschauen Sie den Politik-Zirkus

1. Du sollst Deine Macht verteidigen – Dein Parteifreund ist Dein bester Feind

Wenden Sie eine ganz einfache Formel an: Je lauter und ungehobelter ein Politiker in der Öffentlichkeit auftritt, um so weniger ist er vertrauenswürdig. Und lassen Sie sich nicht täuschen: Die Lauten sind längst nicht immer die Sieger. Erinnern Sie sich an das Getöse um FDP-Parteichef Philip Rösler. Obwohl er als so gut wie abgesägt galt, blieb er im Gegensatz zu vielen seiner Partei-»Freunde« gemäßigt, zurückhaltend – und setzte sich durch.

Wenn plötzlich ein echter oder vermeintlicher Skandal um einen Politiker hochkommt, können Sie so gut wie sicher davon ausgehen, dass die Informationen aus der eigenen Partei lanciert wurden. Fragen Sie sich: Wem aus den eigenen Reihen ist der betreffende Politiker in die Quere gekommen oder wem steht er im Weg?

2. Du sollst Dir einen Clan suchen – ohne Seilschaft stürzt du ab

Sorgen Sie selber dafür, dass Ihr Wahlkreisabgeordneter oder die Politiker, die Sie ärgern oder faszinieren, gläsern werden. Inzwischen ist es relativ leicht, über das Internet Politikernamen mit Organisationen, Verbänden oder Parteiflügeln abzugleichen. Haben Sie einen konkreten Verdacht, sprechen Sie die betreffende Person direkt per Mail an. Jeder Politiker hat inzwischen einen persönlichen E-Mail-Kontakt.

Falls Sie fündig werden oder eine Antwort bekommen sollten: Geben Sie sich nicht zufrieden. Recherchieren Sie weiter. Machen Sie ruhig die Lokalpresse auf Ihre Recherchen aufmerksam – durch einen Anruf oder einen Leserbrief.

3. Du sollst nichts können – Minister kann jeder

Machen Sie sich beim nächsten Kabinetts-Umbau mal den Spaß und recherchieren Sie die Politik-Karrieren der Auserwählten bei Wikipedia. Lassen Sie sich nicht von markigen Worten täuschen. Fragen Sie sich nach einem halben Jahr: Was hat er wirklich geliefert, welches Problem wurde zufriedenstellend gelöst?

Wenn ein Ministerium wieder mal ein neues Vorhaben an die Öffentlichkeit bringt fragen Sie sich, wie sinnvoll dieses Projekt ist. Bringt es Sie und andere Bürgerinnen und Bürger tatsächlich weiter – oder handelt es sich um eines der viele Schaufenster-Projekte die nur dazu dienen, der Öffentlichkeit Engagement und Sachverstand vorzugaukeln?

4. Du sollst hilfsbereit sein – wer sagt schon gern korrupt

Informieren Sie sich bei Organisationen wie LobbyControl, Transparency International oder Abgeordnetenwatch über die Nebenverdienste der Politiker ihres Wahlkreises sowie über deren Verbindungen zur Industrie.

Sofern Sie stichhaltige Informationen erhalten haben, stellen Sie Ihren Wahlkreisabgeordneten schriftlich oder bei einer Veranstaltung im Wahlkreis zur Rede.

5. Du sollst Schauspieler sein – allein als Politiker packst zu es nicht

Versuchen Sie, sich selbst am Ende des nächsten Polit-Talks im Fernsehen zu hinterfragen, warum Ihrer Meinung nach welcher Politiker als Sieger vom Platz gegangen ist. Liegt es an seinen Argumenten? Finden Sie ihn einfach sympathisch? Ist er der eloquenteste von allen?

Oft sind die Gäste der Polit-Talks rhetorisch so gut, dass jede Problemlösungsalternative irgendwie plausibel klingt. Nehmen Sie sich die Zeit und prüfen Sie jede geäußerte Version der Realität akribisch auf Wahrheit und Echtheit. Plötzlich werden Sie nicht mehr alles plausibel finden!

6. Du sollst Journalisten zensieren – Pressefreiheit ist gefährlich

Achten Sie in den TV-Politik-Formaten verstärkt darauf, wie so genannte Fakten in die eine oder andere Richtung gedreht werden. Was ist objektive Information und was ist bloße Meinungsmache? Sie werden staunen! Und: Kommt die andere Seite bei einem kontroversen Thema wirklich zu Wort? Ein beliebter Trick: Im ersten Beitrag wird die Gegenseite bewusst nicht berücksichtigt – damit das Thema weiter gespielt werden kann: »Jetzt redet die Gegenseite!«

Lassen Sie sich nicht einreden, Boulevard-Journalismus sei zweitklassig oder gar unseriös. Gerade weil die Boulevard-Blätter mit diesem Image zu kämpfen haben, sind ihre Recherchen oft sehr viel tiefgehender und umfänglicher als die der hochnäsigen Kollegen.

7. Du sollst nicht denken – die Partei regelt Dein Leben

Bevor Sie einen Abgeordneten in Bausch und Bogen für unfähig erklären fragen Sie sich, wie Sie reagieren würden, wenn das jemand, den Sie nicht persönlich kennen, mit Ihnen machen würde. Den besten Eindruck vermittelt nur ein persönliches Gespräch. Nutzen Sie die Sprechstunden, fühlen Sie dem Abgeordneten persönlich auf den Zahn. Es ist ein Gebot der Fairness.

Viele Abgeordnete berichten auf ihren Websites detailliert über ihre Arbeit. Investieren Sie fünf Minuten und verfolgen Sie ab und zu, was der MdB aus Ihrem Wahlkreis in Berlin oder bei Ihnen zuhause tut. Verlangen Sie per Mail Erklärungen, wenn Sie Fragen haben.

8. Du sollst die Steuern verschwenden – es ist ja nicht dein Geld

Sobald Sie von kleinen oder großen Investitionen in Ihrer Stadt hören, hinterfragen Sie die Herkunft, die Notwendigkeit und die Höhe der Gelder, die dabei fließen. Das ist Ihr gutes Recht!

Gehen Sie immer mit offenen Augen durch Ihre Stadt und Ihr Bundesland! Kommt Ihnen etwas komisch vor? Halten Sie bestimmte Bauten oder Einrichtungen für unsinnig oder überflüssig? Formulieren Sie Ihre Kritik oder Ihren Rat und wenden Sie sich an Ihren Abgeordneten. Es ist Ihre Heimat. Auch Sie sind in der Verantwortung!

9. Du sollst Dich dumm stellen – der U-Ausschuss ist nur Theater

Wenn mal wieder ein Kommentator mit ernstem Gesichtsausdruck die Einsetzung eines Untersuchungsausschusses fordert, lassen Sie sich davon nicht ins Bockshorn jagen. Erinnern Sie sich: All diese Drohgebärden haben seit 1949 so gut wie gar nichts bewirkt.

Wenn Sie sich für politische Entscheidungsprozesse interessieren, fokussieren Sie sich auf die Arbeit der verschiedenen Ausschüsse. Dort werden die Gesetze geformt, nach denen Sie sich später zu richten haben – nicht im Bundestag. Wenn dort abgestimmt wird, ist die Sache in Wahrheit längst beschlossen. Die Tagesordnung der Ausschüsse sind online gut verfügbar: www.bundestag.de.

10. Du sollst die Verfassung nicht so ernst nehmen – benutze sie, wie du sie brauchst

Von Ihnen wird erwartet, jeden Tag penibel die Gesetze zu befolgen. Einige Politiker nehmen sich heraus, Gesetze nach ihren Vorstellungen auszulegen. Bringen Sie Ihre Empörung öffentlich zum Ausdruck! Kündigen Sie diesen Politikern – selbst wenn Sie seit Jahren Anhänger deren Partei sind – Ihr Vertrauen und ändern Sie Ihre Entscheidung per Stimmzettel bei der nächsten Wahl.

Scheuen Sie sich nicht, selbst vors Verfassungsgericht zu ziehen, wenn Sie den Eindruck haben, dass in Ihrem lokalen Umfeld oder auf hoher politische Ebene etwas essenziell schief läuft. Es gibt genügend Beispiele dafür, dass Klagen bislang unbekannter Bürger zu großen Gesetzesänderungen führten. Prüfen Sie den Fall allerdings zuerst gründlich daraufhin, ob das Bundesverfassungsgericht der richtige Ansprechpartner ist!

Quellen

Vorwort

[1] Thomas Petersen: »Die Sehnsucht nach politischer Orientierung«, in FAZ.net, 23. Mai 2012

[2] N.N.: »Berndt Röder, Politik«, in Wikipedia, Stand 10. März 2013

[3] N.N.: »EX-Rathauschefin verspekuliert sich – Anklage erhoben«, in SWR.de, 20. Februar 2013
http://www.swr.de/nachrichten/bw/-/id=1622/nid=1622/did=11033150/15jhc7v/index.ht

[4] N.N.: »Politik als Beruf«, in Wikipedia, Stand 10. März 2013

1. Du sollst deine Macht verteidigen – der Parteifreund ist dein bester Feind

[1] N.N.: »Herbert Rusche, Persönliches, Politische Entwicklung«, Wikipedia, 10. März 2013

[2] N.N.: »Werner Marnette, Leben und Beruf, Öffentliche Ämter«, in Wikipedia, 10. März 2013

[3] N.N.: »Harald Christ, 2009 – Wirtschaftsminister im Schattenkabinett Steinmeiers«, in Wikipedia, 10. März 2013

[4] N.N.: »Katja Suding, Berufliches, Politischer Werdegang«, Wikipedia, 10. März 2013

[5] Stefan Lamby: »Schlachtfeld Politik: Die finstere Seite der Macht«, im Auftrag des NDR für die ARD-Sendereihe »Die Story im Ersten«, Erstausstrahlung 11. Juni 2012

[6] Angelika Hellemann, Burkhard Uhlenbroich: »Pofalla brüllte Bosbach dreimal an«, in *Bild am Sonntag*, bild.de, 2. Oktober 2011

[7] N.N.: »Die berühmtesten Zitate«, NDR.de, 10. März 2013

[8] N.N.: Heinz Renner, »Biografie«, Wikipedia, 10. März 2013

[9] N.N.: Kurt Schumacher, »Patriotismus«, Wikipedia, 10. März 2013. Tondokument auf youtube.com, 20. September 2008

[10] N.N.: »Der schlimmste Hetzer in diesem Land«, in *Der Spiegel*, 20. 5. 1985, Ausgabe 21/1985, spiegel.de, 10. März 2013

[11] N.N.: »Legendärer Kanzlerstreit«, youtube.com, ZDF-Mitschnitt vom 12. Mai 1985, Stand 1. März. 2007

[12] Deutscher Bundestag, »Plenarprotokoll 17/181, Stenografischer Bericht 183. Sitzung« vom 24. Mai 2012, Seite 21553

[13] Deutscher Bundestag, »Plenarprotokoll 17/183, Stenografischer Bericht 183. Sitzung« vom 13. Juni 2012, Seite 21832

[14] Deutscher Bundestag, »Plenarprotokoll 17/183, Stenografischer Bericht 183. Sitzung« vom 13. Juni 2012, Seite 21832

[15] Daniel Friedrich Sturm, »Parlament der Eierkrauler, Hodentöter, Übelkrähen«, in *Die Welt*, welt.de 16. Juni 2012

[16] N.N.: »Josef Zebisch, Trivia«, Wikipedia, 10. März 2013

[17] Deutscher Bundestag, »Plenarprotokoll 17/37, Stenografischer Bericht 37. Sitzung« vom 22. April 2010, Seite 3485

2. Du sollst dir einen Clan suchen – ohne Seilschaft stürzt du ab!

[1] Grandt, Guido: »Bilderberger – Das geheime Zentrum der Macht«, youtube.com, 25. Mai 2012

[2] N.N.: »Westerwelle traf Gül – EU-Beitritt im Zentrum der Gespräche«, www3.fdp-bundesverband.de«, 9. März 2013

[3] Grumbach, Detlef: »Re-Feudalisierung und Privatisierung der Macht?«, dradio.de, 2. Juni 2010

[4] N.N.: »Das konspirative Netzwerk in der CDU«, spiegel.de, 28. Juni 2003

[5] Neukirch, Ralf und Schult, Christoph: »Der Männerbund«, in *Der Spiegel*, 27/2003

[6] Ebd.

[7] Ebd.

[8] N.N.: »Nicht zum Wahlkampfthema degradieren«, faz.net, 30. Januar 2008

[9] N.N.: »Strafen für kriminelle Kinder: Wulff setzt sich von Koch ab«, spiegel.de, 14. Januar 2008

[10] Rinke, Andreas, Müller, Peter und Schneider, Mark C.: »Erst die Ebbe zeigt, wer nackt im Wasser steht«, in Handelsblatt, 22. Mai 2009

[11] Weiland, Severin und Fischer, Sebastian: »Die schwarz-grüne Geburtsrunde«, spiegel.de, 17. März 2008

[12] Ebd.

[13] N.N.: »Ihr bekommt Probleme«, in *Der Spiegel* 46/1995

[14] Musharbash, Yassin und Weiland, Severin: »Schwarz-grüne Schwatzrunde schlemmt wieder zusammen«, spiegel.de, 10. Juli 2007

15 Laxer, Gordon: »Radical Transformative Nationalisms Confront the US Empire«, in *Current Sociology* (Vol. 51, Ausgabe 2, März 2003)

16 Trittin, Jürgen: »60. Bilderberg-Konferenz 2012 in Chantilly, VA, USA«, in trittin.de/trittin/texte/papiere/20120605_bilderberg.php, 9. März 2013

17 s. Anmerkung 3 in diesem Kapitel

18 s. Anmerkung 1 in diesem Kapitel

19 N.N.: »Aphorismen, Weisheiten, Zitate«, in wipog.de/publizistik/zitate, 9. März 2013

20 s. Anmerkung 1 in diesem Kapitel

21 Jellen, Reinhard: »Wer die Fäden zieht – Gespräch mit dem Soziologen Hans-Jürgen Krysmanski über globale und nationale Macht- und Funktionseliten«, heise.de, 29. Dezember 2009

3. Du sollst nichts können – Minister kann jeder

1 Stefan Lamby: »Schlachtfeld Politik: Die finstere Seite der Macht«, im Auftrag des NDR für die ARD-Sendereihe »Die Story im Ersten«, Erstausstrahlung 11. Juni 2012

2 Karsten Kammholz: »Andrea Fischer plötzlich ohne Politik«, in Hamburger Abendblatt, abendblatt.de, 18. August 2011

3 Ebd.

4 Ralf Neubauer: »Im Zickzack nach oben«, in *Die Zeit*, Nr. 3 vom 15. Januar 1993, zeit.de, 15. Januar 1993

5 N.N.: »Politikveteran Glos: Ich habe Kollegen durch Alkohol sterben sehen«, in *Der Spiegel* 8/2011, spiegel.de, 19. Februar 2011

6 Karsten Germis: »Das haben die Fachleute mir aufgeschrieben«, in *Frankfurter Allgemeine Sonntagszeitung* 8/2006, faz.net, 26. Februar 2006

7 Tina Hildebrand: »Eigentlich geschieht mir's ja recht«, in *Die Zeit* 48/2004, Zeit.de, 18. November 2004

8 Josef Klemm: »Warum flüchtet der Gesundheitsminister Philipp Rösler in die Wirtschaft?«, in »Gesundheit und Krankheiten – mein privater Blog«, 11. Mai 2011

9 N.N.: »Philipp Rösler, Ausbildung und Beruf«, Wikipedia, 10. März 2013

10 N.N.: »Anne Herkes«, Wikipedia, 10. März 2013

11 Nachrichtenagentur Reuters: »Kirchhof soll Finanzminister werden«, stern.de, 18. August 2005

12 Gerhard Schröder: *Einsichten – mein Leben in der Politik*, Hamburg 2006. Abdruck in *BILD*, Teil 4, bild.de, 26. Oktober 2006

13 N.N.: »Des Kanzlerkandidaten peinliche Panne mit dem ›Blender‹«, fokus.de, 21. November 2012

14 Dr. Viktoria Kaina: »Kriterien der Ministerauswahl«, 2009

[15] N.N.: »Peter Ramsauer, Ausbildung, Partei, Abgeordneter, Öffentliche Ämter«, Wikipedia, 10. März 2013

[16] N.N.: »Liste der deutschen Bundesminister«, Wikipedia, Stand 10. März 2013

[17] Bund der Steuerzahler e.V.: »Die Finanzierung der Bundesminister«, steuerzahler.de, 10. März 2013

[18] N.N.: »Franz Josef Jung«, Wikipedia, 10. März 2013

[19] N.N.: »Hans-Christoph Seebohm«, Wikipedia, 10. März 2013

[20] N.N.: »Wolfgang Schäuble, Abgeordnetentätigkeit«, Wikipedia, 10. März 2013

4. Du sollst hilfsbereit sein – wer sagt schon gern »korrupt«

[1] N.N.: »Papier kritisiert ›Entmachtung des Bundestages‹«, faz.net, 14. September 2003

[2] N.N.: »Deutsches Bier hat ein neues Gesicht«, brauer-bund.de, 13. Juni 2012

[3] N.N.: »Streit über Preisaufschlag: Drogenbeauftragte dementiert Pläne für höhere Alkoholsteuer«, spiegel.de, 20. Dezember 2008

[4] Meny, Silke: »Erwin Rüddel liegt im Kreis Neuwied vor Sabine Bätzing«, general-anzeiger-bonn.de, 28. September 2009

[5] N.N.: »Alles über die INSM«, insm.de, 9. März 2013

[6] N.N.: »Initiative Neue Soziale Marktwirtschaft«, lobbypedia.de, 24. September 2012

[7] Florian, Daniel: »Die Denkfabriken der Berliner Republik«, thintankdirectory.org, 18. Juli 2009

[8] Jellen, Reinhard: »Wer die Fäden zieht – Gespräch mit dem Soziologen Hans-Jürgen Krysmanski über globale und nationale Macht- und Funktionseliten«, heise.de, 29. Dezember 2009

[9] Speth, Rudolf: »Advokatorische Think Tanks und die Politisierung des Marktplatzes der Ideen«, betrifft: Bürgergesellschaft, Friedrich Ebert Stiftung, 2006

[10] N.N.: »European Council on Foreign Relations«, netzwerk-ebd.de, 9. März 2013

[11] s. Anmerkung 8 in diesem Kapitel

[12] N.N.: »ECFR Executive Board«, ecfr.eu, 9. März 2013

[13] Bundesministerium des Innern: Brief mit der Beantwortung der mündlichen Frage des Abgeordneten Volker Beck vom 9. 4. 2008 zum Thema der Beteiligung von Lobbyisten an Gesetzentwürfen

[14] Tillack, Hans-Martin: »Die Union und ihre adresshungrigen Lobbyisten«, stern.de, 17. Juli 2012

[15] N.N.: »Lobbyisten verwässern Stromspargesetz«, stern.de, 1. August 2012

[16] dapd: »›Es braucht ein verpflichtendes Register‹«, fr-online.de, 4. September 2012

[17] N.N.: »Businesseurope«, lobbypedia.de/wiki/Businesseurope, 9. März 2013

[18] Hubschmid, Maris: »Unternehmen schämen sich für die Regierung«, tagesspiegel.de, 8. August 2012

[19] Altmeier, Lisa und Klormann, Sybille: »Abgeordnete bestechen leicht gemacht«, zeit.de, 8. August 2012

[20] N.N.: »Erste Verurteilung nach dem Straftatbestand der Abgeordnetenbestechung«, transparency.de, 4. April 2007

[21] Wissenschaftliche Dienste des Deutschen Bundestages: »Rechtsfragen im Kontext der Abgeordnetenkorruption«, WD 7 – 3000 – 148/08

[22] N.N.: »SPD attackiert Steinbrück-Kritiker«, sueddeutsche.de, 7. Oktober 2012

[23] Reyher, Martin: »Spitzenverdiener im Parlament«, blog.abgeordnetenwatch.de, 8. Oktober 2012

[24] Kade, Claudia: »Lammert allein im Kampf gegen die Korruption«, ftd.de, 9. November 2012

[25] N.N.: »Alternative Streumunition – Problem oder Lösung«, landmine.de, 9. März 2013

[26] Aigner, Stefan: »Claudia Roth: »Für mich gehört die SMArt 155 verboten!«, regensburg-digital.de, 5. März 2009

[27] Müller, Ulrich: »Den Lobbydschungel durchforsten«, Robin Wood 3/2006

[28] N.N.: »84 Forderungen für eine integre Republik«, transparency.de, 1. November 2012

5. Du sollst Schauspieler sein – allein als Politiker packst du es nicht

[1] Clemenz, Manfred: »Shows, die keine sein wollen«, in *Der Spiegel*, 47/2011

[2] Probst, Maximilian: »Eine Leerstunde in Fernseh-Emokratie«, zeit.de, 12. November 2012

[3] N.N.: »Stefan Raab versucht die Schadensbegrenzung«, welt.de, 9. November 2012

[4] Hordych, Harald: »Raab findet Lammert-Kritik unerhört«, sueddeutsche.de, 9. November 2012

[5] Powell, Colin L.: Rede vor dem UN-Sicherheitsrat vom 5. 2. 2003, ag-friedensforschung.de, 10. Dezember 2012

[6] N.N.: »›Es wird versteckt und gelogen‹«, manager-magazin.de, 5. Februar 2003

[7] Kristol, William et al.: »Letter to President Bush on the War on Terrorism«, newamericancentury.org, 22. November 2012

6. Du sollst Journalisten zensieren – Pressefreiheit ist gefährlich

[1] N.N.: »Kusch dementiert: Kein sexuelles Verhältnis mit von Beust«, spiegel.de, 20. August 2003
[2] N.N.: »Hanns Joachim Friedrichs, Leben«, Wikipedia, 10. März 2013
[3] Wolfgang Donsbach: *Medien und Politik: Ein internationaler Vergleich*, München 1993
[4] Gerald Ulrich Schneider: *Investigativer Journalismus in den Vereinigten Staaten und in der Bundesrepublik Deutschland: Zwischen Wiederaufbau und Wiedervereinigung*, Regensburg 2011
[5] USA State Department u.a.: »Medien in den USA > Pressefreiheit«, usembassy.de, 10. März 2013
[6] Dirk Metz: »Gute Interviews dank Autorisierung«, in *Frankfurter Allgemeine Zeitung*, 15. Juni 2008
[7] N.N.: »Steinbrück ist glaubwürdig«, in ZDF Morgenmagazin, 9. Januar 2013, 08:27 Uhr
[8] N.N.: »ZDF-Journalistin Schausten: Natürlich nehme ich kein Übernachtungsgeld«, spiegel.de, 16. Januar 2012
[9] Lukas Heinser: »Quatsch mit Karamellsauce«, bildblog.de, 18. Dezember 2012

7. Du sollst nicht denken – die Partei regelt dein Leben schon

[1] N.N.: »Ulrich Kasparick«, Wikipedia, 10. März 2013
[2] Deutscher Bundestag: »Diäten«, bundestag.de, Service, 10. März 2013
[3] Deutscher Bundestag: »Übergangsgeld, Abgeordnete«, bundestag.de, Service, 10. März 2013
[4] N.N.: »Abgeordnetenentschädigung«, Wikipedia, 10. März 2013

8. Du sollst die Steuern verschwenden – es ist ja nicht dein Geld

[1] Bund der Steuerzahler Deutschland e.V.: *Die öffentliche Verschwendung. 39. Schwarzbuch des Bundes der Steuerzahler* 2011
[2] Bund der Steuerzahler Deutschland e.V.: *Die öffentliche Verschwendung. 40. Schwarzbuch des Bundes der Steuerzahler* 2012
[3] Bund der Steuerzahler NRW: »Der So-da-Zaun von Hagen«, Online-Archiv des Bundes der Steuerzahler NRW, 6. Juni 2012

[4] Heuel, Hubertus: »Ungeliebter Zaun vor Theodor-Heuss-Gymnasium wird abgebaut, derwesten.de, 20. März 2012

[5] N.N.: »Montblanc Schreibgeräte auf Steuerzahlerkosten«, steuerverschwender.de, geladen am 7. September 2012

[6] Diekmann, Florian: »Warum die Politik als Bauherr versagt«, spiegel.de, 18. Juli 2012

[7] Diekmann, Florian, Kröger, Michael und Reimann, Anna: »Wie die Politik die Bürger täuscht«, spiegel.de, 9. Januar 2013

[8] Flyvbjerg, Bent: »Megaprojects and Risk: An Anatomy of Ambition«, Cambridge University Press, 2013

[9] Walter, Alfred: *Das Unbehagen in der Verwaltung*, edition sigma, 2011

[10] Schünemann, Bernd: »Unverzichtbare Gesetzgebungsmaßnahmen zur Bekämpfung der Haushaltsuntreue und der Verschwendung öffentlicher Mittel«, Gutachten für den Bund der Steuerzahler e.V., November 2011

9. Du sollst dich dumm stellen – der U-Ausschuss ist nur Theater

[1] N.N.: »Joschka Fischer«, youtube.com, Mitschnitt RBB live, 12. Oktober 2006

[2] N.N.: »Visa Untersuchungsausschuss«, Wikipedia, 10. März 2013

[3] Deutscher Bundestag: »Das schärfste Schwert der Opposition«, bundestag.de, Dokumente, 2010

[4] Harald Georgii, Michael Grote, Steffi Menzenbach: »Untersuchungsausschüsse«, Deutscher Bundestag, Wissenschaftliche Dienste, Nr. 30/09

[5] N.N.: »Klug sein und mundhalten«, in *Der Spiegel* 39/1950, 27. September 1950

[6] N.N.: »Unter die Nase reiben«, *Der Spiegel* 21/1951, 23. Mai 1951

[7] Deutscher Bundestag: »Tabellarische Übersicht der Untersuchungsausschüsse«, bundestag.de, Datenhandbuch

[8] Nachrichtenagenturen Reuters, AP: »Mitternachtsspitzen mit Otto Schily«, stern.de, 16. Juli 2005

[9] N.N.: »Visa Affäre«, Wikipedia, 10. März 2013

[10] N.N.: »Visa-Auschuss: Union will nach der Wahl weiter machen«, spiegel.de, 30. August 2005

[11] Deutscher Bundestag: »Beschlussempfehlung und Bericht des 2. Untersuchungsausschusses nach Artikel 44 des Grundgesetzes«, Drucksache 16/14000, 18. September 2009

[12] http://www.bundestag.de/bundestag/verwaltung/organisationsplan.pdf

[13] N.N.: »Die Rolle der Ausschüsse im Deutschen Bundestag«, youtube.com, 8. Oktober 2012

[14] Viktoria Solms: »Eklat im Bundestag – Ausschuss bricht BER-Sitzung ab«, *Berliner Morgenpost*, morgenpost.de, 15. Januar 2013

[15] N.N.: »Staatssekretär erzürnt Edathy«, n-tv.de, 18. Oktober 2012

[16] Deutsche Presseagentur: »Eklat im Untersuchungsausschuss bei Kohl-Vernehmung«, mopo.de, 29. Juni 2006

[17] SPD-Bundestagsfraktion: »Eklat im Innenausschuss: Regierung versucht TKG-Novelle im Schweinsgalopp durchzubringen«, Pressemitteilung, 26. Oktober 2011

[18] N.N.: »Sebastian Edathy«,Wikipedia, 10. März 2013

[19] http://www.facebook.com/edathy?fref=ts

[20] Heike Rost: »Sie können mich mal – kreuzweise«, Journalist online, 9. September 2011

10. Du sollst die Verfassung nicht so ernst nehmen – benutze sie, wie du sie brauchst

[1] Müller, Andreas: »Mappus' wichtigstes Abendessen«, stuttgarter-zeitung.de, 8. Oktober 2012

[2] N.N.: »So zog Banker Dirk Notheis bei Mappus die Strippen«, bild.de, 12. Juli 2012

[3] Böhme, Andreas: »Vernichtendes Urteil des Rechnungshofs«, tagesspiegel.de, 27. Juni 2012

[4] s. Anmerkung 1 in diesem Kapitel

[5] dpa: »Und immer wieder ein Veto aus Karlsruhe«, tagesschau.de, 25. Juli 2012

[6] N.N.: »Betreuungsgeld ist verfassungswidrig«, spdfraktion.de, 28. August 2012

[7] Bohne, Maik: »Herbert von Arnim: Der Verfassungsbruch. Verbotene Diäten, gefräßige Fraktionen«, transparency.de, 5. September 2012

[8] dapd: »Die schwarz-gelbe Wahlblamage«, n24.de, 5. September 2012

[9] dpa, dapd: »Lammert mahnt Koalition zu Selbstkritik«, tagesspiegel.de, 25. Juli 2012

[10] dapd: »Gysi: Koalition nahm beim Wahlrecht Verfassungsbruch in Kauf«, welt.de, 25. Juli 2012

[11] Grassmann, Philipp: »Das Maß ist voll«, freitag.de, 22. Juni 2012

[12] Gysi, Gregor et al.: »Europäischer Stabilitätsmechanismus und Fiskalpakt«, offenesparlament.de, 29. März 2012

[13] Hirsch, Burkhard und Schäffler, Frank: »Der ESM ist ein erneuter Verfassungsbruch«, welt.de, 25. Juni 2012

[14] N.N.: »Verfassungsbeschwerde der Stadt Dresden in Sachen Waldschlösschenbrücke ohne Erfolg«, bundesverfassungsgericht.de, Pressemitteilung Nr. 63/2007 vom 6. Juni 2007

[15] N.N.: »Bundesverfassungsgericht gibt in Sachen Welterbe ›heiße Kartoffel‹ an Politik zurück«, gruene-fraktion-sachsen.de, 6. Juni 2007

[16] N.N.: »Prof. Arnulf Baring rastet aus in Hart aber fair«, youtube.de, Sendung vom 1. 9. 2010